国家社科基金重大课题结项成果

东亚朱子学研究

日本朱子学研究

朱人求　主编

吴光辉　史少博　等　著

福建人民出版社
海峡出版发行集团
THE STRAITS PUBLISHING & DISTRIBUTING GROUP

图书在版编目（CIP）数据

日本朱子学研究 / 吴光辉等著. --福州 ：福建人民出版社，2025.7. --（东亚朱子学研究）. -- ISBN 978-7-211-09773-9

Ⅰ. B244.75

中国国家版本馆 CIP 数据核字第 2025YA8133 号

日本朱子学研究

RIBEN ZHUZIXUE YANJIU

作　　者：吴光辉　史少博　等　著
责任编辑：郑翠云
责任校对：李雪莹
出版发行：福建人民出版社　　　　**电　　话**：0591-87533169（发行部）
网　　址：http://www.fjpph.com　　**电子邮箱**：fjpph7211@126.com
地　　址：福州市东水路 76 号　　　**邮政编码**：350001
经　　销：福建新华发行（集团）有限责任公司
印　　刷：福州印团网印刷有限公司
地　　址：福州市仓山区建新镇十字亭路 4 号
开　　本：890 毫米×1240 毫米　　1/32
印　　张：10.5
字　　数：244 千字
版　　次：2025 年 7 月第 1 版
印　　次：2025 年 7 月第 1 次印刷
书　　号：ISBN 978-7-211-09773-9
定　　价：78.00 元

“东亚朱子学研究”丛书编委会

（按姓氏拼音字母排序）

本书系国家社科基金重大课题
“东亚朱子学的承传与创新研究”
（13&ZD062）的结项成果

浙江省哲学社会科学重点研究基地
浙江工商大学东亚研究院重大课题
（24JDDYZX06）的结项成果

“东亚朱子学研究”丛书总序

朱人求

朱子学是中国乃至东亚的重要文化遗产，是东亚文明的重要体现。作为一代宗师，朱子又以其真知灼见和“致广大，尽精微”“综罗百代”的恢宏格局而成为“蓄水池”式的集大成者，他的思想不仅深刻影响了南宋以后近700年的中国，而且影响到整个东亚世界，并演化为东亚世界共有的统治哲学。换句话说，早在700多年前，朱子思想积极参与了东亚思想一体化的进程，此时的朱子已经是世界化的朱子。概而言之，朱子思想本来就不只是“中国的朱子学”，对相关议题的讨论若以“东亚的朱子学”甚至“世界的朱子学”为立场，可能才更符合文化实际，更有利于激发学术发展的潜能。

何谓“东亚”？何谓“朱子学”？基于“东亚”出发的朱子学是一种什么形态的朱子学？东亚朱子学一旦成立，它将带来什么样的改变？东亚的概念并非一个地理的概念、一个政治的概念，而是一个文化的概念、一个方法论的概念。所谓“文化的东亚”，是指作为文化单位的东亚，具有特定历史文化内涵，具有特定的人文历史时间和人文空间，它是在东亚各国互动的脉络中与时俱进的概念。一方面，它指东亚历史文化形成的共同元素，东亚文化所共同遵守的价值观、思维方式和生活方式，朱子学就是14

至18世纪东亚社会共同遵奉的文化元素；另一方面，它又指向东亚各个国家或地区具有独特风格的民族文化，是一个多元的文化体系。

所谓“方法的东亚”，应该是方法论上的一个概念。它就是要将研究对象“他者”化、“方法”化，这种方法论也是对第二次世界大战之前以及战后仍然流行一时的以西方中心主义的视野来研究东亚的一种批判，强调不能以西方的视野作为评判标准来思考，而应当反过来，从“自我”的视野进行内在的思考，这种方法论的探讨留给人们很多想象的空间。作为方法论的东亚，即从东亚出发展开研究，是我们的研究视域。从东亚出发，意味着将东亚作为一个研究对象，也意味着东亚是当代的东亚，是世界的东亚。东亚作为一个整体，其内在精神是什么？它的呈现将带来哪些惊喜？它能为世界贡献什么？从东亚出发，也会考虑到东亚世界的多元化和差别性，我们既可以从边缘看中心，也可以从中心看边缘，在比较中凸显东亚文化的丰富性和差别性。在东亚朱子学研究领域，我们既可以看到东亚朱子学共同遵守的十大原理（道体原理，一而二、二而一原理，敬的原理，格物原理，定性原理，熟的原理，家国原理，天下原理，全体大用原理，终极关怀原理），也能看到中、日、韩朱子学的不同问题意识和理论特色。

朱子学，顾名思义，就是指朱子的学说，这是狭义的朱子学概念。最早的朱子学指闽学，就是朱子之学。在更为广泛的意义上，它指朱子及其后学的学说。在时间的向度上，它指在历史发展过程中形成的朱子思想及其后学；在空间的向度上，它又具体表现为中国朱子学、东亚朱子学和全球朱子学等多种实存形态。

在《朱子学与近代日本的形成》一文中，日本大阪大学名誉教授子安宣邦认为，朱子学有广义与狭义之分。狭义指朱子本人的学问，广义则是指所有师承朱子学的后继者所发展出来的学问，日本朱子学属于后者。此类议论可以区分为"真实与虚伪""主流与旁支"以及"正解与误解"等两层构造。辨别真伪的议论是以"真正的朱子学"是否存在为前提。然而所谓"真正的朱子学"隐含在研究者解释后所重构出来的意义中，也就是必须取决于研究者的正统意识、本源意识后，才得以显现。有意思的是，子安宣邦称呼朱子后学所继承的朱子学为"朱子主义"，如同马克思本人的思想与马克思主义思想之间的区别。他认为，朱子本人的学问与其后学所发展出的朱子主义之间，有必要做出区分。这样的区分，能够帮助我们准确理解日本的朱子学，也就是朱子主义式的学问和思想。郑仁在将朱子学传入韩国后的发展情况，区分为"本源朱子学"（比较符合朱子的学问）和"修正朱子学"（与朱子学说有一定差异的学问）。罗整庵是"修正朱子学"的鼻祖，李栗谷深受罗整庵的影响，亦属于修正派。李退溪反对罗整庵，属于本源派。

美国文化人类学家克利福德·吉尔兹（C. Geertz）曾经呼吁要研究那种具有全球意义的地方性知识，而朱子学正属于此。我们认为，朱子学有三个层次，犹如一个同心圆展开的过程。第一个层次，中国文化圈中的朱子学；第二个层次，东亚文明圈中的朱子学；第三个层次，全球朱子学。我们认为，东亚朱子学属于第二个层次的朱子学，其问题意识来源于本源的朱子学，也必然包含本源的朱子学。东亚朱子学研究必须坚持的正确立场是"中国本位，东亚视点"，或者"中国本源，东亚视点"，要注重东亚朱子学之间的相互交流、相互促进，区分东亚朱子学的不同表现形态。东亚朱子学是"一体多元"的朱子学，"一体"指朱子学说本身，“多元”指朱子学在东亚的不同的发展形态。

东亚朱子学将成为东亚思想文化研究新的增长点。在汉语学界，我们对东亚朱子学的研究才刚刚起步，我们对东亚四书学研究、东亚思想家之儒学研究、东亚儒学的比较研究仍缺乏系统性的、代表性的研究成果。我们认为，今后东亚朱子学研究宜在以下五个方面进一步展开。

第一，东亚朱子学的总体性研究。东亚朱子学的东亚应该是整体的东亚和文化的东亚。以往东亚朱子学研究多以点为主，有较多的单篇论文和少部分论文集，对东亚朱子学的总体性研究还不够。中日韩朱子学承传与创新及各自的特色，东亚朱子学的普遍性与特殊性，东亚朱子学的共同价值，东亚朱子学的问题意识，东亚朱子学的人文精神，东亚朱子学的接收模式和类型，东亚朱子学的一体与多元，走向“东亚文化共同体”的可能性，东亚文化的相互交涉，文明对话中的东亚文化，东亚文化的未来，朱子学与全球化，朱子学的当代实践，朱子学如何走向世界等都是我们迫切需要解决的重要课题。未来的东亚朱子学研究应填补真空，走向综合，从整体上揭示和阐释东亚朱子学的话语体系，揭示出其内在的问题意识、思想脉络和朱子学的相互交涉，并予其思想以正确的理论定位。只有在全球化的环境下，这一研究才能得以充分展开并成为现实。

第二，中、日、韩东亚朱子学的相互交涉。朱子的思想是宋代理学之集大成，并在此后元、明、清各时期成为中国思想的正统，成为近世儒学发展的主流。朱子学自 13 世纪起开始向世界广泛传播，在日本、韩国的历史上曾得到充分的发展，达到很高的水平，成为东亚近世文明共有的思想形态。在上一个千年期，朱子无疑是一位有着世界影响的杰出人物。陈来先生指出，以朱子学和阳明学为核心的“新儒学是东亚文明的共同体现”。不全面了解朱子学的各个方面，就无法了解东亚朱子学者对朱子学的承传与创新。只有全面了解中国宋、元、明清儒学内部对朱子哲学的各种批评，才能真正了解德川时代儒学对朱子的批评中，哪些是与中国宋、明儒学的批评相同而一致的，哪些是与宋、明儒学的批评不同而反映了日本思想的特色。反过来，只研究朱子的思想，而不研究李退溪、李栗谷、伊藤仁斋的思想，就不能了解朱子哲学体系所包含的全部逻辑发展的可能性，不能了解朱子思想体系之被挑战的所有可能性，以及朱子学的多元发展的可能性。从而，这样的朱子哲学的研究是不完整的。换言之，中、日、韩朱子学的相互交涉、相互促进，构成了东亚朱子学承传与创新的独特风景。

第三，东亚朱子学经典文本的承传与创新。东亚朱子学的经典文本及其在东亚的传播，体现出中、日、韩对朱子学文本的接纳、理解与创新，不同的朱子学文本在东亚各国的不同命运等。例如朱子的代表作《四书章句集注》在中国和韩国作为科举教材备受重视，在日本却被《四书辑释》和《四书大全》所取代，其中的原因值得进一步探究和深掘；又如为什么《朱子家礼》在韩国和日本的接受和实践有天壤之别？为什么中、韩与日本对朱子学经典推崇各有侧重？真德秀《心经》在韩国备受推崇，为什么在日本却屡遭批评？把朱子学经典文本放进东亚特定的时空中进行分析，许多被历史遮蔽的问题即被突显，进一步拓宽了朱子学的研究空间，进一步丰富了朱子学的理论内涵。

第四，东亚朱子学话语的同调与异趣。中国朱子学话语体系包括本体话语（体认天理、理气先后、无极而太极、理即事事即理、理气动静、心即理、理一分殊）、工夫话语（格物致知、主敬穷理、诚意正心、定性、慎独、拔本塞源、心统性情、尊德性与道问学、操存省察、已发未发、致知力行、下学而上达)、社会政治话语(正君心、出处、国是、教化)、境界话语(见天地之心、识仁、自得、致良知、民胞物与、全体大用)等。日本朱子话语体系包括本体话语(理气一体论、天命之性、气质之性等)、工夫话语(格物穷理、主敬涵养、静坐、全孝心法、事上磨练、智藏说等)、境界话语(全体大用等)、社会政治话语(神体儒用、名分大义论、夷夏之辨、国体、王霸等)。韩国朱子学话语体系包括本体话语(理气之发、理乘气发、理气一途、人性物性异同论等)、工夫话语(四端七情、心体善恶、心统性情、定心与定性等)、社会政治话语(如事先理后、起用厚生等)。在具体分析的基础上,揭示东亚朱子学的话语体系与理论类型,东亚朱子学的话语体系的同与异及其根本原因,极具挑战性。

第五,东亚朱子学的社会化及其实践。"东亚朱子学"是一门国际性和实践性很强的学问,是东亚文化所依凭的重要精神资源,在东亚的历史上一度成为中、日、韩国家最高统治哲学。东亚朱子学如何通过书院教育、科举、社仓、乡约、家族、朱子家礼的实践等方式推进朱子学的社会化并上升为国家意识形态的?中、日、韩三国朱子学社会化及其实践有何不同?目前,学术界对东亚朱子学的社会化及其实践关注度还远远不够,相关成果十分薄弱。我们认为,朱子学是能够在东亚地区造成广泛文化认同并得到具体实践的普世的东亚价值,对东亚朱子学的社会化及其实践进行系统研究,有利于提高东亚各国的生命认同感、文化认同感和政治认同感,促进东亚文化共同体的形成,这方面的研究可谓任重道远。

总而言之,东亚朱子学在历史上呈现出"一体多元"的理论格局：“一体”指以中华文化为体，以朱子学为体，“多元”指中、日、韩朱子学的多元化发展与具体呈现。东亚朱子学的发展既呈现出历史的连续性，又展现出文本、话语以及结构的相似性。未来东亚朱子学研究应以东亚为视域，以经典、话语与实践为核心，并以中、日、韩不同文化为脉络，分析中、日、韩朱子学的承传与创新，既求其同，又求其异。通过对东亚朱子学的经典、话语与具体历史实践的考察，揭示出中、日、韩朱子学的共性与个性、具体与抽象、历史与现实、理论与实践之间的辩证关系。未来东亚朱子学研究新领域之开拓，一方面要超越传统哲学研究的单一路经，坚持以话语与实践的阐释为中心，回归朱子学的“原生态”，走向多学科之间的交叉和碰撞，形成一种全新的理论研究格局；另一方面，必须突破单一国家的边界，注重东亚各国朱子学之间的相互交涉，注重东亚各国学者之间的交融与合作，不断拓展国际化的新视野。展望21世纪全球化时代，如果我们立足东亚，以东亚朱子学经典文本、话语与实践为研究之核心，以文化为研究之脉络，既宏视中西文化交流，又聚焦东亚各地文化之互动，并在上述脉络中探讨东亚朱子学经典文本、话语与实践及其未来发展，东亚朱子学研究必能在21世纪开拓创新，绽放异彩！

“东亚朱子学研究”丛书为国家社科基金重大课题“东亚朱子学的承传与创新研究”（13&ZD062）的结项成果，也是浙江省哲学社会科学重点研究基地浙江工商大学东亚研究院重大课题“东亚朱子学研究”（24JDDYZX06）的结项成果。丛书包括《东亚朱子学概论》《日本朱子学研究》《韩国朱子学与心学研究》《朱子体用论研究》等。非常感谢课题组所有成员为课题的组织、策划、撰稿群策群力，可谓劳苦功高。非常感谢吴光辉教授、金世贞教授、崔英辰教授、杜保瑞教授、姜真硕教授等对本课题的鼎力支持！非常感谢福建人民出版社将该丛书纳入出版计划，感谢郑翠云等编辑负责而认真的工作。我们相信，该丛书的出版，将进一步推动东亚朱子学的繁荣与发展。

是为序。

目　录

第三编　日本朱子学的话语批评

绪论　日本江户时代的朱子学

中国儒学经典，在公元 5 世纪时就传入日本。我国唐朝以后，中日文化交流更加紧密，我国宋代、明代，儒学各学派之学说传入日本后也对日本政界、学界产生了很大影响。日本永田广志指出："德川家康时期朱子学和一般的宋学传入日本，推测是留学中国的僧侣在传入朱子学和其他宋学的过程中起了很大作用。"① 日本江户幕府时期，"朱子学"一度成为日本的"官学，"官学"即为幕府服务之学。"在日本朱子学的发展分为三个时期，第一时期是从虎关、玄惠至藤原惺窝二百七十八年之间，为朱子学的准备期；第二时期是从藤原惺窝至宽政三博士一百九十余年之间，为朱子学的兴隆期；第三时期是从宽政三博士至王政维新十多年之间，为朱子学的复兴期"②。

一般的日本思想史研究认为朱子学正式流传日本的时期始于江户时代；实际上远在江户时代之前，朱子学就已经传入日本。而江户时代初期的儒学特色是：在处于繁盛状态的佛教已经作为前提存在的情况下，为使儒学成为独立于佛教之外的存在，试图在强调三纲五常的同时确立起新的修养论。江户时代，朱子学的批判者并非在朱子学广为流传后方始登场，而是与对朱子学的理

---

① 永田広志：《日本哲学思想史》，東京：三笠書房刊行，1938 年，第 56 頁。

② 乙竹岩造：《日本教育新教科書 近世教育史教授用参考書》，東京：培風館，1938 年，第 153 頁。

解实践成平行发展之样态。朱子学在其学说本身的传播之外，还给予日本学界一种新的问题意识与思想。

朱子学自江户时代起就持续对日本产生影响。日本学者对东洋哲学的研究也和朱子学有千丝万缕的联系。至今日本早稻田大学的东洋哲学研究，还把对朱子学的研究作为重要内容，这与江户时代对朱子学的重视有关。

一、日本江户时期对朱子学的接受

江户时代以前，统治阶级实行思想统治的重要手段之一是宗教，而到了江户时代，人民有了非宗教的现实主义思想。因而对人民进行思想统治仅靠宗教也就不够了。他们认识到能够满足统治阶级这种需要的乃是儒学，在德川幕府的推崇下，朱子学被推为官学，成了官方意识形态。当时通过采取培养完全独立于公家（贵族）和僧侣之外的大批儒者的政策，儒学得以迅速推广，在封建教育中居于统治地位，同时也和幕府政治结合起来。

13 世纪初（镰仓时代中期），中国的朱子学（又称理学）已传入日本。南宋以后中国的禅僧为了获取新的思想资料，大多兼习理学，来华的日本佛僧就是在这些禅院中受到新儒学的熏陶的。他们回到日本后，也将理学（主要是朱子学）带到日本。林罗山是江户时代初期的儒学家，对德川幕府成立早期的各种制度、礼仪、规章和政策法令的制定贡献很大，他对日本儒学的推展亦功不可没。山鹿素行也是江户时代初期的儒学家，他汲取了中国儒家思想的养分，对日本的武士道精神进行了全面的总结、阐述。

据伊地知季安在《汉学纪源》中的推测，禅僧俊芿在 1211 年从南宋携回书籍两千余卷，其中儒学书籍 256 卷，可能包含有宋学著作。1241年，日本首次复刻了朱熹的《论语集注》。同年，日本禅僧园尔从南宋携回的数千卷汉籍中，即有朱熹的《大学或问》《中庸或问》《论语精义》等。和岛芳男在《中世的儒学》中介绍，日本的东洋文库保存有朱熹的《中庸章句》抄本，卷末署有“正治二年三月四日，大江宗光”的识语。1257年，园尔为镰仓幕府执权北条时赖讲解南宋居士奎堂的著作《大明录》。《大明录》主张儒、释、道三教一致，儒则尊奉宋学，大多引用二程及其门人学说。园尔还著有《三教典籍目录》《三教要略》。据日本学者考证，德川时代，不仅幕府的思想领域被朱子学占领，就是地方教育也大多被朱子学者把持。由此可见，朱子学的确是江户时代居于统治地位的意识形态。

藤原惺窝是江户时代初期儒学家，是名门贵族藤原氏冷泉家的后裔，在江户初期思想界和教育界颇有名望。其弟子林罗山、松永尺五、那波活所、堀杏庵均系著名儒学大师，被时人称为“藤门四天王”。藤原惺窝著有《千代源草》《四书五经倭调》等书。他脱离禅门转向儒学，是日本儒学走向独立发展的象征性事件。他批评以汉唐旧注为圭臬的旧儒学，而主张宋明的新儒学。“日本新儒学自从禅宗佛学的宗教庇护下解放出来的那一刻起，便在政治上被解放它的人操纵为支持幕府政治事业的一种意识形态文化。一旦局限于文化意识形态的作用，日本新儒学就成为德川制度的政治俘虏”[①]。藤原惺窝兼容不同的儒家学派：“对于调合不同信仰的藤原惺窝来说，只要达到了为实现社会秩序和政治和平提供完善的伦理和道德准则的目标，不管新儒学是统一于程朱学派，还是统一于陆王学派，都无关紧要”[②]。在藤原惺窝之

① 黄秉泰：《儒学与现代化——中韩日儒学比较研究》，北京：社会科学文献出版社，1995年，第251页。

② 源了圓：《近世初期実学思想の研究》，東京：创文社，1980年，第187頁。

后，继续致力于儒学独立以及道德秩序建构的是其大弟子林罗山。

儒学传入日本之初只是在宫廷贵族和僧侣之间传播，后来作为德川幕府的封建统治意识形态，逐渐在武士阶层中渗透蔓延。正如森岛通夫所说："明治维新前，日本一直处在中国文化的影响之下。"[①] 幕府想通过异学之禁来强化朱子学的意识形态特征，但事实上从19世纪后半期开始儒学学者在自己学问的形成过程中师从不同的学统、向不同学派的先生学习已经是比较普遍了。

江户时代后期的心学复兴，以阳明学为精神支柱，倡导人的主体精神和勇于改革的实践勇气，从而为即将到来的明治维新运动注入新的精神动力。中江藤树，是日本德川幕府初期的儒家学者。一般认为中江藤树是日本阳明学派的开山鼻祖，著有《大学解》《中庸解》《论语解》《鉴草》《孝经启蒙》《论语乡党启蒙翼传》《翁问答》等。大盐平八郎是日本江户时代后期下级武士、阳明学者，他中年退职后潜心于阳明学，著有《洗心洞札记》。日本维新，也是由王学为其先导。例如佐藤一斋的再传弟子吉田松阴是维新运动的先驱者，他虽不受阳明学的影响，但阳明学的行动性质和战斗精神是他的重要精神力量之一。根据阳明学的思想，吉田松阴主张不能拘泥于既成的制度和规范，而应该根据自己的主观判断来批评和改造现实的不合理体制。18世纪末至19世纪上半叶再度复兴的阳明心学，虽然仍是学者书院中的研讨对象，但它带来的社会效果则是改革性的，着眼于现存社会政治秩序的解体和新制度的重建。在禅僧之外，也有中国的儒者到日本的。不过他们人数极少，影响远在禅僧之下。据清末广东东莞人

① 森岛通夫著，胡国成译：《日本为什么成功》，成都：四川人民出版社，1986年，第31页。

陈伯陶所辑《宋东莞遗民录》下卷《李用传》载，南宋遗民李用是“潜心理学”之人，于宋德祐二年（1276年）“浮海至日本，以诗书教授。日本人多被其化，称曰夫子”[1]。虽然宋学在当时的日本已经影响到社会的上层，但它只是作为皇室成员和公卿的学问修养而存在，并没有成为被社会需要的一种思想资源而产生更深层的影响，只是一种宫廷儒学。

江户时代到明治时代初年，不仅各藩设立的学校以四书五经为教科书，而且遍设于日本各地的、数以千计的“寺小屋”（类似中国农村的村学与私塾），也以中国的《三字经》《千字文》等为蒙学读物。日本人还自己编写了一些蒙学读物，如《都路》（地名汇编）《名头》（类似中国的《百家姓》）《童子教》《实语教》《庭训往来》（类似中国的尺牍）《商卖往来》等。为女子专门编写的蒙学读物，则有《女大亨》《女实语教》《女四书》等。正是通过中国和日本的这些蒙学读物，世俗化的儒家伦理广泛地渗透于日本民众中。

日本近世时代是封建文化的最高峰。从第四代将军德川家纲，经五代将军德川纲吉、六代将军德川家宣，到七代将军德川家继，他们重用藤原惺窝、林罗山等儒学家，五山僧侣和天海僧正等僧侣，清原秀贤等公卿以及神龙院梵舜等神道家。九代德川将军都提倡封建纲常礼教，奖励学问，发展文化，命令儒者、僧侣、神道家搜集、整理和刊行战国时代散佚的古书，并收纳金泽文库的藏书。由于统治阶级宣传忠孝、仁恕、节俭之道，所以四书、史记、《六韬三略》和《贞观政要》等儒家经典以及日本古典中的王道政治思想、经世致用之学、帝王之学和人道伦理之学，俱已成为统治阶级自身修养和政策实施的参考书。幕府还组

① 梁容若：《中日文化交流史论》，北京：商务印书馆，1985年，第181—182页。

织学者编写有益民众教化和思想启蒙的书籍。所以，有日本学者认为这一时期日本的封建礼教文化的发展达到了最高潮。

山片蟠桃是日本德川时代末期的思想家。幼时为大阪富商家僮，曾习儒学和天文学，并对兰学（自荷兰传来的西方技术）颇有心得。晚年著成《梦之代》十二卷。书中论述天文、地理、历史、制度、经济、阴阳、鬼神、疾病等；宣传日心说，介绍欧洲科学。其书对神道、佛教、儒家思想都加以评判，在当时有一定的启蒙作用，并使日本民族在对待外来的儒家文化的心路历程中所形成的“实利性”的思维方式得到了有效的发挥。

山片蟠桃从朱子学的“穷理”精神出发，充分肯定了欧洲自然科学的优越性，怀德堂学派的一些学者以及前野良泽和司马江汉等则是激进地批判儒家自然观的典型。前野良泽在其所著的《管蠡秘言》的附录中指出，作为儒家自然观基础的五行说“仅中国一地之私言”。这些知识分子甚至质疑东方的封建制度，进而肯定西方社会的合理性。司马江汉认为西方国家的人类平等观念是正确的。前野良泽则认为，儒学所影响的范围不过占世界的十分之一，而天主教的影响却遍及各大洲，而且天主教的平等观念比儒学更先进，在他看来，“以救养鳏寡孤独废疾贫困之人，为立政教之根本”①。

然而，这种立足于西方科学知识的新世界观的探索和对旧知识系统的批判，在18世纪末和19世纪二三十年代陆续受到幕府的压制，未能充分展开时即逐步萎缩了。直到19世纪40年代才因日本面临严酷的生存挑战而重新复苏。由于江户幕府日趋衰落所带来的社会变动、近代资本主义的萌芽以及江户时代中期开始传入的西方科学文化，以及日本儒学作出的相应的理论调适，其

① 家永三郎、石母田正：《日本思想大系·洋学（上）》，東京：岩波書店，1976年，第135頁。

内部也生发出了近代性的萌芽。尽管这些因素不能必然启动日本现代化的运动，但它毕竟为日后日本迎接西方现代化的挑战、接受西方科学文化在理论上和思想上做了铺垫，并在日本实现现代化的进程中发挥其应有的作用。

江户时代之前，博士家已将朱子学的注释纳入了经书注解中，室町时代的禅僧中也已出现对朱子学的“理”的理解。问题在于江户时代之前和江户时代接受朱子学的范围不同。在镰仓时代，朱子学的经书注释本传入日本，其内容为相当一部分的日本学者及僧侣所引用。室町时代的禅僧们对朱子学的理解更是达到了相当高的水准，这从桃源瑞仙《百衲奥》、柏舟宗赵《周易抄》等的“抄物”（以日语假名撰写的经书注解书）之中即可见一斑。“但《百衲奥》等著作对于朱子学的接受仅限于朱子学之理，而朱子学修养论的实践则不见于其中”[①]。“进入江户时代后，使儒学独立于佛教外的呼声逐渐高涨。一般被称为日本朱子学派的开创者的是藤原惺窝。他原本为僧侣，虽被称为朱子学者，但其很难被认定为纯粹的朱子学者，从其思想乃朱子学与其他思想之交汇融合处，可见明末林兆恩的三教一致论的影响。藤原惺窝的弟子林罗山出仕于德川幕府并使儒学的权威得到提高，但罗山亦是以丰富的学识为将军提供综合性的学术启蒙而称著”[②]。

林罗山依当时的惯例削发为僧，而对此持激烈反对态度的则是中江藤树。中江藤树虽被认为是日本最初的阳明学者，但亦很难称其为纯粹的阳明学者。如已有研究指出，中江藤树接触王守仁著作前已受王畿的影响。与藤原惺窝等相同，江户时代的儒者

---

① 杜维明：《儒家哲学与现代化》，中国文化书院讲演录编委会编：《论中国传统文化》，北京：生活·读书·新知三联书店，1988年，第120页。

② 土田健次郎：《朱子学对日本的贡献》，陈来、朱杰人主编：《人文与价值：朱子学国际学术研讨会暨朱子诞辰880周年纪念会论文集》，上海：华东师范大学出版社，2011年，第10页。

们直接或间接地受到时代相近的明代中后期各种思想的影响。中江藤树以自创的“太虚”理论为基础提倡“孝”的实践，其思想虽存在佛教的影响，但他依旧是把儒学实际运用在修养论、实践论等领域上的早期人物之一，故于江户儒学史中占有重要席位。同样对林罗山削发为僧表现出极大反感的还有山崎暗斋。山崎暗斋本为佛教僧侣，其后还俗，成为朱子学者。他在为僧侣时，曾接受以佛教为中轴的三教一致论，但最终从中脱离，转而成为激进的佛教批判者。山崎暗斋对朱子学“敬”之修养法极为重视，被认为受到明代朱子学及朝鲜朱子学的影响。然山崎暗斋对朱子学诸文献进行了重新检讨，他并非尊崇朱子后学，而是试图回归朱子学本身。相较于提出了包含明代后期思想倾向的以心为共同基础的诸思想一致论的藤原惺窝等人，山崎暗斋则是直接追溯于朱熹。江户时代对宋明儒学的理解，有着并非随着时代渐进式地由宋至明，相反乃由明末逆向追溯至朱子学及阳明学的倾向。

与山崎暗斋同一时期的古义学创始人伊藤仁斋最初亦为朱子学者，其后变为激烈的朱子学批判者。伊藤仁斋否定朱子学的“敬”，倡导对《论语》《孟子》中日常性的德行进行实践才是修养的学说。历来的注意点在于伊藤仁斋将“性”与“道”分离，但伊藤仁斋自身的关怀则是如何从佛教及受到佛教影响的后世儒学（即朱子学及阳明学）中贯彻回归儒学原本的修养论与实践论这点上。伊藤仁斋否定拘泥于难解的教理而提倡在日常中进行德行的实践，但此并非对无教养的人群进行道德启蒙，而是在通过对佛教及他认为受到佛教影响的儒学进行思索的基础上，试图构筑出不介入宗教中非日常性的部分，仅靠日常道德的实践来完成修养的理论。从伊藤仁斋虽主张平易之道，但其所撰皆为汉文体而无假名著作来看，其道德议论所针对的对象乃对佛教及朱子学等亦抱有兴趣的文化人。伊藤仁斋对当时儒者多兼务医学持否定态度，同时与其他儒者不同，绝口不谈神道，仅以儒学来贯彻自己的思想与生活。

与他们同一时代、同样从朱子学者出发、最终走向反朱子学立场的尚有山鹿素行，素行同时主张武士威仪（礼）的实践。中江藤树、山崎暗斋、伊藤仁斋、山鹿素行的共通之处在于，皆试图以儒学来贯彻自己的修养论。

江户时代的儒学与博士家之间不存在连续性，是从与佛教的关系中登场。因此在构筑自身之修养论时，朱子学者对“敬”的修养论无疑受到佛教的极大影响。如此，造成江户时代儒学隆盛的契机，便在于修养论之得到重视。并因之得以根植于一般社会的机缘。至下一阶段的荻生徂徕，并非从个人修养而是从整个社会的制度来审视儒学本质，即儒学修养论已成为自明性存在的结果。所以，哲学家杜维明说：“第二期儒学的发展，也就是中国的宋明、朝鲜的李朝到后来日本的德川，儒学成为地道的东亚文明的体现。以后这个传统在越南也有相当的发展。越南在法国殖民主义征服以前受到儒学的巨大影响。就是在今天，在许多地方，它的人与人之间的关系，它的行为，都受到儒家的影响。所以，日本学者岛田虔次指出：儒学是东亚文明的体现。这就是说，儒学不完全是中国的，也是日本的、朝鲜的、越南的。这是儒学第二期的发展，有八百年的历史。……朝鲜的李朝大概从1398年或1392年开始建朝，直到1910年日本侵略朝鲜灭亡，跨越中国明清两代，是东亚大王朝，这个朝代的指导思想就是儒学，其中非常突出的思想家就是李退溪（即李滉）。从李退溪到他的学生李粟谷（李珥），儒学有非常大的发展，这个发展的基础即是中国的朱学，也就是朱熹学统的发展。”①

① 杜维明：《儒家哲学与现代化》，中国文化书院讲演录编委会编，《论中国传统文化》，第120页。

二、江户时期朱子学的问题意识与思想表现

值得注意的是，江户时代，朱子学的批判者并非在朱子学广为流传后方始登场，而是与朱子学的理解实践成平行发展之样态。伊藤仁斋思想就是在与朱子学的对抗中形成的。换言之，对朱子学体系进行批判，亦是对其自身理论体系之说明。伊藤仁斋思想的体系性之强在江户前期儒学中十分突出，便是因其采取与朱子学这一体系性极强的儒学对抗的形式所致。仁斋学派一直绵延至幕府末期。观伊藤仁斋之子伊藤东涯、伊藤孙东所的著作，借与朱子学对抗的形式来突显仁斋学的样式并未改变，他们甚至制作出关于《论语》的朱子学解释与伊藤仁斋解释的对照表。简言之，仁斋学派通过对朱子学与仁斋学的同时学习来深入理解仁斋学。仁斋学虽为江户时代反朱子学之儒学的代表，然其成立乃建立于朱子学的存在之上，广义上说，亦是朱子学在日本所带来的影响之一。

另，仁斋学又称古义学，其理想目标是归复古代孔子与孟子的儒学。伊藤仁斋认为，日常生活中十人持十样理解并可付诸实施者即为道。此处之“日常生活”指江户前期京都之日常生活，在这般日常中寻求直觉性理解的结果，导致当时日本人的生活伦理在儒学的名分下呈自觉化与理论化趋势，此前未被理论化的生活伦理获得了明确的思想地位。伊藤仁斋在总结朱子学区分“本然之性”与“气质之性”之议论的基础上，否定了“本然之性”，认为“性”除“气质之性”外别无他物。对于伊藤仁斋关于“性”的此一解释，自朱子学出发最终走向反朱子学、提倡向古代儒学复归的山鹿素行亦认同。问题在于，这是一种在“性”二元说已存在的基础上仅承认“气质之性”为“性”之意义的定义

方式。亦即，伊藤仁斋和山鹿素行的立论，是在总结朱子学关于人之本性中道德与欲望的议论之上的议论，并非原始本性论。伊藤仁斋与山鹿素行将“道”定义为可从日常生活中直接感受之物的结果，从而对当时日本人的生活伦理加以肯定。这样，在标榜复古的同时，实际上带有来自中国的外来思想在日本扎根之意义。利用朱子学的问题设定及思想表现将之前未能定式化的日本人的生活伦理自觉化、理论化，即为古义学派的贡献。

伊藤仁斋的思想，在江户时代遭到山崎暗斋学派的批判。山崎暗斋学派，以山崎暗斋为代表。山崎暗斋是江户时代初期的儒学者，垂加神道的创始人，也是江户时代日本重要的哲学家。据资料记载：山崎暗斋少年时代在比叡山的妙心寺、土佐的吸江寺修行佛教，后来细心研读了中国宋儒的著述，发觉佛教轻视人伦而儒学重视人伦，于是就逐渐产生离佛归儒的思想，从而由潜心佛教转向儒学，并且弃佛教而归于儒教。说到弃佛归儒的思想转变过程，山崎暗斋自己认为：“夫程朱之学，始未得其要，是以出入于佛老，及其反求而得诸六经，岂用佛老也？其辟之也，有废纲常之罪也。若有可用之实，无可辟之罪，而阴用阳辟，则何以为程朱矣。朱子学尝讥温公吾排佛欲扶教之言，则可以观其不欺我也。吾幼年读四书，成童为佛徒，二十二三本于空谷之书，作三教一致之胡论，二十五读朱子之书，觉佛学之非道，则逃焉归于儒矣。”[①] 山崎暗斋成为儒学者后信奉朱子学，并在京都、江户（今东京）组织讲学，山崎暗斋的主要著作有《辟异》《垂加草》《文会笔录》等。晚年他研究日本神道，综合唯一神道、吉川神道等神道派别，从而把朱子学和神道结合起来创立了垂加神道，并且形成一个学派。山崎暗斋的各代弟子大约有 6000 人，

① 王守华、卞崇道：《东方著名哲学家评传》日本卷，济南：山东人民出版社，2000 年，第 87—88 页。

其中包括所谓“崎门三杰”：浅见䌹斋、三宅尚斋、佐藤直方。这一学派以中国儒学中的朱子学为研究重点，汲取了儒家的思想并与日本的神道相结合。

江户时代的伊藤仁斋学派和山崎暗斋学派，是日本学者研究中国儒学而形成的两大派别，二者之间既有共同点，也有极大的思想分歧。

伊藤仁斋彻底地批判了朱子学，以对朱子的批判将自己的学问体系表达了出来，并且伊藤仁斋儒学的体系化通过朱子学的存在才成为可能，他使用的思想言语几乎都是朱子学的东西，其争论框架也是遵循着朱子学框架。伊藤仁斋学派在哲学上反对朱子学的理气二元论和居敬主静说，主张宇宙一元论，认为天地是一大活物，万物生而不息，人类和自然界都在运动中。正如日本学者所指出：“伊藤仁斋在江户前期是少有的纯粹儒者，可以说伊藤仁斋对皇室持有崇敬的观念，但对神道没有言及，这在当时的儒者中可以说是个异例。据说伊藤仁斋在当时要儒者自立，反对儒者兼职医生等，那样的话，可以说伊藤仁斋学说是朱子学的纯粹儒学体系。伊藤仁斋的思想中既有穷根究底、使朱熹论述中有关要素极端化从而对其批判的一面，又有受朱子学影响的一面。当然应该看到：朱子学的问题设定和理论展开方式、使用概念和范畴，对伊藤仁斋顺应生活空间的世界解释和行动原理的形象化，发挥了很大作用。”①

山崎暗斋学派也非常关注朱子学。山崎暗斋在成为儒者之前就是受了三教一致论的影响，问题是在佛教中是否也存在人伦之说？山崎暗斋本为佛教僧侣，而后还俗成为朱子学者。山崎暗斋学派非常崇拜朱熹，并把朱熹关于太极、阴阳、五行的学说作为

① 土田健次郎：《朱子学の正統論：道統論とその東アジア的展開》，東京：講談社，2001年，第68頁。

垂加神道的理论基础。山崎暗斋认为，人先天就具备仁爱之心，朱子的“理”就是仁爱。山崎暗斋强调修身的作用，就是重视“居敬”甚于“穷理”，通过静坐就能达到。山崎暗斋学派竭力推崇朱子学。据《山崎暗斋年谱》，山崎暗斋自己曾经说：“我学宗朱子，所以尊孔子也，尊孔子以其与天地准也。《中庸》云：仲尼祖述尧舜，宪章文武。吾于孔子朱子亦窃此焉。而宗朱子，亦非苟尊信之，吾意朱子之学，居敬穷理，即祖述孔子而不差者，故学朱子之谬，与朱子共谬也，何遗憾之有？有吾所以信朱子，亦述而不作也，汝辈坚守此意而勿失。”这里明显表现出山崎暗斋学习朱子学、推崇朱子学、实践朱子学的伦理思想意识。

伊藤仁斋学派和山崎暗斋学派都通过研究朱子学，更进一步研究了中国儒学体系，在此过程中逐渐地使中国儒学本土化，正像土田健次郎所说：“无论是伊藤仁斋学派还是山崎暗斋学派，都尝试了外来儒教使之本土化的努力。并且讽刺的是：朱子纯粹化的志向，是为了让对日本特殊性的认识增幅，这反而引起了朱子学说不一致的结果。……对朱子学无论是肯定还是否定，各地域的特殊化借助于朱子学更加明确化的现象是引人注目的。”①

伊藤仁斋研究儒学也是从接触朱子学开始的。他早年研读了《朱子语类》等书，也发现了朱子学的缺点，为了辨别正误，继而寻求儒学正宗，批判、抛弃了朱子学，树立起了“复古”的旗子，专注研究儒学孔子孟子的原典。伊藤仁斋所著《论语古义》每卷的开始都写有“最上至极宇宙第一书”，并把孔子尊崇为“最上至极宇宙第一人”。伊藤仁斋研究了《论语》《孟子》之后，又研究了《中庸》及《大学》等，故而有《论语古义》《孟子古义》《中庸发挥》《大学定本》等著作。

---

①　土田健次郎：《朱子学の正統論・道統論とその東アジア的展開》，第69—70頁。

而在江户时代，中国的朱子学一般认为是由朝鲜传入日本的，故而山崎暗斋是通过阅读当时朝鲜儒学大家李退溪的著作而接受朱子学，摆脱佛学，并与伊藤仁斋学派的观点对立，笃信朱子学，走上了独自发展朱子学的道路。山崎暗斋的朱子学既不同于中国的朱子学，又不同于朝鲜的朱子学，开创了具有日本特色的朱子学。山崎暗斋的研究主要就是以朱子学为基础，又把朱子学和日本固有的神道结合起来而形成垂加神道，故而山崎暗斋的学说对德川时代后来的神道思想产生了巨大的影响。垂加神道成了护卫皇室的宗旨，山崎暗斋关于忠君报国的说教以及他夸称日本天皇是“万世一系”的宣传等，到德川幕府末期成了尊皇运动的一个思想渊源，在日本明治维新以后又为军国主义者利用。

从山崎暗斋学派的另一个代表、山崎暗斋的弟子浅见䌹斋对伊藤仁斋的批判中，可以看出两学派思想体系的不同。例如他在《语孟字义辩批》中列举仁斋批判朱子学之非日常性、呼吁对日常性的重视之说，提出朱子学亦重日常，并指责仁斋对日常的根本原理一无所知。山崎暗斋学派编撰了大量用日语撰写的讲义录，试图使朱子学更接近日本人的日常感性。尝试将朱子学用语植入日常感觉中，此一行为亦可视为外来之朱子学在日本的本土化。与对同时代儒者不予评价的伊藤仁斋不同，其子伊藤东涯等不时提及东京朱子学者中村惕斋等人的学说。而中村惕斋撰有《示蒙句解》等一系列日语经书，亦是用日语讲义录来解释朱子学著作。此类启蒙尝试在朱子学中十分显著。另一方面，山崎暗斋等还与神道接近，建立垂加神道，其先行者包括吉川神道等儒家神道，此亦可说是朱子儒学在日本本土化的一种尝试。伊藤仁斋之后，构筑起独特思想体系并拥有巨大影响力的荻生徂徕登场。荻生徂徕对朱子学与仁斋学皆进行批判，其对伊藤仁斋的驳斥尤其强烈。针对伊藤仁斋对个人日常道德的提倡，荻生徂徕提出儒学乃关注社会整体制度的学说。但必须注意的是，荻生徂徕的登场建立在仁斋学存在的基础上，仁斋体系的存在导致了与之对抗的徂徕体系的形成。而伊藤仁斋则利用朱子学的体系来完成自身的体系。如此可知，在其体系之获得上，江户儒学中反朱子学的儒学获自朱子学的得益是何等之大。

一方面，伊藤仁斋及荻生徂徕能够将自身的思想体系化，得益于将朱子学作为批判对象；另一方面，以这二人为首的江户时代儒者们的问题意识及用语与范畴，也多来自朱子学。他们之思想表现唤起了另一思想表现，即正统论之影响。日本原有正统论中具有相当重要地位的是北畠亲房的《神皇正统记》，此书在江户时代广为流传。一般认为此书受朱子学正统论之影响，但实际上，朱子学对此书并无如此重大的影响，此书更大程度上受到了佛教传灯论的影响。至江户时代，朱子学的正统论成为议题，此一议论与《神皇正统记》一书的内容多有重叠。江户时代之政治体制，由幕府、藩、朝廷三种权威构成。然正统论之目的在于认定天下唯一的正统王朝。当《资治通鉴纲目凡例》中朱子学的正统论代入日本后，则朝廷当为正统，于是朝廷才是正统之概念性理解开始扩大。正统论扩大的结果是造成忠诚对象之一元化，导致尊王（对朝廷的忠诚）思想开始被提倡。在此基础上，当受到来自外国的威胁时，日本人的整体意识日益增长，视朝廷为日本之中心，形成激进性对抗外国势力的尊王攘夷运动。由此可见，在学说本身的传播之外，朱子学还给日本学界带来一种新的问题意识与思想。

丸山真男以朱子学思维的解体过程来说明日本江户时代之思想展开。在朱子学者看来，自然与规范为一体之物，但伊藤仁斋开始将两者进行分离，到荻生徂徕时，这项分离工作彻底完成。而因此所暴露出的规范之虚构性，导致规范自身的桎梏开始被解放。对此，尾藤正英认为，朱子学正式成为幕府官学亦是在“宽政异学之禁”后，质疑首先将朱子学置于前提之模式的妥当性。此观点的重要之处在于，历史的展开并非朱子学广泛传播→伊藤仁斋与其对抗→荻生徂徕进一步与伊藤仁斋对抗般的图式，而是伊藤仁斋在与朱子学的对抗关系中建立起自己的思想→荻生徂徕在与伊藤仁斋的对抗关系中形成自己的思想之顺序。伊藤仁斋等将朱子学作为形成自身思想的契机而进行利用，山崎暗斋等试图使朱子学根植于日本的努力则与之平行进行，而朱子学者人数亦逐渐增长。丸山真男认为朱子学将自然与规范一体化，然朱子学者在将“所以然之故”与“所当然之则”两者进行区分后提出两者结合之论法，故而可以说，自然与规范之关系的问题意识是由朱子学而起，此亦是必须注意之处。然而仁斋及徂徕学说中渊源于朱子学之处绝非少数。如以伊藤仁斋为例，其将《诗经》作者与读者区分之议论及《易经》占筮之功利性问题等议论，皆于朱子学中可窥一斑。另外，荻生徂徕将孟子的时代视为意识形态（ideology）斗争之时代，至此为止，涵盖全体的儒学已沦为意识形态之一。他的这一见解，亦可在朱子学中找到类似的议论。可见，朱子学确实为反朱子学一方提供了大量的议论素材。

三、江户时期朱子学对日本的贡献

（一）朱子学促进了日本哲学思维方式的变化

“进入江户时代中期，以朱子学、反朱子学为首的种类繁多的儒家思想呈现出对是是非非进行议论的趋势。片山兼山、井上金峨、善本北山等为代表的折中学派即为此中代表。相较激烈的主张意识形态，在学问之精致上一较高低的风潮开始出现。与此同时江户时代后期教育热开始盛行，各地藩校相继建立，城镇中的寺子屋、村内的笔子中进入兴盛。”[①]

虽受“宽政异学之禁”的影响，新设藩校采用朱子学者较多，但亦有采用其他学派的藩校。由于朱子学书籍和刻本被大量出版，故不论其教理是否被采纳，其拥有巨大影响力一事均毋庸置疑。日本虽未出现科举制度，但朱子学作为教养的重要基础广为流布。另一方面，在朱子学影响下登场的非朱子学的著作执笔及讲义的盛行，使得日本的知识水准得到了提高。当时的书籍将各种学派对朱子学的解释并列，对之进行比较议论者不在少数。溯本求源，孕育出用语之共有化与议论之多样性两者的，乃在于上述朱子学使日本人的问题意识觉醒，并给予用语、范畴等种种思想表现手段之处。本居宣长等日本国学者虽刻意避开对儒学用语的使用，但对朱子学之问题意识却十分重视，他们主张的“大和意”正因“汉意”的存在才衬托出其意义鲜明的构造。

江户时代是日本的启蒙时代，至室町时代为止的秘传之物被陆续公开出版，神道及艺术等为其显著事例。江户时代的知识分子可说是身处能对各种学说进行比较检讨的幸运时代。朱子学之外的儒者自不遑论，朱子学者亦在旁阅种种学说之基础上建立起自己的体系。此般思考训练对日本近代化起到了极大的作用。如明治时代将英国启蒙主义引入日本的中村正直，即为幕末求学于林家的朱子学者，同时亦是担任幕府儒官之人（但其带有将朱子学与其他学派进行比较调停之倾向）。再如最早将德国文艺理论引入日本的内田周平，则是暗斋学派的朱子学者。可以说，朱子学的思考训练成为他们咀嚼欧洲学术的基础。另外，明治时代将西洋哲学引入日本的西周，于幕末先学习朱子学，后进修徂徕

① 尾藤正英.《日本封建思想史研究》，東京：青木書店，1961年，第21頁。

学，并曾在藩校执鞭；明治时代提倡国民道德的西村茂树，亦有在幕末对各种儒学学派的知识进行比较调停的经验，赴英留学后将此经验活用，并尝试调和东西两方之思想。此类事例非常之多。

朱子学追求诸多知识中存在的具普遍性之理。时值幕末，知识分子已可汲取西方知识。朱子学者或有朱子学教养的学者在摄取这些信息的基础上，试图重新探求出具普遍性之理。无论接纳还是反对，对西欧思想及学术的理解欲求，皆受到此追求普遍原理志向的促发。朱子学对日本近代化的贡献之一在于，使日本人加强了对抽象问题的思考训练，形成了将各种思想相对比后进行选择与调整之训练的状况。

日本近代儒者认为朱子学是“以宇宙大法为基础，阐明人道；又以穷理尽性为基础，进行心性的研究”[①]。朱子学以“理”为终极原理的宇宙观与道德论贯穿在一起。由此，正是日本儒者对朱子学的探讨，促进了日本哲学界道德论、本体论、认识论的发展，促进了日本学界对哲学理论体系的深入思考。按照土田健次郎的观点，江户时代前朱子学虽已进入日本，但主要以经书注释及宇宙构造论等为接纳内容；而进入江户时代后，对修养论的关怀受到重视，使朱子学的具体实践开始成为问题之所在。与之同时，反朱子学一方已产生重视修养论及实践论之风潮。此为江户时代儒学新格局之始。江户时代并非最初便存在已确立的朱子学权威与朱子学内容之流布，而是朱子学的传播与反朱子学呈平行发展之态。然而，反朱子学者对朱子学之问题意识、用语及范畴等思想表现之利用，反造成了朱子学的问题意识与思想表现之手段被一般化这一结果。朱子学对江户时代的理论贡献在于朱子

① 安井小太郎：《大学講義》，東京：東洋図书，1940年，第99頁。

学之学说本身的流布之上，各种新的问题意识及思想表现之手段，皆源自朱子学这一关键。

（二）朱子学派与其他学派对决，促进了儒学在日本的本土化发展

江户时期，儒学在日本的研究与传播达到了鼎盛时期，出现了推崇中国儒学的朱子学派、古学派、阳明学派等，其中古学派、阳明学派虽然各持观点，都与朱子学派论争，但他们之间的论争，是日本推崇儒学派别之间的内部之争。而后来出现的日本精神学派，则站在了推崇儒学各派别的对立面，极力排斥儒学思想，与当时的朱子学派、古学派、阳明学派展开了对决。正是由于推崇儒学思想的各派别之间的互动、辩论，以及与排斥儒学思想的日本精神学派之间的对决，增强了日本文化的独特性。在此过程中也逐渐形成了中国儒学在日本的特殊形式，并沉淀于日本文化中，从而使儒学思想在日本本土化，至今对日本的文化仍具有重要影响。

尽管日本近代著名学者中江兆民说："我们日本从古到现在，一直没哲学。"[①] 但是大多数人还是认为日本有哲学，并且认为从712年著述的《古事记》与720年著述的《日本书纪》开始，日本的哲学思想就萌芽产生。而中国儒学传入日本的时间，甚至比日本哲学思想的萌芽产生的时间还要早。其证据就是《古事记》和《日本书纪》就有中国儒学传入日本的记载。例如"据《日本书纪》和《古事记》记载，公元285年（应神天皇十六年）左右，儒家思想传入日本。5世纪初期，百济使者阿直岐来到日本，成为皇子莵道稚郎子的老师，传授汉学。经他推荐，翌年，百济

① 中江兆民著，吴藻溪译：《一年有半、续一年有半》，北京，商务印书馆，1979年，第15页。

博士和边吉师（后世称王仁，应是一位生活在当时朝鲜半岛的汉族移民）携《论语》十卷、《千字文》一卷等中国儒家经典也来到了日本，这就是儒学传入日本的开始。513 年（继体天皇七年）百济国王派遣五经博士段杨尔来到日本，并且此后以轮换的办法持续向日本派遣五经博士。又据《隋书·倭国传》的记载，公元 5 世纪前半叶，日本皇室和贵族已接受汉字和儒家思想的影响。”① “在奈良、平安时代的几百年间，儒学在日本古代教育中的地位是非常重要的。可以说是数以万计的日本青年在各类学校中诵读《论语》《孝经》等儒学经典……然而关于儒学在日本的发展与影响，大多数学者都将关注点放在江户时代的儒学方面，而对于从 5 世纪初期传入日本直至平安时代末期的日本儒学，均未给予足够的重视。”②

对于儒学在日本的传播及发展过程，学者们大多把江户时期之前的忽略，“他们大多将其视为江户时代儒学的前史而略加概述。比如日本学者万羽正朋的《日本儒教论》，牧野谦次郎的《日本汉学史》，安井小太郎的《日本儒学史》等，就是这样定位的。有些中国学者也有类似的观点”③。儒学不断地在日本传播、发展，到 17 世纪，取代了佛教对日本统治阶级的影响。江户时期出现了推崇儒学的朱子学派、古学派、阳明学派的各派之争。朱子学派以藤原惺窝、林罗山、室鸠巢、贝原益轩、中井履轩、富永仲基、山崎暗斋等为代表；主张恢复儒家经典的古义、几乎不言及日本神道的古学派，亦称伊藤仁斋派，主要以伊藤仁斋、伊藤东涯、荻生徂徕、太宰春台等为代表；阳明学派以中江藤

---

① 史少博：《儒学思想在日本的传播与研究》，《学术论坛》，2012 年第 8 期，第 210 页。

② 史少博：《儒学思想在日本的传播与研究》，《学术论坛》，第 211 页。

③ 本居宣长著，王向远译：《日本物哀》，长春：吉林出版集团，2010 年，第 44 页。

树、佐藤一斋、大盐中斋、吉田松阴等为代表。后来又出现了排斥儒家思想、彰显日本神道的日本精神学派，以贺茂真渊、本居宣长、平田笃胤等为代表。

在日本的江户时代，朱子学一度成为日本的官学。日本儒学的朱子学派以藤原惺窝、林罗山为开端，室鸠巢更是把朱子学推崇至极，他说："天地之道即尧舜之道，尧舜之道即孔孟之道，孔孟之道乃朱程之道；舍朱程之道不能至孔孟之道，舍孔孟之道不能至尧舜之道，舍尧舜之道不能至天地之道。"[①] 即使主张儒家思想与日本的神道相融合的山崎暗斋派从本质上看也属于朱子学派。

古学派和朱子学派的论争与对决，主要集中在对朱子学的态度上，然而对朱子学的态度也是根据各自利益的需要，古学派以山鹿素行为先导，伊藤仁斋为开创，伊藤仁斋虽然对皇室持有崇敬的观念，但对日本的神道几乎没有言及，可以说是位少有的纯粹日本儒学家。伊藤仁斋在年轻时代，刻苦研读儒家著作，比较推崇朱子学，中年开始他从怀疑宋儒背离孔子和孟子开始，逐渐地背弃了朱子学，专注研究孔子孟子的原典，主张恢复儒家经典的古义，尤其重视《论语》《孟子》两书，在京都堀川开设私塾"古义堂"，建立"圣学"，传播自己的思想，培养出了一批著名的儒学家，形成古义学派。

"伊藤仁斋学派的研究采用了多种研究方式，但最突出的是注释方法，通过研究古义，多注释孔孟原典。伊藤仁斋学派认为汉唐宋各代对四书所作的注释违背孔子的本意，故而提倡直接读中国古代的经典著作，并依据孔子的原著而探讨儒学的古义。伊藤仁斋学派抛弃了朱子对《四书》的注释，挖掘孔、孟《论语》

⑴　室鳩巣.《駿台雑話》刻线装本。

《孟子》原典的本意”[①]。“伊藤仁斋的思想中有穷根究底使朱熹论述的有关要素极端化而对其批判的一面，又有受朱子学影响的一面。当然应该看到：朱子学的问题设定和理论展开方式、使用概念和范畴，对伊藤仁斋顺应生活空间的世界解释和行动原理的形象化，发挥了很大作用的一面”[②]。可以说：“古学派和朱子派的论争，实际即是代表主张王政复古的地主阶级的不当权派与代表拥护幕府思想的地主阶级当权派之间的斗争。德川中期的儒学家，如伊藤仁斋，如荻生徂徕，其学说皆旗帜鲜明地反对幕府所扶持的朱子学，或称其迂远，或骂其偏狭，当时称为风靡儒学界之一新势力，但因古学派与朱子学派的论争之中，古学派虽计划王政复古来创造新局面，而朱子派则要永远维持幕府政权而禁止古学，经过宽政异学之禁，结果是朱子学派暂告胜利，而古学派凋落了。”[③]

阳明学派自中江藤树创立，他以天人合一、理气合用、体用一源的良知说，反对佛教及朱子学派，也和朱子学派展开了对决。阳明学派的代表人物还有佐藤一斋、大盐中斋、吉田松阴等，也都是提倡阳明学，以王阳明的“心学”来反对朱子学。例如大盐中斋明确提出：“心即五脏之心，而不别有心者也，其五脏之心仅方一寸，而蕴蓄天理焉。”[④] 阳明学派代表了民间的异端思想，以阳明学为理论依据，提倡人的主体精神和勇于改革的勇气，从而为即将到来的明治维新运动提供了精神动力。例如佐藤一斋的再传弟子吉田松阴是维新运动的先驱者，“阳明学的行动性质和战斗精神是他的重要精神力量之一。根据阳明学的思想，吉田松阴主张不能拘泥于既成的制度和规范，而应该根据自己的

---

① 土田健次郎：《朱子学の正統論：道統論とその東アジア的展開》，第 40 頁。

② 本居宣长著，王向远译：《日本物哀》，第 68 页。

③ 朱谦之：《日本哲学史》，北京：人民出版社，2009 年，第 29 页。

④ 大塩中斎：《儒门空虚聚語追記》，刻线装本。

主观判断来批评和改造现实的不合理体制”①。

后来，日本出现了推崇日本固有精神的日本精神学派（也称国学派），展开了和朱子学派、古学派、阳明学派的激烈对决。“江户时代幕府时期政权甚至将来自中国的儒学作为官方意识形态，使儒学及汉学出现了前所未有的繁荣，同时却又普遍对现实中的中国（明清两代）逐渐产生了蔑视心理。在政治上，幕府疏远了中国，还怂恿民间势力成倭寇，以武装贸易的方式屡屡骚扰进犯中国东南沿海地区。在这种情况下，不少日本学者把来自中国的‘中华意识’与‘华夷意识’加以颠覆和反转，彻底否定了中华中心论，将中国作为‘夷’或‘外朝’，而称自己为‘中国’‘中华’‘神州’，并从各个方面论证日本文化如何优越于汉文化。特别是江户时代兴起的日本‘国学’家，从契冲、荷田春满、贺茂真渊、本居宣长到平田笃胤，其学术活动的根本宗旨，就是在《万叶集》《古事记》《日本书纪》《源氏物语》等日本古典的注释与研究中极力摆脱‘汉意’，寻求和论证日本文学与文化的独特性，强调日本文学与文化的优越性，从而催生了一股强大的复古主义和文化民族主义思潮”②。日本精神学派的主要代表本居宣长，是江户时代众所周知的国学者。他寄托于所谓“古道”中的“大和魂”，致力于确立日本民族的根本精神，和朱子学派、阳明学派、古学派站到了对立面。朱子学派、阳明学派、古学派虽然意见分歧，各派之间也会激烈争论，但都不否认中国的儒学，而日本精神学派却不然。例如本居宣长讽刺当时日本的儒者：“对那些儒者问起日本的事情，他们会毫不羞耻地说‘不知道’；而问他们中国的事情，他们要回答‘不知道’则会感到很丢脸，于是不知道也假装知道，万事尊崇中国的结果，就是自己本人也以

① 朱谦之：《日本哲学史》，第29页。

② 本居宣长著，王向远译：《日本物哀》，第10页。

中国人自居，而将本国看作是外国了。尽管以中国人自居，但天生并不是中国人，归根到底还是日本人。尽管是个儒者，对本国的事情无知就可以吗？儒者对于人采取这样的态度，是将自己看成了中国人。假如中国人也这样问他的时候，他回答道：'我对贵国的事情很了解，但对本国的事情不了解。'"①

日本精神学派极力反对朱子学派以及儒学的其他学派，形成了与日本儒学各派相对立的观点。本居宣长说："在中国，人生祸福，国家治乱，世间万物都用一个'天'字加以解释。所谓'天道''天命''天理'，说的是'天地自然之道''天的命令''天地自然之道'，对此似乎予以无上的崇奉与敬畏。要问何以如此？因为在中国，真正的'道'一直流传至今，不对此'道'加以追寻与探求，却一味信奉外国人的学说，对所谓的'天'加以无上崇奉，万物都以'天理'视之，成何体统?！在中国，又有'太极''无极''阴阳''乾坤''八卦''五行'等一大套极为繁琐的理论，这是中国人随便杜撰出来的，并无真正依据，然而《古事记》《日本书纪》的一些解释者，却专拿中国人的这些概念强加解释，真是岂有此理！到了近世，有一些人自以为摆脱了儒教思想的束缚，但仍不能意识到'天理''阴阳'学说的错误。他们不能彻底祛除儒家思想，沉溺于其中而不能自拔，却又浑然不觉。他们不把天照大神视为太阳，在这个问题上也拘泥于汉意，却想不到我国的'道'含有高远深邃的道理。天照大神是太阳，其天孙从天而降，治理我国，以人类平凡的理解这是难以想象的。因自己的智慧不够而不能想象，就认为此事不合道理，这岂不就是那小小的'汉意'在作怪吗?"② 本居宣长讽刺日本儒学各派不懂日本古义和固有的日本精神："平安朝以降，解读神典

① 本居宣长著，王向远译：《日本物哀》，第299页。

② 本居宣长著，王向远译：《日本物哀》，第305页。

的人首先不是从古意、古文入手加以解读，却乞求于外来的佛教，仅仅从道理上加以探讨，他们不懂《万叶集》，也就不懂古意、古文，他们不明白，除‘汉意’的大道理之外，还有日本的古代精神。以这种态度来研究，则日本的古代精神就被湮灭，从而不能被明确认识。以汉意为基础对记载古神的日本古籍加以解释，‘道’就迷失在其中了。鉴于此，我对记载诸神事迹的《古事记》与《日本记》的解释，与世间通常的观点大相径庭。因为平安朝以降一直无人有此主张，所以招来了世间学者的种种非难。这都是因为平安以降，学者对神典的解释一直囿于‘汉意’，观点陈陈相因，摆脱不了汉意束缚，不明白自己所信奉的观点错在何处，而我的观点则完全建立在《古事记》与《日本书纪》所记载的古代传说的基础之上。”① 又说：“研究神典，是专攻‘纪传道’的儒者之职。其中，对《古事记》加以注释的书，是从弘仁年间写作的《日本纪私记》。这是作者在研究汉学之余写成的，并不是对神典的专门研究。因此，对古意、古语都没有真正的理解，总体上幼稚肤浅。对于‘道’为何物更是语焉不详，仅仅是依照文章脉络加以表面的推理而已。以前日本的儒者，都是一副中国做派，没有自己的思想立场。在神典的解释中，也是以‘汉意’加以曲解，没有个人的观点，以儒教思想牵强附会。到了后来，出现了神学这一学派，有了专门研究神典的学者，对神典的解释趋于细致。但那时世间一般学人，往往一知半解、自以为是，对原典不予尊重，却以一己之好加以敷衍，或以佛教、儒教思想加以穿凿……在近世，也偶尔见一些人，多少意识到了儒教思想的禁锢，并尽可能从中挣脱。但是他们不能彻底地摆脱‘汉意’，仍然认为天理阴阳之类的东西是绝对正确的，所以动辄将‘高天原’视为帝都，而又不把天照大神视为天上的太阳，还将

① 本居宣长著，上间述译：《日本物哀》，第308页。

‘龙神的宫殿’看作是一个海岛，如此等等。这样，他们就难免以自己的看法对神典进行种种曲解，这仍然是‘汉意’在作怪，而他们却不自觉，可见‘汉意’的毒害已经渗透到人们的内心深处。”[①] 又说：“以前我们没有属于自己的学问，仅仅是学习和研究来自中国的学问，久而久之，我们就对本国古代的事情越来越疏远，相反，对中国的事情却越来越熟悉，最终在精神上完全汉化了……近来，我国学问更加繁荣，知识越来越系统，但‘汉意’却更加大行其道，与我国古代精神越来越疏远，只是到了最近，才有人警觉到这一点，意识到我们被‘汉意’所束缚，便力图阐明我国古意，弘扬纯粹的日本古代精神。”[②] 本居宣长通过注解《古事记》《源氏物语》等日本经典文史古籍，提倡日本民族固有的情感“物哀”（もののあわれ），以抵抑中国的儒学在日本的巨大影响，于是与稍早在日本出现的儒学各派形成了对峙的局面，并且展开了激烈的对决。但是无论日本精神学派怎样努力，也无法消除中国儒学对日本的根深蒂固的影响，只是这种影响随着各种派别对决和时代的发展，在悄悄发生着变化。

由此可见，日本文化不是对中国儒家文化的全盘接受，而是经过与外来文明的“嫁接”、同日本固有精神的融合，逐步形成的包括宗教、哲学、政治、经济、文学、语言、艺术等内容在内的多元的文化体系。在此过程中也逐渐形成了以朱子学为代表的中国儒学在日本的特殊形式，从而使儒学思想在日本本土化。至今儒学思想仍对日本的文化具有重要影响，现在日本国会各党派之间的争论中，有的议员还引用《论语》中的警句驳斥对方观点；日本精神中也渗透了儒学“忠”“孝”“勇”等思想，可见中国儒学已经渗入日本文化的血液中，成为了带有日本本土特色的儒学。

---

① 本居宣长著，王向远译：《日本物哀》，第 318 页。

② 本居宣长著，王向远译：《日本物哀》，第 341 页。

第一编　日本朱子学的理论承传

本编以“日本朱子学的理论承传”为标题，选择日本朱子学派的一批学者，即藤原惺窝、林罗山、安东省庵、贝原益轩、山崎暗斋、浅见䌹斋为对象，大致基于朱子学的经典阐释、神话体系、理学思想、本土融合、日本特质、专题辩论为中心来加以展开，由此而尝试观照朱子学内部的理论承传的时代景观。

第一章　藤原惺窝与朱子学

——以朱熹《大学要略》为例证

藤原惺窝（1561—1619年），字剑夫，号惺窝，别号紫立子，出生于日本播磨国三木郡细河村（今兵库县三木市）。他是日本朱子学派的开创者，也是京师朱子学派的代表人物之一。对于儒学，藤原惺窝更注重宋明理学，特别是朱子学。他说："朱夫子者，既往圣，开来学，得道统之传者也。"①

1598年，在京都，藤原惺窝遇到朝鲜学者姜沆，彼此间经常进行学问交流。姜沆是退溪朱子学派的学者，对佛教持批判态度。此时，藤原惺窝还阅读了不少朝鲜儒学著作。这些经历，使得藤原惺窝开始脱离禅宗而转向儒学。在姜沆的帮助下，藤原惺窝用朱子学的观点注解四书五经，并编撰《四书五经倭训》（倭训，即用日语写作）。藤原惺窝注训的《四书大全》《新版五经》等江户初期的刻版书稿，至今还完好无损地保留在日本东京大学图书馆、筑波大学图书馆以及国立国会图书馆等藏书机构。

日本文禄二年（1593年），藤原惺窝到江户为德川家康（1543—1616年）讲授《贞观政要》和《大学》。此次讲学具有重大的意义，因为此次会见促成了新幕府在文化和教育政策方面的重大改革。德川家康面对受战争破坏的国家，急切需要寻求建立一个新的、更有凝聚力的现实秩序，于是求助于能对人类社会提

① 藤原為経編：《惺窩先生文集》卷十，京都：思文閣，1941年，第139頁。

供积极态度的儒家思想，即寻求一个能稳固社会关系的伦理思想。因此，德川幕府采用儒学作为治理国家的指导思想。同时，藤原惺窝也热切地想在五山禅寺之外建立研究朱子学的新中心，推动江户时代儒学的发展。

藤原惺窝的门人很多，著名的有林罗山、松永尺五、那波活所、堀杏庵、菅得庵等。他们都是德川时期文化繁荣局面的创始者和参与者。清人黄遵宪在其《学术志》中说："自藤原肃始为程朱学，师其说者凡百五十人。""时海内丧乱，日寻干戈，文教扫地，而惺窝独唱道学之说。先是'讲宋学者'以僧元惠为始，而其学不振。自惺窝惠奉朱说，林罗山、那波活所皆出其门，于是乎朱学大兴。"[①] 可见，藤原惺窝开启了德川幕府官学与京都之朱子学的传统。

被称为日本近世儒学始祖的藤原惺窝一生致力于朱子学的研究，同时也受到其他学者如中国陆九渊、林兆恩和王阳明，朝鲜李退溪等人的影响。他对东亚诸儒的思想采取兼收并蓄的态度，并有深入的思考。下面就藤原惺窝的朱子学思想做一分析。

一、弃佛崇儒

藤原惺窝对佛教逃避现实的出世主义持否定的态度。这是他排佛最根本原因之所在。当时的日本，正在经历战后的重建，社会的焦点集中在如何建构合理的人伦关系与稳定的社会秩序，从而使人们免受由人事纷争而引起的祸乱。对于饱受战乱之苦（父兄都在战乱中身亡）而又有社会良知的藤原惺窝来说，必定会转向以现实担当为己任的儒家学说上来。

---

① 黄遵宪：《日本国志》卷三十二，陈铮主编：《黄遵宪集》，北京：中华书局，2019年，第2344页。

藤原惺窝曾总结自己思想转变的过程说："我久从事释氏，然有疑于心。读圣贤书，信而不移。道果在兹，岂人伦之外哉！释氏既绝仁种，又灭义理，是所以为异端也。"[①] 藤原惺窝由禅归宗于朱子学，是由于他的理念与禅宗所讲空虚截然异趣。其弟子林罗山引藤原惺窝的话说："佛家以性为空，吾儒以性为真。"[②] 实际上，藤原惺窝这一观点是从朱熹的义理之性思想发展而来的。他依据朱熹所讲义理之性在人际关系中的应用性和在日常生活中的功用性来立论的。

藤原惺窝是当时日本的名僧，他弃佛崇儒的转向，在日本知识界的影响非同一般，可以说标志着日本思想界新时代的到来。

朱熹的辟佛思想对藤原惺窝排佛思想的形成产生过不小的影响。当林罗山问排佛之事时，藤原惺窝回复说："来书所谓排佛之言，更不待劳颊舌。唐有傅大史、韩吏部，宋有欧阳子，余子不可胜计焉。程朱以往，诸儒先皆有成说，足下之所讲，余无斯意哉？"[③] 言下之意是说，唐代傅奕、韩愈，宋代欧阳修、二程、朱熹等先儒们都是名垂于史的排佛论者。他们都将排佛论说得很多了，何须我们再费舌？中土儒者们的言论，就是我们排佛的理论武器。当他的禅林旧友诘问他说："吾子初奉佛，今又为儒，是弃真归俗也。"藤原惺窝反驳道："由佛者言之，有真谛有俗谛，有世间有出世间。若以我观之则人伦皆真也，未闻呼君子为俗也，我恐僧徒乃是俗也。圣人何废人间世哉？"[④] 这也就是说，道理的真假不是以"谛"的"真""俗"来分，而是要以世间人伦为判。这与朱熹所说的"吾儒所养者是仁义礼智，他（指禅）

---

① 相良亨：《近世日本儒教運動の系譜》，京都：理想社，1975年，第28頁。

② 林羅山：《前揭書》卷七十五，東京：平安考古学会，1918年，第954頁。

③ 日本國民精神文化研究所編：《惺窩問答》，《藤原惺窩集》卷上，京都：思文閣，1978年，第138頁。

④ 京都史跡会編：《林羅山文集》，東京：ぺりかん社，1979年，第464頁。

所养者只是视听言动，儒者则全体中自有许多道理，各自有分别，有是非。……他只见得个浑沦底物事，无分别，无是非”[①]，几乎同出一辙。

朱熹对佛教的态度是：“释氏则以天地为幻妄，以四大为假合，则是全无也。”[②] 正是因为禅“害人心，乱吾道，岂容不与之辨”[③]。藤原惺窝对佛家的态度同样也是认为“释氏既绝仁种又灭义理，是所以为异端也”[④]。他还指出：“我儒如明镜，物来即应；释氏如暗镜，却弃绝物。镜中本来固有之明而欲暗之，是害理也。”[⑤]

揭露和批判佛教的社会影响也是藤原惺窝排佛论的一个重要内容。他认为，佛门不交税不纳粮，不务正业，游手好闲，对社会的政治和经济危害很大。他说：“当世天下困穷，人民疲敝。盖游手者众多也。食粟之家有余力，力农之夫不足。所谓长安百物皆贵，盖此故也。相率不为寇盗亦可在。余以为游手者十，而浮屠者五六。”[⑥] 对此，朱熹同样也有过尖利的批判。他说：“其（指佛教）始者祸福报应之说，又足以钳制愚俗，以为资足衣食之计。遂使有家产者割田以赡之，择地以居之，以相从陷于无父无君之域而不自觉。”[⑦] 这也就是说，一些不明真相的百姓往往被佛教那套祸福报应的宣传所打动，在衣服食物这样的生活必需品方面帮助僧侣，后来有封地或有家产的人则把田地捐献出来供寺院使用，更有甚者还会仿照僧侣出家修行。这样一来，整个社会

① 黎靖德编：《朱子语类》卷一百二十六，北京：中华书局，1986年，第3022页。
② 黎靖德编：《朱子语类》卷一百二十六，第3012页。
③ 黎靖德编：《朱子语类》卷五十七，第1320页。
④ 相良亨：《近世日本儒教運動の系譜》，第28頁。
⑤ 日本国民精神文化研究所编：《惺窩問答》，《藤惺窩窩集》卷下，第394頁。
⑥ 日本国民精神文化研究所编：《惺窩問答》，《藤原惺窩集》卷下，第394頁。
⑦ 黎靖德编：《朱子语类》卷一百二十六 ，第3009页。

就会在不知不觉中陷入一种无视君王权威、无视父兄亲情的恶劣状态。

而造成这一切的根本原因则在于佛教失去其为人为道之伦常心。故朱熹说："释氏弃了道心，却取人心之危而作用之；遗其精者，取其粗者以为道。如以仁义礼智为非性，而以眼前作用为性是也。此只是源头处错了。"[①]

藤原惺窝常告诫弟子说："异书者，先哲所戒。"[②] 又说："孔子曰：'道不同不相为谋。'孟子曰：'能言距杨墨者，圣人之徒也。'子释氏之流，而我圣人之徒，方当距之不暇，而反为道不同者谋也？无乃犯圣人之戒，而自陷于异端之归乎？"[③] 他认为，孔孟之学才是先哲之圣道，儒门弟子，理应时刻谨慎戒备。作为圣人之门生，应该恪守自己的信仰，有自己的追求，应该向宋儒看齐。

但另一方面，藤原惺窝认为，对于佛教僧众的那种沉浸于自己的世界，而贬低其他人文思想的言行举止，要给予宽容和理解。因此，他看到释迦牟尼的画像时，就情不自禁地作《题释迦出山像》诗感慨："采果拾薪无世纷，爱他山里自心情。从今五十年来事，回首应愆出岫云。"[④]

二、理一分殊

对于儒学，藤原惺窝更注重宋明理学。他说："宋儒之高明，诚吾道之日月也。汉唐训诂之儒，仅释一二句，费百千万言，然浅近如此。如何？然亦名物度数，不可不一校者欤，思之，此

① 黎靖德编：《朱子语类》卷一百二十六，第3021页。
② 藤原為経編：《惺窩先生文集》卷十一，第149頁。
③ 藤原為経編：《惺窩先生文集》卷四，第288頁。
④ 藤原為経編：《惺窩先生文集》卷四，第71頁。

疏。公羊之语下之疏，何休注下之疏，错杂混淆，行无高低，字无细大，见者费眼力乎，如何?”[①] 在这里，藤原惺窝将宋明理学比喻为“日月”，并指出汉唐训诂之儒学，存在繁琐细屑之弊端。也正是基于此，藤原惺窝批评日本学界固守自闭，仅知汉唐注疏之学，而不知东亚之儒学已经发展到讲求义理之道的宋明理学。他说：“日本诸家言儒者，自古自今，唯传汉唐之学，而未知宋儒之理。四百年来，不能改其旧习之弊，却是汉唐非宋儒，是可悯笑。”他认为，作为学者，要知晓学术是有发展的，不能作茧自缚，注疏训诂的最终目的是得其中之理，以其行善、行事。他还觉得，当下最值得学习研究的是程朱之学。他说：“其议论岂外程朱哉。以其出处之行实见，则其人可知焉，其人可敬焉。今日读者亦得入头之处，然后见其议论之诚实，读书亦得践履之实学。”[②]

在理气论中，对于“理”的理解，藤原惺窝以朱熹编撰的《延平问答》为文本，进行了深入的研究。他说：“夫无道者理也。此理在天，未赋于物曰天道。此理具于人心，为应于事曰性。性亦理也。盖仁义礼智之性，与元亨利贞之天道，异名而其实一也。凡人顺理，则天道在其中，而天人如一者也。”[③] 这与朱熹在《读大纪》中所说的“宇宙之间，一理而已。天得之而为天，地得之而为地。而凡生于天地之间者，又各得之以为性。其张之为三纲，其纪之为五常，盖皆此理之流行，无所适而不在”的观点是一致的。藤原惺窝认为，天道、理、性是名异而实同，即朱熹所谓的“性即理”。

藤原惺窝对朱熹所谓的“理”进行了分析。他认为“理”有主客两面，不论在心或在物之理，都须加以体认。他说：“程朱

① 藤原為経編：《惺窩先生文集》卷十一，第153頁。

② 藤原為経編：《惺窩先生文集》卷十一，第148頁。

③ 藤原為経編：《惺窩先生文集》卷十，第131頁。

谓之穷理。由是言之，天地所以为天地者何？上而积气者，天也；下而厚行者，地也。水火所以为水火者何？虽千万里之外内有炎上者，虽不名火而必火也；虽千万年之前后有润下者，虽不称水而必水也。寒暑昼夜亦然。虽一草一木，鸟禽昆虫，亦各有其理，而况人乎？就人身言之，目曰视、曰明，耳曰听、曰聪，口曰言、曰恭，心曰思、曰睿。故曰：人者，天地之灵，五行之秀也。此心此理，豁然贯通，谓之格物。物，事也，有物则有事，而唯言事则虚，言物则实。父子、君臣皆物也；有亲、有义者，事也。所以然者，理也。推其类以致于蕴奥者，穷此心之量，所谓格物物格欤？”①

藤原惺窝认为朱熹思想的要点，在于调和“理”的一与多，即调和在体上之“理一”与用上之“分殊”。他的弟子堀杏庵记载其就学问之道的教诲时说：“惺窝云，学问之道，分别义理，以理一分殊为本。万物一理，物我无间，则必入于理一，流于释氏平等利益，墨子兼爱。专以分殊见之，则必流于杨子之为我矣。二者皆未得其善。故读圣贤之书，晓圣贤之心，则可专以理一分殊为宗。若可，则无弊矣。”② 藤原惺窝推崇朱子学，认为学问的根本在于体得“理一分殊”。③

藤原惺窝认为“理一分殊”之说，是决定伦理差别时的基础。在他看来，若只注重万殊事物所共之一理，则一理与外在之万物即将毫无间隔，不免流于佛家万物平等和墨子兼爱之说。另一方面，如果只注重分殊，则流于杨朱为我的偏颇。可见，局限于一方面，便不完善。他认为读圣贤书，当识取圣贤的用心，如果以“理一分殊”之说为宗旨，便可避免偏差。

---

① 日本国民精神文化研究所編：《惺窩問答》，《藤原惺窩集》卷下，第595頁。

② 堀杏庵：《杏陽稿》卷四，東京大学史料編纂所藏本。

③ 太田青丘，《藤原惺窩》，吉川，弘文館，1985年，第134頁。

现在有些学者认为，宋代大儒朱熹将其师李侗所讲“理一分殊”之旨加以阐发，再经李退溪辗转传授予藤原惺窝。李退溪曾注解朱熹所编的《延平问答》，并在朝鲜出版。李退溪的注解足以代表儒家体认真理的基本观点，对藤原惺窝具有特殊的意义。朱熹以“豁然贯通”来形容儒家体认真理的工夫。这一工夫克服了内与外、主与客、一与多、潜能与实现等两相对立的偏差。

三、格物致知

格物致知是朱子理学的一个重要命题。朱熹在为汉儒郑玄所注《礼记》中的古本《大学》作考订时，认为古本《大学》原文有错简，因而在“诚意”传之前，增补了“格物”传和“致知”传。他在所补的“格物”传、“致知”传中，对“格物”“致知”作了经典的表述：“致，推极也。知，犹识也。推极吾之知识，欲其所知无不尽也。格，至也。物，犹事也。穷至事物之理，欲其极处无不到也。”① 其补传曰：“所谓致知在格物者，言欲致吾之知，在即物而穷其理也。盖人心之灵莫不有知，而天下之物莫不有理，惟于理有未穷，故其知有不尽也。是为大学始教，必使学者即凡天下之物，莫不因其已知之理而益穷之，以求至乎其极。”②

关于格物，朱熹认为是穷至事物之理，并且要穷至极处。而藤原惺窝对格物的解释是：“物为一切之物，我心之上如有一点机心，神知不发，此喻为镜中。所谓物为尘，镜中如变清明，染一点尘，则不得明。镜中的变清明之处曰虚，其中有灵，或可谓之至善。《中庸》所云‘不发之中’，《论语》所云‘一贯’之一，

---

① 朱熹：《四书章句集注》，北京：中华书局，1983年，第4页。

② 朱熹：《四书章句集注》，第6—7页。

此皆镜中变清净光明之处有虚灵，为格物的工夫，其工夫亦为物，只心有一点昏浊，即会有各种各样的思虑。如思虑，自然虚灵，自然明知生发，故万事之用不勉而中。想着清除思虑即为思虑，不在于锤炼思虑，而是在于让思虑自然变得分明，此谓全体大用。”①

在这段话中，藤原惺窝指出，心本虚灵不昧之至善，只是被后天如尘埃般的思虑、物欲、机心所遮蔽。所以，拂拭尘埃，使心重变清明即可。但是，他认为恢复心之清明之为，不是有意识之为，而是自然之为，即无为之为。这说明，“格”的行为不是有意识的，而是自然的。所以，心与物不是二元对立的，而是“镜”与“镜中”的关系。拂拭的行为，也不是镜中沾染了尘埃，便做出抹去的惯性反应。可见，藤原惺窝对格物的理解，明确显示出他的禅性思维。

藤原惺窝对“物”的解释，与朱熹是相一致的。他说：“物，自我喜好之事，或器材、犬、马、雉、鹰，或酒、茶、棋、将棋、乱舞、座敷、庭院、歌、连歌等，一无所限也。”② 他将“物”解释为“事”，与朱熹“物犹事也”并没有什么区别。

关于致知，朱熹认为致知与格物是相关联着的，必须经过即物穷理以至其极的切实工夫，人心的知识才能达到无所不尽。在朱熹看来，致知的知，是指人的知识，而不是指人能知，知识是指格物所得到的知识扩充的结果。藤原惺窝对“知识”的解释与朱熹有所不同。他认为：“知者，知至善之知也。致者，致之之意也。根本无有而今始致之。阴阳为分之前，从浑然一个至善发出来。譬如，物之初无有也，而今始致之者，致也。”③ 依其所言，“致知”就是要引致出知晓至善的智慧来，“知”就是知晓至

① 日本国民精神文化研究所编：《惺窩問答》，《藤原惺窩集》卷上，第388頁。
② 《寸鉄録》卷一，第323頁，假名注本，冷泉爵家所藏本。
③ 日本国民精神文化研究所编：《惺窩問答》，《藤原惺窩集》卷上，第389頁。

善的智慧。这是对善的先天规定性，具有先验性的特征。

对于格物与致知的关系，藤原惺窝说："格物，则无欲自然至知之意，遂'致知'也。非物格而后知至。物格之中，毫发之间可知'知至'。"[①] 这也就是说，格物与致知是同时进行的，不可分离的，并非先格物而后"知至"，而是在格物的过程中，便已知"知至"。这一点与朱熹的"致知、格物，只是一事，非是今日格物，明日又致知"[②]，"格物所以致知。于这一物上穷得一分之理，即我之知亦知得一分；于物之理穷二分，即我之知亦知得二分；于物之理穷得愈多，则我之知愈广"[③]，如出一辙。

藤原惺窝特别重视格物。在《惺窝问答》中，林罗山问起格物的含义，他回答说："此心此理豁然贯通谓之'格物'。曰'物，事也'，有物则有事，而唯言事则虚、言物则实。父子君臣皆物也，有亲有义者事也，所以然者理也。推其类以至于蕴奥者穷此心之量。……专言理不言物则驰于虚；专言物不言理则局于器。器有形，理无形。忠孝以君父之存没而不可偏废也。物理自然、道器不二，谓之'格物穷理'。"[④] 藤原惺窝将"物"解释为形而下的"器物"，与形而上的"事理"相对。强调"格物穷理"不可偏废一端，又以君臣父子与亲孝忠义作比，也具有很强的现实性。这显然是对朱熹格物思想的继承发展。

这里还值得注意的是，藤原惺窝将"格物致知"论解释为"去物欲，致至善"。他把"格"释为"去"，"物"释为"物欲"；"致"释为"致之之'致'"，"知"释为"致至善之'知'"。这与朱熹的"穷物之理，推极已知"是不同的。

① 日本国民精神文化研究所编：《惺窩問答》，《藤原惺窩集》卷下，第 391 頁。
② 黎靖德编：《朱子语类》卷十五，第 292 页。
③ 黎靖德编：《朱子语类》卷十八，第 399 页。
④ 日本国民精神文化研究所编：《惺窩問答》，《藤原惺窩集》卷上，第 389 頁。

四、居敬穷理

藤原惺窝曾经做过禅宗的和尚，他对禅宗有过深入的接触，也有坐禅的经验。但后来他却回到世俗的生活，并崇尚朱子学。

关于静坐工夫。藤原惺窝认为宋明理学家的静坐工夫，是领悟以体认真理的主要途径，也是与禅宗非道德性的坐禅最大不同处。[①] 从这方面说，藤原惺窝由李退溪传承了朱熹学派的基调。这一宗旨可归纳为居敬穷理。他以为居敬的工夫主要是静坐的实践。在朱熹理学思想中，如要达到培养深广“智藏”的目的，这是必不可少的工夫。我们如果由静坐获得深广的“智藏”，便足以使呈现于眼前之事物得到正解。由此可见经验主义的种子已浅藏于朱熹的理性主义中。但对藤原惺窝来说，静坐的工夫只产生一种对道德严肃主义的强烈倾向。与静坐的工夫相平行，藤原惺窝还依自我修养的形而上基础来解决朱熹所讲“性即理”的问题。他一方面把四端和理等同起来；另一方面，把七情和人的气质直接等同起来。[②] 在他看来，由于七情引出私欲而为潜在之恶，于是静坐作为自省的工夫便用来对治和情欲相联系的不善意念。静坐足以恢复心的平静状态。此一平静的心体即人的本性或理。它不受具有干扰作用的心理活动的阻挠，于是清楚地呈现它的主宰作用。

根据日本学者金谷治的研究，藤原惺窝的道德严肃主义也受到明代学者林兆恩的特殊影响。林氏的思想体系讨论到心和文化的关系。藤原惺窝从这个体系构成一套工夫，以清除心中沾染的世俗欲望。具体言之，世俗的欲望如名利，有如镜的尘埃，必须

① 友枝龍太郎：《朱子の思想形成》，東京：春秋社，1969年，第57頁。

② 日本国民精神文化研究所編：《惺窩問答》，《藤原惺窩集》卷上，第8頁。

勤加拂拭，以恢复镜的清明状态。这就像我们清除心中的世俗之念后，清明的智慧才会呈现。金谷治认为，藤原惺窝一如林兆恩，他的上述精神修养工夫强烈地倾向于现世的道德活动，而远离禅宗的寂静的冥想。

关于穷理工夫。藤原惺窝提出读书要学会穷理，并说“在我所立，地步不高，而欲文章之高，坐井而窥天，无是理也”，“天理存则志气明”。[①] 就穷理而言，藤原惺窝引述最多的是朱熹的言论，但他也不反对其他理学家（如陆象山）的一些说法。其实，在宋明理学家的视野中，读书就是格物，也即穷理。而略有差别的是，格物是穷理的直接方法，读书乃是一种间接的穷理之法。如朱熹所言：“一书不读，则阙了一书道理；一事不穷，则阙了一事道理；一物不格，则阙了一物道理。”[②] 这就是说，读书与格物、穷理具有同等的功效。而藤原惺窝则认为，不管是读书、格物还是穷理，其根本还是为了“存养”。分析《易传·说卦》中的“穷理尽性以至于命”，则“存养”可视为“穷理”逻辑发展的必然指向。这里说的“尽性以至于命”与孟子的“尽心、知性、知天”所表达的意思是相同的。所以，藤原惺窝说：“此心之灵与神明通，默而识之，游于造化之祖，天机出入，涉降左右，则妙与神明同矣。虑心周密，照物精切，纤毫曲折，比尽其情，则精与神明通矣。清圆妙用，与造化者为一”[③]。

五、对《大学》的阐释

在德川初期，只有少数特权家族才能公开讲论儒学，而且只

① 藤原惺窩：《文章達德録》卷一，《藤原惺窩集》卷上，第56頁。

② 黎靖德编：《朱子语类》卷十五，第467页。

③ 藤原惺窩：《文章達德綱領》卷一，《藤原惺窩集》卷上，第46頁。

有这些家族才特准出版儒学典籍。他们把儒家典籍加上日式读法的标点，并以汉唐古注为准则加以注释。但藤原惺窝却遵循朱熹当年反对汉唐注释的学风，公然根据宋儒新注，替他的友人赤松氏新出版的四书五经作注释。他说："予自幼无师，独读书。自谓汉唐儒者，不过记诵词章之间，才注释音训，标题事迹耳。决无圣学诚实之见识矣。唐唯有韩子之卓立，然非无失。若无宋儒，岂续圣学之绝绪哉？……故赤松公今新书四书五经之经文，请予欲以宋儒之意加倭训于字傍，以便后学。日本唱宋儒之义者，以此册为原本。"① 可以说，藤原惺窝是日本第一个从事朱子学研究的平民儒家学者。他坚持朱熹《四书集注》的价值，不是由于它可作为当官的敲门砖（因为日本没有统一的全国性的大规模科举制度），而只是把它看作对知识的掌握和成就。在这个意义上，藤原惺窝大力协助出版朱熹注释的四书，实具有重大意义。

17世纪，日本的学术中心在京都。应该说，藤原惺窝的朱子学为当时日本儒学的主流。他于1599年完成了日本第一部用朱子观点解释的四书五经著作，即《四书五经倭训》，开一代朱子学新风。下面以藤原惺窝诠释《大学》的《大学要略》为例，对其作一分析。

（一）《大学要略》的成书

《大学》是《小戴礼记》之第42篇。它与《礼记》中其他篇目表述礼仪制度的文字大不相同，偏于义理阐发。汉代董仲舒、郑玄等学者都有所觉察，而将《大学》从《礼记》中抽离出来，单独成篇，肇始于程子。朱熹在其《大学章句》开篇就说："子程子曰：'《大学》，孔氏之遗书，而初学入德之门也。'于今可见

---

① 藤原惺窩：《問姜沆》，《藤原惺窩集》卷上，第135頁。

古人为学次第者，独赖此篇之存，而《论》《孟》次之。学者必由是而学焉，则庶乎其不差矣。”① 而将《大学》提升到一个史无前例的高度的，则是朱熹。尔后，历代学者都曾对《大学》做过诠释。《四库全书总目》著录《大学》的专门著述有60多种，而最有影响的则是朱熹的《大学章句》、王阳明的《大学古本注》。

藤原惺窝于文禄二年（1593年）曾受德川家康之邀请赴江户为其讲授《大学》；1619年又应细川忠利、浅野长重之请，讲解《大学》。② 这次讲解的内容，后整理成书，为《大学要略》，又名为《逐鹿评》。书名“逐鹿”之“鹿”字为儒道之喻，“逐鹿”即为追寻儒道之意，取自中国明代学者林兆恩的《四书标摘正义》卷首《鹿谈》。③《大学要略》分上下两卷，上卷主要是对《大学》“三纲领”进行解读，下卷是对《大学》全文的抄解。今天，我们对藤原氏《大学要略》的考察，无论是了解藤原惺窝的思想，还是了解朱子学以及《大学》在日本江户初期受容情况，都具有重要的意义。

《大学要略》是对《大学》全文的解读，是藤原惺窝晚年之作，很能代表他的思想。《大学要略》以《大学》古本为基础，又参考朱熹的《大学章句》、王阳明的《大学古本注》和林兆恩的《大学正义纂》，表现了藤原惺窝学风的折中性。关于“大学”，藤原惺窝的解释是：“大学之道，‘大’字，‘人己合一’和‘内外合一’之义也。何谓‘人己合一’？‘明明德、亲民’，则人与己无差别矣。何谓‘内外合一’？‘明明德、亲民’，外也；‘止于至善’，内也。故人与己无内外也。‘大’字义可知。‘学’之

① 朱熹：《四书章句集注》，第3页。

② 日本国民精神文化研究所编：《惺窩問答》，《藤原惺窩集》卷上，第11頁。

③ 太田青丘：《藤原惺窩》，第110頁。

字，非只学问之事。”[①] 在这里，藤原惺窝将“大学”二字拆开分别解释。他强调“大”为“人与己”“内与外”的合二为一；强调“学”不应该只限于“学问之事”（即书本上的知识）。朱熹对“大学”仅做了一句注解，即“大学者，大人之学也”[②]。应该说，惺窝对“大学”的这一诠释，是对朱熹“大学”解释的进一步阐发。按照惺窝之意，学问之道，并不仅仅在于书本，还在于社会。

藤原惺窝认为，朱熹《大学章句》以“明明德、亲民、止于至善”为三纲领，以“格物、致知、正心、诚意、修身、齐家、治国、平天下”为八条目，系统地阐述了儒家“内圣外王”的政治思想和伦理哲学。

（二）对《大学》三纲领的阐释

对于“明明德”，藤原惺窝说：“在‘明明德’者，‘明德’乃君臣、父子、夫妇、长幼、朋友之五伦之五典也。上之云‘明’字，有明发教导之心。固有不从五典者，有刑于兵。对小事用刑，对大事用兵也。”[③] “‘明德’者人伦之事也。人伦不正，则有何所用？故明人伦之道重要也。”[④] 依藤原惺窝之意，“明德”即人伦，“明”即明发教导之心，“明明德”也就是通过明发教导的办法，引天下之人遵从人伦之道。而对于不遵从者，则小事用刑，大事用兵，使人伦得以实现。这在某种意义上说，藤原惺窝的人伦之道具有一种外在的道德规范。

朱熹则认为：“明，明之也。明德者，人之所得乎天，而虚

---

① 日本国民精神文化研究所編：《惺窩問答》，《藤原惺窩集》卷上，第 385 頁。

② 朱熹：《四书章句集注》，第 3 页。

③ 日本国民精神文化研究所編：《惺窩問答》，《藤原惺窩集》卷上，第 379 頁。

④ 日本国民精神文化研究所編：《惺窩問答》，《藤原惺窩集》卷上，第 385 頁。

灵不昧，以具众理而应万事者也。但为气禀所拘，人欲所蔽，则有时而昏；然其本体之明，则有未尝息者。故学者当因其所发而遂明之，以复其初也。”[①] 也就是说，“明德”是一种来自天的内在的德，是空虚灵妙没有任何杂质的，并且包含了万事万物之理，因而可以应对世间万事。这种具有形而上的“理”，和人与生俱来的“德性”同样存在于人的内心。但是人的私欲使“德性”被蒙蔽，“明德”不能呈现，因此人要发挥“本来之性”而“明”之，使其恢复到最初的状态。可见，朱熹所强调的是通过人的内在的自发性和主动性以恢复最初之澄明。

日本学者金谷治在《藤原惺窝的儒学思想》一文中指出：藤原惺窝认为“明明德”是使人们对外表现出具体的实践伦理的形式，而朱熹所谓的“明明德”是一种人们为自己而发挥自身内在德行的努力。这二者是不同的。而就“明明德”从天道人欲角度来思考，藤原惺窝是对朱熹“明明德”思想的阐发。他说：“何谓明德？从天而分来成我心，明而无丝毫邪念之心，成天道之物谓之明德。由天所生，明研于明德谓之圣人。又人所相伴所生之物谓之人欲。欲心之深，迷于所见所闻，此人欲若盛，则明德就衰，形为人，心为鸟兽同一也。明德如镜中所明之影，人欲若镜中之云。倘若日日夜夜不拂拭此明德之镜，则人欲之尘积，失本心也。明德与人欲乃劲敌也，一方不充分，则必负对方矣。”[②] 藤原惺窝和朱熹都是将天道、天命视为“明德”存在的前提条件和内在依据。也就是说，“明德”是天道和天命存在和发展的必然之理。人伴随着天所生，所衍生出来的是人欲，人欲太盛，则明德就衰，故而要克制人欲，甚至是祛除人欲，以成就明德之大业。

① 朱熹：《四书章句集注》，第 3 页。

② 藤原惺窩：《假名性理》，《藤原惺窩集》卷下，第 399—400 頁。

对于“明明德”之后的“亲民”，二程在《大学定本》中将“亲民”作“新民”，朱熹非常赞同二程之说。他说：“程子曰：‘亲，当作新。’……新者，革其旧之谓也。言既自明其明德，又当推以及人，使之亦有以去其旧染之污也。”① 藤原惺窝则结合“明明德”作解，认为“明明德”乃是“教”，“亲民”乃是“养”，皆属人伦之内。他说：“在亲民者，正人伦而上下相亲和睦也。故《孟子》曰：‘人伦明于上，小民亲于下。’云‘亲’字有亲爱养育之心。即养之意也。右教与养之二者，治人治己之第一义也。‘亲’字并不必亲近之亲。……然《孟子》亲民之字，有使民‘亲’之意，即人伦之内一事而与‘明德’同意。私按，云‘明德’者有教之意，‘亲民’者可为养民之意。故可云‘亲爱养’矣。后生罪我知，宜在此矣。”②

在上文中，藤原惺窝以“亲民”为善民之意，但同时亦认为朱熹“新民”之解并不与“亲民”之意相捽。这点从《惺窝问答》中，藤原惺窝与林罗山师徒二人之间的对话便可看出。林罗山“问：王阳明《大学》从古本作‘亲民’，以‘仁’解‘明德’，以天地万物为一体解‘亲民’。先生曰：‘新之’之中乃有‘亲之’之意而存焉。“新民”毕竟非‘亲民’而何。然则作‘新民’恁地好。惺窝批曰：‘亲民’之中亦有‘新民’之意。”③ 可见，藤原惺窝极为赞同朱熹“新民”之说，并认为“亲”中有“新”，“新”中有“亲”，二者是相通的，相互包容的。从国家治理的角度出发，藤原惺窝对“亲民”的解释更具有现实意义。

“止于至善”是《大学》之道的根本诉求和终极关怀。朱熹说：“止者，必至于是而不迁之意。至善，则事理当然之极也。

① 朱熹：《四书章句集注》，第 3 页。

② 日本国民精神文化研究所编：《藤原惺窩集》卷上，第 385 頁。

③ 日本国民精神文化研究所编：《藤原惺窩集》卷下，第 392 頁。

言明明德、新民，皆当至于至善之地而不迁。盖必其有以尽夫天理之极，而无一毫人欲之私也。”[①] 藤原惺窝亦认为：“至善，极处也。至，指我心之极处也。止于我心之极处之至善而不移，《大学》之人无内外之差别而粲然也。”[②] “至善，阴阳未分之前，始、中、终，贯通一个善也。浑然在中，粹然至善者也。《系辞》‘继之者善’、《中庸》‘不明乎善’，又《孟子》‘可欲之谓善’，此皆至善之善者也。”[③] 这就是说，善是人乃至宇宙自始至终贯穿其中的一种实存，止于至善是使其处于心之极处而不使其变迁更易，至善为极处，从阴阳未分以前贯通始、中、终的一个善。这就意味着，人之心性的最好状态是止于至善。对于这“一个善”，他解释说：“明德，亲民之根源之所出之理，云‘至善’也。‘至善’者，不可有其他至善，故云至善。不积工夫，则虽书尽说尽，不能心意满足。‘止’者，不移也。云不移者，仅书尽，说尽，不可用言语尽。若无我心之落处，则不可澄。只知其名言者，不可云‘知’。”[④] 从这段文字提供的信息可知，藤原惺窝认为“明德”“亲民”皆是自“至善”这一个“理”而出，“止于至善”就是于“我心之落处”而不迁移。从上述解释中，可以看到朱熹的“止于至善”思想对藤原惺窝的影响。

关于“至善”与“明明德”“亲民”的关系，藤原惺窝认为，至善为体，明德与亲民为用。因止于至善中有自然化育之功，故能自然明明德，而明明德始于亲民。他说：“明德、亲民、至善，此三者中，应当从何入为工夫，我儒学为全体大用之学，有至善之体，则必有明德亲民之用也。其止于至善，自然有化育之功，

① 朱熹：《四书章句集注》，第3页。
② 日本国民精神文化研究所编：《藤原惺窩集》卷上，第385頁。
③ 日本国民精神文化研究所编：《藤原惺窩集》卷上，第386頁。
④ 日本国民精神文化研究所编：《藤原惺窩集》卷上，第380頁。

故明明德也。”[①] 这里需要注意的是，“亲民”与“明明德”二者之间不存在先后次第问题。实际上，“亲民”的同时，便是“明德”得以推行的过程。

（三）对《大学》八条目的阐释

关于八条目，藤原惺窝认为，格物为诚意、正心、修身、齐家、治国、平天下之本。[②] 因为，格物后自然致知，此中没有毫发之隔。[③] 同理，致知即止于至善，自然意诚；意诚即一念发动处皆真实无妄，则心正；心正即复其本心，自然修身；修身即使自身行为合于人伦，自然家齐；家齐使家和睦，合于人伦，自然举国上下都合于人伦之道，即国治。[④] 这也就是说，格物与致知、诚意等六者之间亦是没有丝毫间隔，是同时进行的。

诚意，乃《大学》修身之第一义。朱熹说：“诚其意者，自修之首也。”“诚者，真实无妄之谓，天理之本然也。诚之者，未能真实无妄，而欲其真实无妄之谓，人事之当然也。”[⑤] 而藤原惺窝对“诚”的解释，则是沿着朱熹之义讲。他说：“诚，有真实无妄之注。仅真实二字，则何事亦有人之无伪之诚之心得，故添无妄二字。无妄，我心清明，则善恶邪正镜中见，心诚明也。《中庸》之‘自诚而明，自明而诚’，有圣贤之差别，可合考。”[⑥]

对于正心，朱子认为：“心者，身之所主也”，且引程子之言说：“程子曰：身有之身当作心。”[⑦] 而藤原惺窝则说：“正，即无

① 日本国民精神文化研究所編：《藤原惺窩集》卷上，第386頁。
② 藤原為経編：《惺窩先生文集》卷上，第392頁。
③ 藤原為経編：《惺窩先生文集》卷上，第390頁。
④ 藤原為経編：《惺窩先生文集》卷上，第388頁。
⑤ 朱熹：《四书章句集注》，第7、31页。
⑥ 藤原惺窩：《假名性理》，《藤原惺窩集》卷上，第389頁。
⑦ 朱熹：《四书章句集注》，第3、8页。

邪。心，心之本体复于本心。正心二字，《大学》和《孟子》，依各人之说，有同异也。”[①] 又说：“云‘勿正心’和云‘此在正其心’，语虽表里，然心同也。在正其心，学者不入学之时也；勿正心，学者入学以后，成我心之用处也。然云‘勿正心’和云‘此在正其心’，毕竟同也。譬如《孟子》云‘求放心’……求放心，学者入学时之事也。心放，学者之用处也，故圣贤之心能常放，而暂不成物也。此云放心，凡人若放，则失去本心也。故学者先求放心，后至放心之境地也。故云修身先在正其心也。”[②] 可见，藤原惺窝对“心”以及“正心”的看法，更倾向于陆王心学对“心”所具有的知性功能和形而上超越性的阐发。就诚意和正心来说，藤原惺窝认为，诚意为正心之本。这与言格物为诚意之本不同。前者是从体用的角度来说的，后者是从方法论的角度来说的。

《大学》将修身视为“本”，格物、致知、诚意和正心的目的都是修身，只有完成了修身，才能实现齐家、治国、平天下。朱熹在注释《大学》“自天子以至于庶人，一是皆以修身为本”时，将“壹是”诠释为“一切”。藤原惺窝仿之，亦说：“上从天子下至庶人，一切大学之道，以修身为本。此为先也。”[③] 但他对“修身”的“修”字单独又作出了解释，说：“修，正人伦而修其身。”[④] 按藤原惺窝之言，“修”有“正人伦”和“修其身”两方面之义。两者先后关系，“正人伦”在先，“修其身”在后，前者是后者实现的前提。应该说，这是他对朱熹“修身”思想的进一步阐发。

---

① 日本国民精神文化研究所編：《藤原惺窩集》卷上，第 388 頁。
② 日本国民精神文化研究所編：《藤原惺窩集》卷下，第 401 頁。
③ 日本国民精神文化研究所編：《藤原惺窩集》卷上，第 391 頁。
④ 日本国民精神文化研究所編：《藤原惺窩集》卷上，第 388 頁。

还值得一提的是，藤原惺窝对《大学》中“人之其所亲爱而辟焉，之其所贱恶而辟焉，之其所畏敬而辟焉，之其所哀矜而辟焉，之其所敖惰而辟焉。故好而知其恶，恶而知其美者，天下鲜矣”① 作了新解。他说：“人，众人也。辟，云偏，偏于之事也。圣贤，亲爱、贱恶、畏敬、哀矜、敖惰，不偏与此五者也。而凡人，为亲爱、贱恶、畏敬、哀矜、敖惰之五者所引而偏，好而不知其恶，恶而不知其好。此前章之有所之字，当着眼于“之辟”之字，由亲爱所引，云心也。四者，圣贤之所知也。敖惰，云圣贤有所敖而不审也。此云不知敖惰，故有不审也。……亲爱，偏人情之事也。而一偏于亲爱，则生乱也，狎，则身不修，无产者侍恩傲荡而失法，家不齐之可知也。贱恶，偏人情之事也。一偏于贱恶，则生忿怒而不修也。无产者，有忿疾，则失欢而怨也。心狼暴戾不受训，必家不齐。畏敬，一偏于事长，则足恭也。事父母，不柔声以谏，然身不修也。身不修，家之齐可知也。哀矜，偏人情之事也。慈幼以言，此坠于一偏而生姑息也。姑息生，则励之不也，故修身不能也。”② 这也就是说，亲爱、贱恶、畏敬、哀矜、敖惰这五者皆属于“人情”的范畴。而对于修身来说，若偏执于任何一端，都会迷乱身心。

藤原惺窝还把修身的主体分为圣贤和凡人。圣贤之人，察己知人，审时度势，不偏于亲爱、贱恶、畏敬、哀矜、敖惰之五者任何一端。而凡人由于“好而不知其恶，恶而不知其好”，故受亲爱、贱恶、畏敬、哀矜、敖惰五者之所激，容易偏于一端而行事。在五者之中，亲爱是根本，贱恶、畏敬、哀矜、敖惰四者皆来源于亲爱。藤原惺窝认为，亲爱也就是好恶。偏于亲爱，则生

---

① 朱熹：《四书章句集注》，第 8 页。

② 日本国民精神文化研究所编：《藤原惺窩集》卷下，第 402—404 頁。

乱；偏于贱恶，则生忿怒；偏于事长，则足恭；偏于慈幼，则姑息生。[①] 这些内容都属于人情的范畴，而“非从天降也，非从地出也，人情而已”（《礼记·问表》）。所以，修身之道，也即依人情而合于礼。这正如朱熹所说：“礼以恭敬辞逊为本，而有节文度数之详，可以固人肌肤之会，筋骸之束。故学者之中，所以能卓然自立，而不为事物所摇夺者，必于此而得之。”[②] 礼以其外在的规度，调节和限制人感官情欲和言行之间的内在张力。当对礼的践履和克制成了一种自觉的习惯行为时，即《论语·为政》所说的可“从心所欲不逾矩”，达到修身的要求。

应该说，藤原惺窝对修身的论述，基本上是依朱熹的思路进行拓展的。但他从人情的角度来把握修身，这是他的新见。藤原惺窝的“人情”论，后经伊藤仁斋、荻生徂徕的不断发展，奠定了日本江户时期“人情”论的人学理论基础。

关于齐家，《大学》指出：“所谓治国者必先齐其家者，其家不可教而能教人者，无之。故君子不出家而成教于国：孝者，所以事君也；弟者，所以事长也；慈者，所以使众也。”[③] 对此，朱熹诠释说：“身修，则家可教矣；孝、弟、慈，所以修身而教于家者也；然而国之所以事君事长使众之道不外乎此。此所以家齐于上，而教成于下也。”[④] 藤原惺窝对齐家的理解依朱熹之说，亦认为：“其身正，则不令而行，家之不出，其人伦之教之国而不兴也。孝、弟、慈，修身齐家之教也。事君事长使众之道，不外于此也。”[⑤] 但他比朱熹更看重“齐家”，他认为《大学》之道，齐家是根本。所以，在解释《大学》中“自天子以至于庶人，壹

① 日本国民精神文化研究所编：《藤原惺窩集》卷下，第401—402頁。
② 朱熹：《四书章句集注》，第105页。
③ 朱熹：《四书章句集注》，第9页。
④ 朱熹：《四书章句集注》，第9页。
⑤ 日本国民精神文化研究所编：《藤原惺窩集》卷下，第404頁。

是皆以修身为本。其本乱而末治者否矣。其所厚者薄，而其所薄者厚，未之有也”时，他说：“其根本乱，则无所云修末之事也。其可厚，若薄其家，则自其家之末处薄而不可厚也。大学之道，以齐家为本。其为先，是为本经业。”[①] “齐其家，家中人伦齐而和，则国比治也。”[②] 藤原惺窝对《大学》齐家之意的阐发，有其独到之处。

藤原惺窝对治国和平天下的诠释，基本上按照《大学》的原意来论述。但是，他在《大学要略》的结尾部分对朱熹《大学章句》中的“右传之十章，释治国平天下”一句作了抄解。他说：“人伦天下明，先始于其国矣。”[③] 他认为，治国的起点在于齐家，齐家的起点在于修身，所以身正则不令而行，即人伦之教化自然行于下。[④] 可是，仅靠修身，待令自行于下还不够。掌握一国治乱兴亡的君主，还需要具备良好的品行和能力。藤原惺窝说：“主人一人有仁心，一国有仁而复及天下，同让也。又主人一人贪心，则一国乱也。乱，不惟兵乱，亦谓人伦次第破坏而人有恶心也。故孟子主梁惠王之说，以利为本，可知也。治乱兴亡，主君一人也。故一人愤事一人定国也。”[⑤] 又说：“此‘平天下’之章，主人能识人，举用其善人为第一也。其次善用天下之物产，使民无饥寒，养育之者也。天下主人之用，使万民不饥不寒，教人伦，以善人治也。此外无他也。……不知生财之理，则或乱费之而国用贫弱。或乱生财之理，则风俗贫逆而上下溺利，五伦悖乱，而天疑如近世之天下。”[⑥] 这也就是说，人主要爱民，以民之

---

① 日本国民精神文化研究所編：《藤原惺窩集》卷上，第 391 頁。
② 日本国民精神文化研究所編：《藤原惺窩集》卷上，第 388 頁。
③ 日本国民精神文化研究所編：《藤原惺窩集》卷下，第 416 頁。
④ 日本国民精神文化研究所編：《藤原惺窩集》卷下，第 404 頁。
⑤ 日本国民精神文化研究所編：《藤原惺窩集》卷下，第 405 頁。
⑥ 日本国民精神文化研究所編：《藤原惺窩集》卷下，第 416 頁。

心为己心，其间无一毫私意；要以德为本，以财为末；要知人与知生财之理，为平天下之要。可见，藤原惺窝希望人主以身作则，以人伦之道治国，并懂得用人、生财的治国之道。他认为只有这样，国家才能有序、富强，人民才能有所依，有所养，从而带来祥和、有序的盛世。

实际上，藤原惺窝对《大学》的重新诠释是他政治理念的表达，表现的是他经世、救世的想法。所以，藤原惺窝把各地籓主作为他首先要教化的对象，要他们在心上下功夫，注重“心体”的修养，恢复内在完美的德性，仁人爱民，不以利为利。而对君主来说，还要能识贤任能，懂得治国之道。实际上，藤原惺窝是站在修己治人的立场上，来诠释《大学》的。这与朱熹注重以内圣开出外王的思想是一致的。可以说，他的《大学要略》是与当时日本江户时代互动关系的产物，体现的是儒者的强烈政治关怀与忧患意识。

六、结语

藤原惺窝开创了江户时代德川幕府以朱子学为官方哲学的传统，为日本民族思想文化的发展做出了努力，是日本朱子学派的开创者。他一生致力于朱子学的研究，同时也受到其他中国学者如陆九渊、林兆恩和王阳明，以及朝鲜李退溪等思想的影响。他对东亚诸儒的思想是采取兼收并蓄的态度，并有深入的思考。藤原惺窝结合当时日本社会现状，对朱子学中的“理一分殊”“格物致知”“居敬穷理”等进行了新的阐释。特别是他著《大学要略》，对《大学》作了新诠释，表达了自己的政治理念，体现了其经世致用的思想。

朱子学在近古东亚地区的发展，对不同政治、社会环境的中国和韩国、日本提供不同的作用。就日本而言，由于城市的发展和它严密的封建制度，在那样社会结构下的民众心理，和中国在科举官僚制度下的民众心态有所区别。但尽管如此，朱子学的伦常义理却为中日两个不同的社会结构和文化传统在秩序和权威方面提供一个合理的解说。

第二章　林罗山与朱子学

——以日本神话的诠释为契机

自《论语》记载孔子“不语怪力乱神”以来，鬼神之事在中国儒学的传统中，或者说至少在宋代以后的儒学传统中，是一个被视为应该慎言或应被悬置的问题。如朱熹在《四书章句集注》中指出：“子不语怪，力，乱，神。怪异、勇力、悖乱之事，非理之正，固圣人所不语。鬼神，造化之迹，虽非不正，然非穷理之至，有未易明者，故亦不轻以语人也。谢氏曰：‘圣人语常而不语怪，语德而不语力，语治而不语乱，语人而不语神。’”[①] 即便偶尔涉及神话色彩较重的上古神灵或圣王，多也只是作为民间祭礼的对象之一被简单陈述。例如《朱子语类》中出现涉及盘古的这段问答。问：“冬至祭始祖，是何祖?”曰：“或谓受姓之祖，如蔡氏，则蔡叔之类。或谓厥初生民之祖，如盘古之类。”[②] 对于被后世视为神话的伏羲画卦，朱熹也极力降低其神秘主义色彩，指出：“伏羲当时偶然见得一便是阳，二便是阴，从而画放那里。当时人一也不识，二也不识，阴也不识，阳也不识。伏羲便与他剔开这一机，然才有个一二，后来便生出许多象数来。恁地时节，他也自遏他不住。然当初也只是理会罔罟等事，也不曾有许多峣崎，如后世经世书之类，而今人便要说伏羲如神明样，无所

① 朱熹：《四书章句集注》，第 98 页。

② 《朱子语类》卷九十，朱杰人等主编：《朱子全书》第 17 册，上海/合肥：上海古籍出版社/安徽教育出版社，2002 年，第 3055 页。

不晓。伏羲也自纯朴，也不曾去理会许多事来。”[①] 事实上，包括伏羲在内的所谓“三皇五帝”，在朱熹看来都是“难晓，亦不须枉费精神”之事。[②]

与中国儒学这种慎言或悬置神奇之事的传统相比，日本近世儒学却很难采取类似的超然态度。因为以《古事记》《日本书纪》为表征的天皇家系起源神话是论及本国王权渊源或者本国特性时无法回避的话题。作为江户幕府儒官的林家之祖林罗山（1583—1657 年），其对朱子学的演绎既需要沿循儒家“理性主义”的传统，在儒学的本土化说明中又无法不言及日本神话中的“怪力乱神”。于是，林罗山围绕怪力乱神所演绎出的儒家“理性主义”显示出不少思想异色。以下我们以林罗山对日本神话的注释为对象，来把握其儒学视域下的怪力乱神观念。

一、记载神代之事的文本

关于集中记载日本神代怪力乱神之事的文本，我们现在一般最先想到的自然是《古事记》《日本书纪》《风土记》等文献。林罗山则以《旧事纪》（即《先代旧事本纪》）[③] 和《古事记》《日

---

① 《朱子语类》卷六十六，朱杰人等主编：《朱子全书》第 16 册，第 2183 页。

② 陈仲蔚问：“‘三皇’，所说甚多，当以何者为是?”曰：“无理会，且依孔安国之说。五峰以为天皇地皇人皇，而伏羲神农黄帝尧舜为五帝，却无高辛颛顼。要之，也不可便如此说。……到这里便是难理会，不若只两存之。又如《世本》所载帝王世系，但有滕考公成公，而无文公定公，此自与《孟子》不合。理会到此，便是难晓，亦不须枉费精神。’”（参看《朱子语类》卷七十八，朱杰人等主编：《朱子全书》第 16 册，第 2624 页。）

③ 此书从其成书之后一直到日本近世初期以前，一直被认为是推古天皇之时由圣德太子、苏我马子等人所编纂，故一直被视为日本最早的古书而备受尊崇。特别是在中世时受到伊势神道诸派的重视，唯一宗源神道（吉田神道）也将此书与《日本书纪》《古事记》并称为“三部之本书”。但其在日本近世时被视为伪书。参看镰田纯一校注：《神道大系·古典编 先代旧事本纪》解题，東京，神道大系编纂会，1980 年，第 3 頁。

本书纪》作为记载神代到“人皇”之事的“三部本书”。现代研究表明，《旧事纪》为平安时代初期所编纂，但林罗山以为该书在上述“三部本书”中出现时间最早。林罗山最看重的资料是《日本书纪》。其理由有如下几点。其一，《日本书纪》的篇章结构在数量上与天地宇宙相关。林罗山指出：“《日本纪》第一、第二乃神代之事，此仿效日月。其余二十八卷，乃仿效二十八星宿。合而为三十卷，乃仿效一月之日数。古人立卷数亦无私也。”[①]《日本书纪》的这种卷数构成，是对天地宇宙和人类时间的模拟，展现的是撰述者对世界最基本存在的客观体认。其二，《日本书纪》与《周易》之道相契合。林罗山对此有一段精辟论述：

> 余尝读《日本纪·神代卷》，聊觉合易道。今讲先天后天两段，粗演其旨。曰：天神七代之序，先辈既以太极两仪五行配之，则今不赘之。诺尊、册尊阴阳对待者，先天之乾坤也。生日神、月神者，离东坎西也。生山、生海、生风雷之神者，震、巽、艮、兑也。……日神与素戋相誓生男女神者，所谓乾坤相索而生六子之义乎。授皇孙以降于地下者，震在东方主器之谓乎。颇虽似牵强附会，彼此相发明则易道神道之为一理者，可推知焉。《神代卷》往往用易文字，则舍人亲王亦非无意于此也。邵子以尧制后分先天后天论之。今仿其意，以诺尊拟先天，以天照大神拟后天。[②]

在这段论述中，林罗山首先明确指出自己是继承此前日本业已存在的以太极、两仪、五行来解释神代的传统。继而他以伊邪

---

① 林羅山：《神道秘伝折中俗解》，石田一良、高橋美由紀校注：《神道大系·論説編 藤原惺窩 林羅山》，東京：神道大系編纂会，1988年，第430頁。

② 林羅山：《神易合勘》，石田一良、高橋美由紀校注：《神道大系·論説編 藤原惺窩 林羅山》，第425頁。

那岐（诺尊）、伊邪那美（册尊）二神为阴阳相对者，为“先天之乾坤”。《神代卷》中之所以多出现与《周易》相关的文字，在林罗山看来，是因为编撰者舍人亲王有意展现“易道”和“神道”之同一。正如林罗山所述，他以《周易》来理解《日本书纪·神代卷》也是受到邵雍演绎尧制的影响。在关于“神”的观念上，邵雍说：“气一而已，主之者乾也。神亦一而已，乘气而变化，能出入于有无死生之间，无方而不测者也。”① 如下所见，林罗山在建构以“国常立尊”为众神与万物本体的过程中，展现出的思想倾向应与邵雍之论不无关系。

二、“气本论”下的天地初始神

就天地开辟之初最早出现的神灵，《古事记》与《日本书纪》存在各种说法。我们可以先将此二者进行比较。《古事记》记载：“天地初发之时，于高天原成神名，天之御中主神……次高御产巢日神，次神产巢日神。此三柱神者，并独神成坐而隐身也。……上件五柱神者，别天神。次成神名，国之常立神……次丰云上野神。此二柱神亦独神成坐而隐身也。”与此相对，《日本书纪》正文中记载：“开辟之初，洲坏浮漂，譬犹游鱼之浮水上也。于时，天地之中生一物，状如苇牙。便化为神，号国常立尊。……次国狭槌尊、次丰斟渟尊，凡三神矣，乾道独化。所以，成此纯男。”

可以发现，天地形成之际最早出现的神灵《古事记》记载为“天之御中主神”，《日本书纪》则记载为“国常立尊”。后者在《古事记》的神灵出场顺序中位列第六。林罗山也注意到神代叙

① 邵雍：《皇极经世卷第十二》，邵雍著，郭彧、于天宝点校，《邵雍全集》，上海：上海古籍出版社，2016年，第1213页。

事中初始神的不同记述，对于这些差异他这样解释道："《日本纪》本文，以国常立尊为开辟之始。……一书之说，以天御中主尊为名，其次高皇产灵神，其次神皇产灵神。……奝然《年代记》亦以天御中主尊为开辟第一之神。天地开始时之神名，众说如此不同。古来之说者，皆是一神之异名。"① 这里所谓的"一神之异名"是说这些神灵名号皆是"国常立尊"的别名。林罗山把国常立尊视为万神的本体。他指出："旧说称此尊'一神即是八百万神，八百万神即是一神。'因是天地同根万物一体之神，从天地之始，至于天地之终，因常立于天地之间，故曰国常立，尊乃是言其贵。《庄子》《列子》之书中，云太初者，乃是气之始。当指此尊。此一神千变万化，成为所有诸神。乃是一气分为阴阳，阴阳分为五行，五行相生相克化生万物之理也。"②

国常立尊之所以具有化生万神的作用，是因为其本身就是本体性的"气"。事实上，林罗山是把理学中"理一分殊"的说法，即"合天地万物而言，只是一个理；及在人，则又各自有一个理"③ 这种本体与具象间的关系投射到国常立尊那里，变成了"气一分殊"论。林罗山如此演绎道："天地开辟时之神曰国常立尊，天神七代之第一也。此一神分身成为诸神之总体。比如天上月为一轮，万水皆映其影。……月之本体虽为一，然影有百千万。"④ 又曰："此一神千变万化，可化为众诸神，一气分为阴阳，阴阳分为五行，五行相生相克生万物。……盖人亦然，头之圆象于天，足之方象于地，腹向前朝南以抱阳，背在后向北以负

① 林羅山：《神道秘伝折中俗解》，石田一良、高橋美由紀校注：《神道大系・論説編 藤原惺窩 林羅山》，第 432—433 頁。

② 林羅山：《神道秘伝折中俗解》，石田一良、高橋美由紀校注：《神道大系・論説編 藤原惺窩 林羅山》，第 434—435 頁。

③ 《朱子语类》卷九，朱杰人等主编：《朱子全书》第 14 册，第 114 页。

④ 石田一良、高橋美由紀校注：《神道大系・論説編 藤原惺窩 林羅山》，第 331 頁。

阴。……其余阴阳五行悉具于身，乃自然之理。故人人身上皆有国常立尊。”①

虽然林罗山在单纯解说朱子的“理”与“气”观念时表现出“理本论”的姿态，但上述他对国常立尊的演绎却展示了一种类似“气本论”的思维形态。这是我们在阅读林罗山儒学思想的“原理篇”（即对程朱理学的理论介绍）和“应用篇”（将理学思想应用于对本国传统的说明，如神话论）时需要关注到的差别。林罗山在“原理篇”层面对程朱理气说的继承，其典型表现有《三德抄》中的《理气辨》一文。其中写道：“夫天地未开之时与已开之后，总是常将理名为太极。此太极动而生阳，静而生阴。此阴阳虽原本为一气，但分而为二。又分为五行，五行为木、火、土、金、水也。此五行派生出万物。”② 在这里，“理”（太极）被当作先于天地开辟之前的存在，其动而生阳、静而生阴，阴阳是此后派生五行乃至继续演化出万物的本源性的“一气”。从“理”与“气”的关系来讲，“气”无法先于“天地未开之时”即已有的“理”，它是“理”（太极）动静的结果。因此可以看出，林罗山这段关于“理气辨”的解释，是一种“理本论”。

然而，当林罗山在运用程朱理学来解释日本神话时，作为“一气”的国常立尊被置于生成论的开头，且被认为具有“月映万川”的效果。这显然是用“气”代替了“理”的作用，故而是一种“气本论”的演绎。这是否为林罗山在介绍程朱之学的“原理篇”与作为“应用篇”的儒学日本化演绎上不圆融之处，值得我们玩味。

---

① 石田一良、高橋美由紀校注：《神道大系・論説編 藤原惺窩 林羅山》，第435頁。

② 林羅山：《三德抄》，石田一良、金谷治編：《日本思想大系・藤原惺窩 林羅山》，東京：岩波書店，1975年，第161頁。

三、论国土生成神话

在《日本书纪·神代卷》中，关于天神伊奘诺尊与伊奘冉尊二神创造国土的神话，有这样的记载：

> 伊奘诺尊、伊奘冉尊立于天浮桥之上，共计曰："底下岂无国欤?"乃以天之琼矛指下而探之，是获沧溟。其矛锋滴沥之潮，凝成一岛，名之曰磤驭庐岛。二神于是降居彼岛，因欲共为夫妇产生洲国。便以磤驭庐岛为国中之柱，而阳神左旋、阴神右旋，分巡国柱，同会一面。……于是，阴阳始遘合为夫妇。[①]

伊奘诺尊、伊奘冉尊共生日本岛的神话，从情节上看并不复杂。它其实讲述了这样一个故事：二神站在天浮桥上，想知道下界有无国土，便以天之琼矛探之，于是碰到了海水。从天之琼矛的矛锋滴落的水珠凝结成了磤驭庐岛，二神于是降临该岛，结为夫妇，开始了创生日本岛的过程。

林罗山对这段故事的注解聚焦于"阳神阴神"与"天之琼矛"来展开。他在《神道传授钞》中首先对"阳神阴神"的内涵进行了这样的分析：

> 阳神之雄元合于阴神之雌元，相合而生万物。……雄元为阳之本，雌元为阴之本。此为《周易》之乾元、坤元。道家中曰，阳为阴之父，阴为阳之母。佛家中讲天地同根万物一体。儒道中曰，天地乃万物之父母，又以乾为父、以坤为母，乾道成男、坤道成女。乾坤，天地之性也。天地，乾坤之形也。阴阳，天地之气也。神，天地之运用也。其大本曰

① 小島憲之等校注：《日本書紀》1（新編日本古典文学全集 2），東京：小学館，第 24—26 頁。

雄元、雌元，此乃阴阳变化、鬼神屈伸生成万物之故也。①

垂加神道创始者山崎暗斋亦有类似的解释，如其在《风叶集》中指出："二尊立于天浮桥上，至磤驭庐岛，此言天之阴阳和合之道也。二神降居彼岛而下，此言人之男女和合之道也。或以未生言已生，或以已生言未生。皆所以明天人唯一之理也。二尊相对，日月相望也。阳神左旋，是日自东而上也。阴神右旋，是月自西而下也。同面旋合，则日月晦合也。"② 在《垂加翁神说》中也存在同样的论调："倭开国之古，伊奘诺尊、伊奘冉尊奉天神卜合之教，顺阴阳之理，正彝论之始。盖宇宙唯一理，则神圣之生。虽日出处、日没处之异，然其道自有妙契者存焉。"③

林罗山、山崎暗斋将伊奘诺尊与伊奘冉尊二神看作是"乾元"与"坤元"，二神之交合代表阴阳相感、阴阳和合，从而化生万物。从他们运用的思想工具来看，涉及《周易》道家、佛教、理学之说，而主以理学为根本。这种分析思路的展开，就《日本书纪》而言，确实存在文本上的依据。因为《日本书纪》中的天地生成神话本来就借用了中国古代的阴阳思想，"阳神""阴神"之称谓即是这种观念的直接体现。故而，朱子学者林罗山、山崎暗斋着眼于阴阳来阐发国土创生神话的内涵可谓符合一定的文脉。

然而，若仔细分析他们对此神话的演绎又不难发现，其解说实际上偏离了《日本书纪》原典中的基本内容。例如，林罗山援用"阳为阴之父，阴为阳之母"一语来表示阴阳互化之理，但阳神"伊奘诺尊"与阴神"伊奘冉尊"之间并无互生互化的关系。

---

① 石田一良、高橋美由紀校注：《神道大系·論説編 藤原惺窩 林羅山》，第381—382頁。

② 近藤啓吾校注：《神道大系·論説編 垂加神道》上，東京：神道大系编纂会，1978年，第184頁。

③ 近藤啓吾校注：《神道大系·論説編 垂加神道》上，第407頁。

此二神在《日本书纪》中是人格神，而林罗山的解释事实上否认了他们的人格性。他将二者视为阴阳的象征，是对变化之理的隐喻。所以，《日本书纪》的国土创生神话在林罗山、山崎暗斋等朱子学者这里只是“理”的外在表现。

林罗山对天浮桥的分析也贯穿了这一思路。在记纪神话中，天浮桥除了出现在二神生国的场景外，还出现于“天孙降临”等文脉中。[①] 因而现代研究者一般认为天浮桥是联结天地的桥或梯子，为天神从高天原降临地上时所经架设的通路。即以通常观念来看，天浮桥在记纪神话中是一种物理性的存在。[②] 但林罗山认为：“天浮桥乃指天空，阴阳循环相通故曰‘桥’，非别有所谓桥。”[③] 他将天浮桥看作天空的指代，桥成为“阴阳循环相通”状态的别名，而不是物理性的桥。林罗山的这种解释在当时并非个例。例如，神道家吉川惟足也认为“天浮桥者，大抵为阴阳感通之处也”[④]。且他进行了细致的义理演绎，指出：“心中若感知他人，则他人之灵归于吾心。其感通之处，以水上不通处来言之，则如彼处与此处自在相通也。不限于他人，万物之理气无不悉皆感通于吾身。故‘桥’者，不单限于夫妇感通，君臣、父子、朋友间亦然。”[⑤] 在吉川惟足的解释中，天浮桥变成了人心感通的道德隐喻，这种感通既包括万物理气的感知，也包括在五伦关系中双方的心灵交感。

由此可见，诠释者借助理气、阴阳、五伦等高度抽象的范畴确能消解上古传说中的荒诞叙事，使之归于“合理”。这种解释

① 小島憲之等校注：《日本書紀》1（新編日本古典文学全集 2），第 120 頁。

② 对于天浮桥的这种理解，可参看《国史大辞典》“天浮桥”条、《日本書紀》1（新編日本古典文学全集 2），第 24 頁，注 9。

③ 石田一良、高橋美由紀校注：《神道大系・論説編 藤原惺窩 林羅山》，第 381 頁。

④ 平重道校注：《神道大系・論説編 吉川神道》，第 137 頁。

⑤ 平重道校注：《神道大系・論説編 吉川神道》，第 137 頁。

方法虽然未忠实于文本，但存在它的优势。即由于理气、阴阳、五伦在概念上具有无限统摄性与内涵上重人伦的特点，当它们被运用于解释神话时，一切神话叙事都不再是神秘难解的彼岸之物，而变成了人的“理智”所能把握的、与人伦日用相关的隐喻。然而，这种神话解释范式的泛滥，也使其在后世背负“牵强附会”的恶名，为人所诟病。比如活跃于 18 世纪后半期的国学家本居宣长就反对以义理来解释记纪神话中的称谓。他认为像“产巢日神”这样的神灵在日本历史上是真实存在的，不能将其视为假借的名号而以阴阳乾坤之说来解之。①

四、“三种神器”说

在日本近世对记纪神话的解说中，“三种神器”也是各家注释的焦点之一。三种神器是天照大神在天孙“天津彦彦火琼琼杵尊”将要去地上统治“苇原中国”时赐予其作为统治正当性的凭证。《日本书纪》这样记载：

> 天照大神乃赐天津彦彦火琼琼杵尊八坂琼曲玉及八咫镜、草薙剑三种宝物。……因敕皇孙曰：“苇原千五百秋之瑞穗国，是吾子孙可王之地也。宜尔皇孙、就而治焉。行矣，宝祚之隆，当与天壤无穷者矣。”②

对于三种神器，林罗山有这样的认识。

其一，镜、玉、剑作为天照大神传授的宝物，包含了知、仁、勇这三种道德，即“镜乃智，玉乃仁，剑乃勇。”③ 此三德与

---

① 本居宣長：《くず花》，大野晋、大久保正編集校訂：《本居宣長全集》第 8 卷，東京：筑摩書房，1990 年，第 152—153 頁。

② 小島憲之等校注：《日本書紀》1（新編日本古典文学全集 2），第 128—130 頁。

③ 石田一良、高橋美由紀校注，《神道大系・論説編 藤原惺窩 林羅山》，第 330 頁。

中国古圣王所践行或提倡的德目相符，比如“尧舜禹让天下时曰‘执中’……三德合于理，即是中。”① “孔子言知、仁、勇，子思名之为‘三德’……帝王治理天下国家，行万机之政，悉皆以此德行之。”②

其二，镜、玉、剑优于中国历代王朝传授的作为王权象征的宝器。因为“中华历代帝王所传授之宝器皆有最初制作之年代，可谓是人为制作之物”。与此不同，“三种神器乃从神代起即有之宝物，为本来自然之器。其名曰神器，可知其非人为制作。诚然可贵也”③。

林罗山将三种神器视为儒家知、仁、勇三德之显现，但需要指出的是，这种观念并非林罗山的首创。早在日本中世的南北朝时期即有这一解释的传统。比如北畠亲房在《东家秘传》中就援引《尚书》“刚、柔、正直”与《礼记》“知仁勇”之说解释三种神器象征的道德品性。④ 林罗山认为三种神器的要义与圣王之道相符契，这种观点亦是受北畠亲房的影响。他摘抄了北畠亲房《元元集》中《神国要道篇》的如下论述：

> 古欲御大道明明德者，先修其身。欲修其身者，先正其心。欲正其心者，在于致知。学者传习分派异流，虽云释氏金口之八万，李老玄言之五千，大底不出此义也。大儒之道，一说理世安民之业。夫尧以往不可得而闻，尧传舜，舜传禹，禹传汤，汤传文武周公，周公传孔子，即此道也。……皇祖天照太神，手授三种宝器，口传三句要道，与日月

---

① 石田一良、高橋美由紀校注：《神道大系·論説編 藤原惺窩 林羅山》，第449頁。

② 石田一良、高橋美由紀校注：《神道大系·論説編 藤原惺窩 林羅山》，第444—445頁。

③ 石田一良、高橋美由紀校注：《神道大系·論説編 藤原惺窩 林羅山》，第444頁。

④ 平田俊春、白山芳太郎校注：《神道大系·論説編 北畠親房》，東京：神道大系编纂会，1991年，第355頁。

俱悬，与天地不朽者也。传琼玉者，欲使修其身克妙也。传宝镜者，欲使正其心克明也。传神剑者，欲使致其知克断也。修身如琼无伤害之危，正心如镜无毫厘之邪，致知之道无他。①

《元元集》以玉代表“修身”，以镜代表“正心”，以剑代表“致知”。认为这是始于尧舜，传至孔子的大道，也是天照大神手授三种神器时口传给天孙的要道。林罗山摘抄这段文字，足见他认可北畠亲房此处本于儒家的三种神器释义。林罗山上述对三种神器的解说，正是继承了中世以来将日本王道比附于儒家王道的做法。

林罗山对三种神器的第二点认识则与日本优越论有关，这是一个容易被忽视的侧面。三种神器的价值本来是通过比附儒家王道理念来展现的，但林罗山却认为，因三种神器出于“自然”故胜于中国古代帝王“制作”的传国宝器。林罗山的这种优越观念也是承袭了北畠亲房之论。

因为北畠亲房认为：“凡我国之所以殊诸方者，以神国也。神国之所以有灵异者，以宝器也。是故天地开辟以来，神器灵物，往往以存。”② 日本作为神国拥有不同于他国的灵异之处，这一特殊性的由来在于三种神器的存在。日本的神器灵物与天地同岁——北畠亲房这种“自然”神器观，在林罗山这里再度得到显现。由此可见，北畠亲房以来依托儒家价值的三种神器观潜藏了一种矛盾，即它既要借助儒家道统与圣王传说来说明日本皇统在道义上若合符节，又试图通过强调自身“神创”的自然性来表明

① 石田一良、高橋美由紀校注：《神道大系·論説編 藤原惺窩 林羅山》，第417頁。林罗山所引的北畠亲房之论原文可参看平田俊春、白山芳太郎校注：《神道大系·論説編 北畠親房》，第207頁。

② 平田俊春、白山芳太郎校注：《神道大系·論説編 北畠親房》，第168頁。

其独一无二的尊贵。

笃信朱子学的林罗山亦无法摆脱这种理论上的紧张关系。他虽然运用了朱子学理气论来分析记纪神话，但从其对三种神器自然性的主张来看，林罗山绝非新井白石那样的“神话历史主义”者。近世中期朱子学者新井白石认为“神即是人”，他将《日本书纪》神代传说看作真实历史的隐喻。[①] 而与此不同，林罗山并不怀疑神代叙事本身，只是借用“理”来解释它。故而，林罗山主张三种神器是神代即有的自然之物，事实上是默认了记纪神话对于神代特殊性的设定。但作为朱子学者的林罗山又始终不肯放弃以“理”来把握奇异的神代叙事。比如对于第一代“人皇”神武天皇的寿命仅一百四十余岁，而其父则活了一百几十万岁这一记述，林罗山这样解释道：“神代与人代之大不同。此为何？神无形，故无死。无始无终，故长命。有形而生者必有死，故人之生死乃常道。”[②] 同时他又指出：“有形者曰人，无形者曰神。……万物生于无，故非无。无与有本非二端，故神与人同理也。”[③] 于是日本上古社会便呈现出两种截然不同的存在状态——“神代”与“人代”。林罗山企图以“理”来缝合二者的差异，但显然他的解释无法圆融。林罗山在神秘主义和儒家理性之间的摇摆，正说明其神话解释方法存在着深刻矛盾。

五、和汉神话间的张力

日本中世对记纪神话的解释多受佛教本地垂迹观念的影响。

---

① 新井白石著有《古史通》，该书提出“神即是人”的观点，其将《日本书纪》的神代传说看作是真实历史的隐喻。参看新井白石：《新井白石全集》第3卷，東京：国書刊行会，1977年，第219頁。

② 石田一良、高橋美由紀校注：《神道大系・論説編 藤原惺窩 林羅山》，第382頁。

③ 石田一良、高橋美由紀校注：《神道大系・論説編 藤原惺窩 林羅山》，第383頁。

例如室町时代中期学者一条兼良所著《日本书纪·神代卷》注释书《日本书纪纂疏》认为："依内典，则天御中主者，大梵天王，为娑婆世界之主。高皇产灵、神皇产灵，亦次第可配梵辅、梵众等。"① 为消除这一范式的支配，日本近世前期基于儒学理念的神话诠释则将日本神祇的参照系从佛菩萨转变为中华上古圣王。林罗山即是寻求这一转变的重要思想家，他指出：

> 日本乃神国也。然以佛神一体，此为何事？……圣武天皇之时，大神宫之托宣云"日轮乃大日如来"，云云。由此以天照大神为大日，将胎藏界、金刚界之两部配当与阴阳。自此之后，传教（最澄谥号）、弘法、慈觉、智证等人之说，遂流传开来。大神宫既为大日，则其余诸神皆为佛菩萨之垂迹，云云。此曰两部习合神道。然佛法传来之前，无此等议论。②

林罗山否定了中世以来神佛习合的传统，反对此前佛教界与神道界将天照大神之"本地"视为大日如来、将其余诸神看作佛菩萨之垂迹的做法。但林罗山对神佛习合的否定实际上是为了引入中华古圣王，为神儒结合创造条件。然而中国圣王神话与日本记纪神话的相遇，并非简单的两种叙事的并置。它关涉万物本源与文明始祖这一身份认同的问题，因此林罗山的神话解释必然面临圣王谱系与日本神统之间的张力。上文林罗山对三种神器义理的演绎已显露出这种端倪。以下，我们从林罗山的神话解释法与他对中国圣王神话的认识来展现这一特质。

林罗山的神话解释法如前所述，是以理气、阴阳、五伦等范

① 天理図書館善本叢書和書之部編集委員会編：《日本書紀纂疏·日本書紀抄》，天理：天理大学出版部，1977年，第33頁。

② 石田一良、高橋美由紀校注：《神道大系·論説編 藤原惺窩 林羅山》，第374—375頁。

畴为分析工具进行的意义阐发。这种解释方法并不受限于文本的存在状况，即便对于语焉不详之事，它也能够实现意义的生成。林罗山在《神道秘传折中俗解》中如此描述上古传说的记载情况：

以《日本纪》为正说时，则国常立尊为帝王绍运之元祖神，高皇产灵神为帝王外戚之元祖神。居于此，则君臣之祖神差别分明。《日本纪》可谓胜于《旧事纪》《古事记》。《旧事纪》《古事记》《日本纪》中所记录之开辟神，其名略有差异，其事亦有区别。或指混沌之所，或指神气、元气，或指一气初萌之处，或指发动之处，或指形之始。……《皇王大纪》曰：开辟之初，有盘古王，其后天皇氏、地皇氏、人皇氏等。悉是遂古事也。其有无未详细记载，故难以知晓。中华之古昔，尚且如此。①

从这段记述可知，林罗山虽以《日本书纪》为正说，但由于日本神话还存于《古事记》与《旧事记》等书中，因此所谓上古传说事实上存在多个版本。比如关于开辟神，三者的记录就不尽相同。故林罗山感慨神代之事难以知晓。他援引南宋胡宏所编的《皇王大纪》，指出中华关于古圣王的事迹也语焉不详，也是为了说明文本缺憾是一种普遍现象。

面对上古难知的共同现实，如何克服记述缺失造成的障碍，林罗山有其作为朱子学者的方法。他指出：

我朝之遂古，旧记不详，故以今可见古，以身可见天地，以气可见阴阳，以心可知神明。不须向外远求。天地万物，原本具于人之身。古人以天地譬喻人之心，即是此。以阴阳五行相生相克、聚散变化之处，可以推知天神、地神十

① 石田一良、高橋美由紀校注：《神道大系・論説編 藤原惺窩 林羅山》，第433頁。

二代。若以理来言无极而太极，则理之存有处，气自然具备。[①]

林罗山采取了以理气阴阳来类推神代之事的方法。它的具体展开，可观林罗山对国常立尊、伊奘诺尊与伊奘冉尊三神的意义推演。在他看来，记纪神话中的此三神具有格外的意义。首先对于国常立尊，如前所述，林罗山认为国常立尊是万神之本体："天地开辟时之神曰国常立尊，天神七代之第一也。此一神分身成为诸神之总体。比如天上月为一轮，万水皆映其影。……月之本体虽为一，然影有百千万。"[②] 在神与人的关系上，林罗山认为："盖人亦然，头之圆象于天，足之方象于地，腹向前朝南以抱阳，背在后向北以负阴。……其余阴阳五行悉具于身，乃自然之理。故人人身上皆有国常立尊。"[③] 我们先前已指出，这是林罗山把理学中"理一分殊"的说法，变成了"气本论"下的"气一分殊"。

林罗山在赋予国常立尊这种本体神地位的同时，又在下一层级的意义上赋予伊邪纳岐、伊邪那美二神以万物创生神的神格。他指出：

> 阴阳未分曰混沌，一气也。一气分而为阳、为阴。阳神曰伊奘诺，阴神曰伊奘册。此二神久合而生万物。天为阳、地为阴。日为阳，月为阴。……此阴阳动而成五行，五行变化而生人，生鸟兽草木。此类之事皆伊奘诺、伊奘册之所为。万物皆不可离于此二神。[④]

---

① 石田一良、高橋美由紀校注：《神道大系·論説編 藤原惺窩 林羅山》，第433—434頁。

② 石田一良、高橋美由紀校注：《神道大系·論説編 藤原惺窩 林羅山》，第331頁。

③ 石田一良、高橋美由紀校注：《神道大系·論説編 藤原惺窩 林羅山》，第435頁。

④ 石田一良、高橋美由紀校注：《神道大系·論説編 藤原惺窩 林羅山》，第336—337頁。

伊奘诺尊与伊奘冉尊作为“气”（国常立尊）所分化出的“阴阳”，阴阳二神交感使事物具有特定形态。如此，林罗山运用理气阴阳说构建起以国常立尊、伊奘诺尊与伊奘冉尊为中心的创生世界的神统。

林罗山的这种解释方法虽然能够克服文本间叙事的矛盾与记述的缺失，使记纪神话为朱子学所统摄。但此种关于世界如何生成的“原理式”说明，必然会被拿来和中华圣王谱系比较。林罗山注意到日本先前就存在将日本神灵比附于盘古的做法。他指出：“旧说中将国常立尊比于中华盘古王。盘古王两眼成日月，身上汗变成水，其热变成火，肉变成土，骨变成石，毛发变成草木，呼吸之气变成风。此同于此神之分身变化。”[①] 盘古化生万物的神话被林罗山解释为与国常立尊分身变化相同。盘古于中国古史中的地位自不待言，即便在不宣扬盘古神话事迹的朱熹那里，也被认为是“厥初生民之祖”[②]。且盘古以后有所谓三皇五帝之统、伏羲画卦之说。[③] 博览群书的儒者林罗山自然通晓这类中国圣王创制文明、遗泽万世的传说。但他在援引中国神话去解释日本神话时，并没有就盘古与国常立尊的关系进行说明，只是指出盘古化生说同于国常立尊的分身变化。

可见，林罗山虽然注意到中国圣王神话，但他没有对两国神话的关系进行论述。因为以中国神话为是，则日本天神的地位会被降格。质疑中国神话，则圣王谱系随之动摇，立于此基础上的

① 石田一良、高橋美由紀校注：《神道大系・論説編 藤原惺窩 林羅山》，第453頁。

② “问：‘冬至祭始祖，是何祖？’曰：‘或谓受姓之祖，如蔡氏，则蔡叔之类。或谓厥初生民之祖，如盘古之类。’”参看《朱子语类》卷九十，朱杰人等主编：《朱子全书》第17册，第3055页。

③ “五峰以为天皇地皇人皇，而伏羲神农黄帝尧舜为五帝，却无高辛颛顼。”参看（《朱子语类》卷七十八）朱杰人等主编：《朱子全书》第16册，第2624页。“且如易，只是一个阴阳之理而已。伏羲始画，只是画此理；文王孔子皆是发明此理。”《朱子语类》卷九，朱杰人等主编：《朱子全书》第14册，第308页。

儒学道统亦可能遭到否认。林罗山没有进一步触及这个问题，或许也是由于觉察到了这种暗藏的危机。

六、结语

林罗山作为活跃于 17 世纪的日本儒者，身处于记纪神话的诠释传统中。因此，虽然他深知“不语怪力乱神”这一中国儒学的主张，但他在将程朱理学本土化的过程中，无法不结合以《日本书纪》《古事记》为代表的神代叙事来进行理论演绎。于是，无法不语怪力乱神成为林罗山思考儒学时的必然宿命。事实上，林罗山只是大谈“怪力乱神”的其中一个儒者而已。其他人比如山崎暗斋、熊泽蕃山等无不好谈怪力乱神之事。我们一般多就林罗山对朱子学的理论介绍来理解其儒学思想，但作为其儒学思想的真正本土化表现，或者说能够看出其与中国儒学思想不同的地方，恐怕应该是其结合理学话语所展开的日本神话论。

第三章　安东省庵与朱子学

——理学思想的时空汇聚

儒学虽然很早就传入了日本，但是其流通的范围，长时间仅局限在博士家和贵族阶层，对于大部分的日本中下层武士以及广大的庶民阶层而言，儒学甚至汉字都是相当晦涩且较难掌握的。这当然也与儒学自身的发展有关，汉唐的训诂儒学对于深入挖掘经义有益，然而其艰深与繁琐也直接导致了当时的儒学传播主要集中于精英阶层。宋明理学相较于汉唐经学，在简化注释、偏重义理阐释等方面都更加有利于儒学传播范围的扩大。以理学传入日本为契机，儒学在日本也开启了本土化的进程，而主导这一局面的即是江户初期的京学派朱子学者群体。[①] 应该说，日本中世的禅僧在引入作为新儒学的理学以及培育儒佛兼修的僧人这一点上贡献重大，京学派的儒者大多有学佛的经历即肇源于此。不过，儒学要真正在日本生根、发芽，还须逐步摆脱佛教的影响而走向独立，而这也可以说是京学派最为重要的历史任务。

经过藤原惺窝、松永尺五逐步发展起来的日本朱子学，虽然在井上哲次郎看来不过是“千篇一律”，[②] 但是当时的日本朱子学

---

① Liu Ying, “The Interpretation and Reconstruction of the Process of the Japanization of Confucianism: A Case Study on the Kyoto Faction of Zhu Xi Studies in Tokugawa Japan.” in *Acta Orientalia Academiae Scientiarum Hung* (2023).

② 井上哲次郎：《日本朱子学派之哲学》，東京：冨山房，1937年，第598頁。丸山真男在战前的日本思想史研究中亦持此观点，不过在战后有所反思。详见丸山真男：《日本政治思想史研究》，東京：東京大学出版会，1952年，第33頁。

究竟发展到什么阶段，是否可以通过同时期的中国儒者做出一个更为合宜的判断？明儒朱舜水在日本的滞留以及与安东省庵①的深入交往，使得这种假设在理论上成为可能。作为学术思想的儒学原本没有国境线，然而日本儒学与中国儒学究竟是同质还是异质的问题，却逐渐成为近年日本儒学史研究的热点话题。这一问题牵连甚广，恐怕难下结论，不过如果将其转化为对中日儒学之间连续性与断裂性的探讨，则或可在为江户初期儒学史研究提供新视角的基础之上，加深对日本儒学史的整体把握。基于以上的问题意识，本章拟以安东省庵为研究案例，通过还原其从一个传统的日本武士成长为一个日本朱子学者的思想历程，以期在勾勒安东省庵儒学思想整体轮廓的同时，对京学派的朱子学发展状况给出更为恰切的定位。

一、尺五门下：蒙学传承

如果试图勾勒儒学在江户初期逐步深入日本社会的历史过程，首先应该明确当时儒学所处的位置，对此渡边浩指出了需要避免的三大蔽障：

> 德川时代的儒学史、思想史往往从朱子学开始叙述。这是理所当然的，确实林罗山是朱子学者。藤树、素行、仁斋、徂徕，都是从朱子学出发的。但是，藤树之后的各个主要的思想家从朱子学出发的事实，并不意味着：一，即便是

① 安东省庵（1622—1701年），名亲善、守正、守约，字鲁默，通称助四郎，号省庵、耻斋。筑后人（今日本福冈县南部），出仕柳川藩立花家。十六岁时（宽永十四年，1637年）带病出阵岛原之乱，立战功。二十八岁（庆安二年，1649年）上洛，从学于松永尺五门下。三十八岁（万治二年，1659年）与第七次来长崎的朱舜水会面，为朱舜水留日之事多方奔走，且分己俸禄之半给之，直至朱舜水被水户藩德川光圀奉为上宾。

限于一般人还有武士身份的内部，朱子学以及更为广泛意义上的宋学已经广泛普及和受容；二，朱子学与幕府权力结合成为了“体制教学”“正统意识形态”等。而且，三，还有在思想的内容和构造上，也很难认为其与德川初期的政治和社会的存在方式特别对应。①

简言之，江户初期朱子学的受众和传播范围非常有限。又或者说，应当更为理性地预估儒学逐步渗入周边国家的速度和进度，才能更为客观地呈现周边国家的儒学发展历程。虽然日本已然进入了较为稳定的江户时代，但至少在17世纪初期，战国尚武之余习仍存：“‘偃武’以来的很长时间，大多数武士自身，别说是宋学了，原本就连对一般的‘学问’，甚至接触书籍本身都毫不关心，不如说甚至会顶撞、嘲笑学习这些的同僚，这也没什么不可思议的。对于他们而言，根本没有通过文字获取知识、教养，并以此引导自己人生的习惯。”② 以此为背景，可以说让以朱子学为代表的儒学成为日本的“体制教学”或者说“正统意识形态”正是京学派中尤其是林家一系着力努力的方向，也就是要推动朱子学的“官学化”进程；而要成为与日本社会相适应的思维方式，则必须以更为“日本”的方式促进新儒学的广泛传播，此即为松永尺五一脉主要的贡献所在。

在松永尺五一脉中，安东省庵之名，往往与朱舜水联系在一起，二人的事迹常被奉为中日交往史上的佳话而屡屡提及，然而“安东省庵固然受朱舜水影响很大，但他的思想源头并不止于朱舜水”③。纵观省庵一生，主要有四大“逸事”：十六岁带病赴沙

① 渡辺浩：《近世日本社会と宋学》，東京：東京大学出版会，1985年，第6頁。

② 渡辺浩：《近世日本社会と宋学》，第12頁。

③ 王青：《朱子学在江户时代的一种“日本化”模式——以安东省庵为例》，《中国哲学史》，2018年第4期，第106页。

场，勇气可嘉；二十八岁从学松永尺五，勤学可畏；分俸一半救济朱舜水，义气可叹；嘱子勿撰行状碑，谦逊可敬。[①] 由此看来，在安东省庵的一生中，至少有两个重要的转折点，一为从师于松永尺五，二为求教于朱舜水。这二人无疑是当时日本和中国儒学界的翘楚，那么他们分别对安东省庵儒学思想的形成起着怎样的作用呢？要回答这一问题，还需要对安东省庵是如何从一介传统日本武士成长为一名日本朱子学者的思想转换做出分析。

安东省庵入松永尺五之门是在他二十八岁时，从其自述年少时“徒事射御而耽末技”[②] 可知，他生活的年代正处于上文所述的战乱刚结束、人们尚未确信和习惯和平的时期。换言之，虽然日本整体已经步入安定和平的年代，但是谁也不知道战争是否会在下一刻爆发，对于绝大多数的日本武士而言，学文以及学儒，都是遥不可及而难以想象的。不难推测，当十六岁的安东省庵听闻岛原叛乱之讯而带病上阵时，充斥于其心的是为君效命的武士道精神。然而翌年（1638 年），当安东省庵因战功受赏，得以见识江户文治的盛景时，他会是怎样的心态呢？

> 不肖幼时不识学问，壮奋起赴京，亦为名谋矣。故所事在训诂词章。然训诂不能传，词章不能工，洎于游尺五老师之门，闻半林先生之教，粗知斯学为己。孳孳弗懈，兀兀竞阴，精刓神耗，濒死不已。[③]

从安东省庵的自述来看，他幼年应该并未接触儒学，后来得到机会去京都，也是为了求“名”而学习“训诂词章”。这里所

---

① 板倉勝明：《省庵安東先生伝》，柳川市史編集委員会編：《安東省庵集》影印編 I，福岡：株式会社西日本新聞印刷，2002 年，第 548 頁。

② 安東省庵：《除夜賦》，柳川市史編集委員会編：《安東省庵集》影印編 I，第 391 頁。

③ 安東省庵：《又寄柳震沢》，柳川市史編集委員会編：《安東省庵集》影印編 I，第 160 頁。

谓的“训诂词章”，应该是指早已传入日本的汉唐训诂之学。此段文字较为清楚地提示在入松永尺五门下之前，安东省庵应该已经接触到了儒学，不过这还停留在训诂之学而非义理之学的阶段。这一学问的起点不断遭到安东省庵自己的反省和批判：

> 初不知为学之方，经则泥乎训诂，文则喜乎绚丽。中焉以为有少得焉，谭经只恐注释不该博，操觚只恐句语不华美。久焉骇惧，以为向之所为者，皆耻而已矣。痛悔深惩，悉焚前作。因扁“耻斋”二字揭左右以为戒焉。静而思之，其为耻也，岂但此而已哉？圣贤之道，虽不外乎文字，而非章绘句琢之谓。往者予执经，徒考文字之出处，妄议注脚之疵瑕，措词以蹇涩为奇工，以平易为浅陋。谈经是言乎耻也，操觚是著乎耻也。[①]

对于以上文字，菰口治从“初学”二字判断出安东省庵于松永尺五门下所学为训诂之学，并且由此进一步判定松永尺五私塾所教之学为训诂之学：“这段文字是否在说京都时代虽然存疑，但是无疑是指初学的事情。如此看来，在尺五之塾中，始终以训诂、注释为学问，希望获得广博的知识。”[②] 我们在上文已经提及，安东省庵为求名而上京，起初修习皆为训诂词章之学，直到入了松永尺五的门下，才彻底扭转了这种情况。因此安东省庵之“初学”，虽不知具体学于何师，但此人定非松永尺五无疑，而且还可以进一步推论，松永尺五之学当非训诂之学。关于此点，我们还可以从松永尺五写作《彝伦抄》的目的来侧面论证其学之旨趣：

---

① 安東省庵：《恥斎漫録序》，柳川市史編集委員会編：《安東省庵集》影印編I，第422—423頁。

② 菰口治、岡田武彦：《日本の思想家安東省庵・貝原益軒》，東京：明德出版社，1985年，第17頁。

《彝伦抄》之为作也，叨以世俗之俚语肤说纲常之大猷。何也者？为童蒙书生困倦于佶屈聱牙者之易悟，贩夫蠶徒无暇于占跸勉学者之易读，俾庸夫迷异教顽夫陷妖术者，知有天叙天秩之典礼，性命道德之名教，更匪为博闻宏才之士也。①

《彝伦抄》为松永尺五最主要的儒学作品，也是其儒学思想最为集中的展现。松永尺五不仅明言其作此书的目的是要用世俗俚语来讲述儒学的纲常大道，更明确地指出了此书的阅读对象不是博闻宏才之士，而是一般的童蒙书生，甚至是贩夫走卒。由此看来，松永尺五之塾所设定的传授目标，是更为广泛的一般武士以及庶民阶层，因此不难推测，为了使他们更易接受作为外来文化的儒学，松永尺五不大可能以教授难解难悟的训诂之学为业。

再者，由于安东省庵与朱舜水的交往过于醒目，因此容易引导研究者将安东省庵之学与朱舜水的思想直接联系起来。然而从逻辑上推论，当安东省庵可以与朱舜水切磋学问、以书信求教之时，他应该已经具备了相当程度的儒学基础："守约比年不读杂书，所读惟《小学》、四书五经、《性理大全》暨《近思录》《读书录》等。吟诵寻思，夙夜弗惰。固陋顽冥，虽无所得，然自谓愈于汩没利名枉过一生者。"② 从安东省庵的自述来看，在接触朱舜水之前，从不愿为名利所淹没的动机出发，他已经从为名之学转向了为己之学。从其所阅读的书目来看，理学的著作占据了更大的比例，而这才应该是安东省庵在松永尺五门下所学的功课。而且，通过安东省庵的求教信，朱舜水对安东省庵的儒学水平进

① 松永尺五：《彝倫抄・跋》，石田一良、金谷治編：《日本思想大系・藤原惺窩林羅山》，第 330 頁。

② 安東省庵：《又上朱先生》，柳川市史編集委員会編，《安東省庵集》影印編1，第 470 頁。

行了总体评价，这更为直观地反映出了安东省庵此时已经达到的理学水平：“今足下感愤奋发，率德励行，殚精六艺之圃，评骘群贤之林，以此躬行，以此淑世，本来识见卓越，绝不为流波所靡。此诚贵国之开辟而首出者，宁区区由余之拔于戎，而陈良之产于楚哉?”[①] 朱舜水以为安东省庵“识见卓越”，甚至以之为日本“开辟而首出者”，这都是极高的评价，我们知道朱舜水不轻易许人，因此这些赞词当有其实。

还有，暂且不论具体的理学观点，松永尺五传播儒学的方式应该影响到了包括安东省庵在内的师门众弟子。就安东省庵而言，他“有许多关于启蒙的著作。《训蒙集》《训蒙要语》《初学问答》《初学须知》《初学心法》《初学故事》《理学抄要》《理学要抄》《启蒙通解》《幼学类编》等，数量众多。其中刊行的是《幼学类编》（元禄二年刊）、《初学心法》（延宝三年刊）”[②]。安东省庵写作理学启蒙的著作还受到了朱舜水的鼓励：“近著《训蒙集》，诚有益于学者，何谓无益之事！当留意速成之。”[③] 通过朱舜水的言语可以推论，安东省庵热衷于蒙学类的儒学写作并非源起于朱舜水的影响，而是在接触朱舜水之前就已经自觉的使命。当然，朱舜水的鼓励和期待对于安东省庵来说应该会形成正向的激励机制，这从后来安东省庵丰硕的蒙学著作中即可窥见。

需要注意的是，由于安东省庵长期侍奉的福冈地区地理位置较为偏僻，因此虽然他曾游于尺五门下学习宋学，但是总体来说时间并不长。回乡后的安东省庵在读到素未谋面的同门柳川震泽（尺五门下木下顺庵之弟子）所著《和韩唱酬集》后，曾致信说：

---

① 朱舜水：《答安东守约书三十首·一》，朱谦之整理：《朱舜水集》，北京：中华书局，1981年，第170页。

② 疋田啓佑：《朱舜水と安東省庵：その思想上の影響の一端》，《福岡女子大学文学部紀要》，1996年第60号，第33頁。

③ 朱舜水：《与安东守约书二十五首·三》，朱谦之整理：《朱舜水集》，第155页。

“不肖昔僭陪同门之末席，沐栽培，承陶铸。奉别以往，三十余年于今矣。未尝不引领东望，钦慕懿范也。”① 从安东省庵自述受教于半林先生来看，他或许并未亲闻松永尺五讲学。由此看来，安东省庵虽受到尺五门下推宗宋学的影响，但其与松永尺五本人的交往可能很有限。离开京都之后的安东省庵，处于无师无友、寂然自学的状态：“其后受国恩得还乡，地僻无书，亦无师友相讲劘，论而无答，倡而无和，疑而无解，过而无规。庸众之与居，俗子之与游。欲往从尺五老师，既已即世。又欲从半林先生，路阻且远。”② 不难看出，安东省庵一心慕圣贤之学的强烈愿望与长期无师友切磋指点之间形成了难以弥合的裂痕。在这样的境遇之中，安东省庵只能借助舶来的明代理学著作加深自身的儒学修养，那么明代理学对安东省庵的思想成形起到了怎样的作用？

二、明代理学：崇朱主气

除了听讲之外，安东省庵在京都还得以阅读许多舶来的明代理学著作，对于这一阶段的省庵产生重要影响的是《学蔀通辨》。此书作者陈建在序中点明其主旨：

> 天下莫大于学术，学术之患莫大于蔀障。近世学者所以儒佛混淆而朱陆莫辨者，以异说重为之蔀障，而其底里是非之实不白也。《易》曰：“丰其蔀，日中见斗”，深言掩蔽之害也。夫佛学近似惑人，其为蔀已非一日。有宋象山陆氏者

① 安東省庵：《寄柳震沢》，柳川市史編集委員会编：《安東省庵集》影印编 I，第 458 頁。

② 安東省庵：《又寄柳震沢》，柳川市史編集委員會编：《安東省庵集》影印编 I，第 460 頁。

出，假其似以乱吾儒之真，援儒言以掩佛学之实，于是改头换面、阳儒阴释之蔀炽矣。幸而朱子生同于时，深察其弊而终身力排之，其言昭如也。[①]

由序言不难看出陈建宗朱而排陆的立场，这一立场在京学派的另一支，即以林罗山为代表的林家传承序列之中极为分明，阿部吉雄评论说："可以推测罗山几乎将《学蔀通辨》作为排斥陆王学的蓝本。"[②] 林罗山对《学蔀通辨》的推崇也影响到了同门的后学省庵。安东省庵不仅对此书加以训点并出版，而且在跋文中写道：

学术之蔀，释氏为最甚矣，以谈寂灭则知者好之，以谈祸福则愚者惑之。此所以其徒愈众而吾道愈孤也。古者杨墨塞路，孟子辞而辟之，廓如也。故曰：孟子之功不在禹下。其后千百余载，异端杂学群然蜂起，朱子尽力辟之，故曰：朱子之功不在孟子下。如陆氏顿悟，王氏简易直截，乃释氏不立文字机轴，似目六经为附赘悬疣。且其言曰：六经著我，六经亦史。是作后世废学俑也。彼乃阴剿佛说，阳附吾儒，人不觉其自入禅尔。[③]

从序文中不难看出，安东省庵不仅将佛教视为异端，而且肯定了陈建的立场，即将陆王心学归为阳儒阴佛的异端之列。如此，与心学相对的朱子，则功不在辟杨墨的孟子之下。这种专奉程朱而排斥陆王的立场，可谓京学派林门一系的传统，而与林罗山同辈的松永尺五，真正继承了藤原惺窝的衣钵，实际上对佛教采取了较为宽容和开放的态度，松永尺五甚至借助佛教的教义来

① 陈建：《学蔀通辨总序》，黎业明点校：《陈建著作二种》，上海：上海古籍出版社，2015 年，第 77 页。

② 阿部吉雄：《日本朱子学と朝鮮》，東京：東京大学出版会，1965 年，第 188 頁。

③ 安東省庵：《學蔀通辨跋》，柳川市史編集委員会編：《安東省庵集》影印編 I，第 439 頁。

传播儒学，这在林门是不可想象的。由此看来，安东省庵虽在尺五门下，但在明学的接受上，却更多地受到了林罗山一系风气的影响。

除了陈建之外，对于包括安东省庵在内的京学派朱子学者而言，明儒罗钦顺的思想亦具有非常大的影响力。在理气关系上，安东省庵就明显地站在了“主气”的立场：

> 天地之间，理与气而已矣，然二之则不是，一之亦不是。先儒之论不归于一，岂管窥所及乎？罗整庵曰：“理须就气上认取，然认气为理便不是。此处间不容发，最为难言，要在人善观而默识之。只就气认理，与认气为理两言，明有分别。若于此看不透，多说亦无用也。”又曰：“理只是气之理，当于气之转折处观之。往而来，来而往，是转折处也。夫往而不能不来，来而不能不往，有莫知其所以然而然，若有一物主宰乎其间而使之然者，此理之所以名也。‘易有太极’，此之谓也。若于转折处看得分明，自然头头皆合。”此说极明，要须省语。[①]

井上哲次郎曾评论安东省庵道：“省庵与贝原益轩相同，在理气之说上赞同罗整庵的思想。整庵虽然容忍理气之二元，但是认为理只就气而存在，以气为主，理几乎成为其属性，如此说来，故可以归结为唯气一元论。”[②]“主气”的主张，在京学派内部并不少见，除了井上提到的贝原益轩之外，林罗山、新井白石都可以归为“主气”的一脉。不过无论是“主理”还是“主气”，都源自朱子的理气之论。如果说在程朱之时，“主理”还是理气

---

① 安東省庵：《恥斎漫録》，柳川市史編集委員会編：《安東省庵集》影印編 I，第 550—551 頁。

② 井上哲次郎：《安東省庵之學説》，安東省庵記念会編纂：《安東省庵》，安東省庵記念会出版所発行，1913 年，第 25 頁。

关系中占据着主流的方向，那么到了明代，尤其是在罗钦顺那里，则在批判“主理”的脉络中发展出了“主气”的方向并渐成主流。京学派从林罗山开始，就非常重视罗钦顺“主气”的观点，而在安东省庵的思想中这种“主气”的倾向更见得分明。相较于“主理”，“主气”的儒者在理气关系上坚持理附属于气，理甚至可以视为气的一种属性。从这个角度而言，我们可以称之为“理之气化”现象。“主气”在学问观上主要体现为博学的主张，这也是贝原益轩思想的显著特征。安东省庵与贝原益轩同持这种“主气”的立场，加之二人同处于“海西”，故井上哲次郎以来一直有将二人单列为“海西学派”的说法。除此之外，“主气”更为重要的特征还体现在人性论的主张上，在分析安东省庵的观点之前，我们不妨借助他的整理回顾一下中国哲学史上关于人性论的主要主张：

> 学者须先知性，然后言学。性岂易知哉？予鲁莽未学，非曰知之。姑举圣贤诸子言性者附以肤见，就正诸有道焉。成汤曰：“惟皇上帝，降衷于下民，若有恒性。”伊尹曰：“习与性成。”夫子曰：“性相近，习相远也。”又曰：“一阴一阳之谓道，继之者善也，成之者性也。”子思曰：“天命之谓性。”又曰：“自诚明谓之性。”孟子曰：“性善。”荀子曰：“性恶。”杨子曰：“性善恶混。”韩子曰：“性有三品。”苏子曰：“性未有善恶。”胡子曰：“性无善恶。”①

这些主张几乎涵盖了关于人性或善或恶所有可能的排列组合。面对纷繁的观点，安东省庵没有择一而执，而是从理气关系的角度提出了一种调和的方案：

> 窃惟众言淆乱折诸圣，苟审夫子之言，则诸说不攻自

① 安東省庵：《恥斎漫録》，柳川市史編集委員会编：《安東省庵集》影印編 I，第 549—550 頁。

定。盖天地未分之先，无声无臭，不但恶不可名，虽善难名，强名曰“太极”。夫子曰：“易有太极，是生两仪。”易，气也；太极，理也。天地间无悬空之理，理随气具。真元之气，资始资生，所以得“太极”之名也。夫子所谓“继善成性”，犹成汤“降衷恒性”，指真元之气，纯粹至善者言。所谓“性习远近”，犹伊尹所谓“习与性成”，以美恶相杂者言。于是性之全体大用，无缺无余，是就气论理也，非认气为理也。孟子当人欲横流之时，故特指出其所本然者，以晓当世。然“性也，命也”之言，无异于“相近”之旨。何者？“口之于味也，目之于色也，耳之于声也，鼻之于臭也，四肢之于安佚也，性也”，“仁之于父子也，义之于君臣也，礼之于宾主也，智之于贤者也，圣人之于天道也，命也”，是“相近”之说也。“有命焉，君子不谓性也”，“有性焉，君子不谓命也”，是“相远”之说也。且“浩然之气”即是“真元之气”，故程子说“存心方之无异养气”，于是乃知“至当归一，精义无二”。[①]

安东省庵以“理随气具”为依据，对诸种人性论进行了统合。“真元之气”是对天地未分的描述，这种“真元之气”在人之身，即是“性之全体大用无缺无余”的状态。处于此气之中，人人之性皆相近。需要注意的是，此时既然恶不可名，善也难名，也就可以说是无所谓善恶。孟子所处之时，人欲横流，于是人性也呈现出美恶相杂的样态。从安东省庵的解释来看，孟子所养的“浩然之气”，就是要回归到“真元之气”，这就是存心之方。安东省庵引用程子譬水来类比这种“至当归一，精义无二”的关系：“姑以程子譬水言之。性善其源头也，性恶等诸说，所

① 安東省庵：《恥斎漫録》，柳川市史編集委員会编：《安東省庵集》影印編 I，第 550 頁。

谓‘出而未远渐浊，出而甚远弥浊，清浊虽不同，然不可以浊者不为水者也’。”[①] 安东省庵引程子之譬着眼点应该在无论清浊本皆为水这一持论上，而将清浊与善恶对应起来则可得出无论善恶皆为人性的推论。不过，仔细推究此“源流”之譬，如果所谓的“源头”是流水之起点，那么很难设想流水会有短暂停留在源头的瞬间，如此作为“源头”的“善”，就很有可能沦为一种空洞的预设。相反，只要流水离开“源头”，那么即便有程度上的差异，流水也不可避免处于一种清浊相杂的状态，当然也只有在这一阶段，区分善恶才是可能而且必要的。

需要注意的是，经由朝鲜传入日本的明代理学主张各异，这些差异如果体现在同一个儒者的思想之中，那么难免给人一种“矛盾”之感。即以安东省庵的思想历程来看，早期虽然受《学蔀通辨》的影响专奉朱子，排斥陆王，但从后来接受同属明代理学的罗钦顺的思想来看，其思想中已经表现出以理之气化批判朱子理气二元或者说主理的倾向。这种“矛盾”实际上代表着安东省庵思想的转型，即从专崇朱子之理转向了主气之理学，而这一转向与明末朱舜水赴日关联甚深，以下详述之。

三、问学舜水：实心实学

关于安东省庵与朱舜水之间交往的记载，最为著名的文献是朱舜水亲笔的《与孙男毓仁书》：

> 日本禁留唐人已四十年。先年南京七船，同至长崎，十九富商，连名具呈恳留，累次俱不准。我故无意于此，乃安东省庵苦苦恳留，转展央人，故留驻在此，是特为我一人开

① 安東省庵：《恥斎漫録》，柳川市史編集委員会編：《安東省庵集》影印編 I，第 550 頁。

此厉禁也。既留之后，乃分半俸供给我。省庵薄俸二百石，实米八十石，去其半止四十石矣。每年两次到崎省我，一次费银五十两，二次共一百两。苜蓿先生之俸尽于此矣。又土仪时物，络绎差人送来，其自奉，敝衣、粝饭、菜羹而已；或时丰腆，则鱼鰯数枚耳。家止一唐锅，经时无物烹调，尘封铁锈。其宗亲朋友咸共非笑之，谏沮之，省庵恬然不顾，惟日夜读书乐道已尔。我今来此十五年，稍稍寄物表意，前后皆不受。过于矫激，我甚不乐，然不能改也。此等人中原亦自少有，汝不知名义，亦当铭心刻骨，世世不忘也。①

德川政权自“锁国”之后，对于滞留日本有着严格的管控，朱舜水在信中所言19名富商联名上书都不能做到的事，安东省庵却凭着不断奔走而终于尘埃落定，其间的种种阻碍已难以想象。从朱舜水细数安东省庵分俸之后的生活来看，安东省庵敝衣粗饭不改其初衷，真可当“尊师重教”四字，无怪朱舜水嘱其孙“当铭心刻骨，世世不忘”。此事也被永载于史册，成为中日交往史上一段佳话：“明历乙未，朱舜水来长崎，时人未及知其学，唯省庵往师焉。时舜水贫甚，乃割禄之半赠之。至今称为一大高谊。”②

另一方面，于安东省庵而言，朱舜水留日具有类似程朱来日的重大意义，结合我们在上文提到的安东省庵在归乡之后独学而无友的状态，就可以明白他求师心切的心情。在会面之前，安东省庵就多次表达了希望拜朱舜水为师的愿望：“虽千里犹将负笈，况得亲炙乎？伏冀许在门下之列，幸莫大焉。”③ 安东省庵在给柳

---

① 朱舜水：《与孙男毓仁书》，朱谦之整理：《朱舜水集》，第48页。

② 原念齋著，冢本哲三編：《先哲叢談》，東京：有朋堂書店，1923年，第158頁。

③ 安東省庵：《上朱先生》，柳川市史编集委員会编，《安東省庵集》影印編I，第469頁。

川震泽的信中回忆了求学于朱舜水的大致情况：

> 时闻中原悉为逆虏之有，想有忠臣义士蹈东海来长崎。果以朱老师来为程朱来，负笈航海，就弟子之列，敝乡与崎相距三十里，计每年两次省之。言语不通，兼无文采，笔语亦不如意。受业不卒，为东关万里之别，去年又为死别矣。生别十八年之久，一不得相见，徒为终身之惨矣。[①]

通过以上记述可知，由于九州与长崎路途遥远，安东省庵在费尽俸禄（其中一半给了朱舜水）的情况下也只能一年两次当面求教，这正与上文朱舜水所言相合："每年两次到崎省我，一次费银五十两，二次共一百两。苜蓿先生之俸尽于此矣。"由此看来，安东省庵能亲炙于朱舜水的机会其实很有限。其次，如安东省庵所述，因为言语不通，只能采用"笔语"的方式进行交流，从安东省庵"亦不如意"的表述可以推测，笔不尽意的情况应该不在少数。再者，后来朱舜水被延请到水户之后，距离更加遥远，遂不复相见，朱舜水在晚年曾迫切希望与安东省庵再见一面："不佞今年七十九，稍复苟延，来年则八十矣。百病咸集，突如其来，不知何病。或一两月，或三四月，不能脱体。欲得贤契一来见我，瞑目地下。翘首西望，若岁大旱魃望霖雨。何时得从容把臂也？阁笔授泪，将以语谁？"[②] 言辞恳切，其与安东省庵之交可窥一斑。然安东省庵终因藩内约束不得东行，如此竟成永别。由此看来，在朱舜水离开长崎东去水户之后，安东省庵再无亲炙于朱舜水的机会，只能通过有限的书信往来向朱舜水求教。

概而言之，朱舜水实际上对安东省庵的儒学指导难以说是全

---

① 安東省庵：《又寄柳震沢》，柳川市史編集委員会編：《安東省庵集》影印編Ⅰ，第460頁。

② 朱舜水：《与安东守约书二十五首·十三》，朱谦之整理：《朱舜水集》，第164页。

面铺开式地夯实儒学基础，而应该更偏向于答疑解惑式的“纠偏”。这种倾向早在朱舜水答复安东省庵的第一封书信中即可看出端倪：“细阅诸作，志大而任重，忧深而虑远，尚论古人，卓有独见。退自儆策，刻不容弛。诗序隽雅警拔，时时不失本初，饶有风人之致；然品骘不无太过太刻之弊。”[①] 也就是说，在朱舜水看来，安东省庵不仅文笔上乘且已经具备了较为独立的儒学见识，而其问题在于思想过于严苛。如果从“纠偏”的视角重新梳理朱舜水与安东省庵之间的书信往来，或可定出朱舜水在安东省庵的儒学思想定型过程中的具体方位。那么，朱舜水主要对安东省庵提供了哪些具体的指导呢？这可以通过朱舜水的答疑呈现出来。朱舜水与安东省庵之间通过书信往来的问答，条陈丰富而多样，但若规约其宏旨，则可以略述如下。

第一，明确中日之间儒学的差异只在学与不学之间。这在朱舜水初次回复安东省庵的信件中即颇费篇幅加以阐明：

> 贵国山川降神，才贤秀出，恂恂儒雅，蔼蔼吉士，如此器识而进于学焉，岂孔、颜之独在于中华，而尧、舜之不生于绝域？然而亘千古而未见者何？不肖虽面墙充耳，闻见狭小，即举其所见所闻者，盈尺之璧，不能无瑕，径寸之珠，不能无颣，正以不学之故耳。不学则执非礼以为礼，袭不义以充义，虽上智容有过差，况其下焉者哉？其为弊亦有三端：岸然自高，枵然自是，而耻于下人，一也。在日本者不自安其分，在中国者尝欲求其疵，斗捷于口颊，二也。愚蔽于他端，而希必不然之获，老死而不悔，三也。三者横于中，其何以进于学哉？[②]

① 朱舜水：《答安东守约书三十首·一》，朱谦之整理：《朱舜水集》，第171页。

② 朱舜水：《答安东守约书三十首·一》，朱谦之整理：《朱舜水集》，第169—170页。

上述问题本质上属于“华夷之辨”的论域。儒学不断向周边“走出去”的过程，也可以视为一个从“华”蔓延至“夷”的过程。如果儒学要踏入更为广泛的非中华地域，那么所谓的“华”与“夷”之间，就不应该设定出固定的界限，而应该将其置于是否经过文明教化的天平之上。“明末清初儒者朱舜水，在末世乱局中，选择经营海外乞师求援，积极投入复兴事业，展开近40年的漂泊生涯。其中23年流亡日本的经历，让朱舜水得以从一个相对于中国的观看视野，自亡国遗民的流亡状态中脱出，参与一个文化流派的延续、扩展；得以自个人出处进退或复明反清的思考框架中跳出，面对圣人之学跨疆域，跨族群，普遍传布的深层文化议题”[①]。由此而论，朱舜水将孔、颜甚至尧、舜都相对化为文明的符号，这就在实际上消磨掉儒学传播的边界，中日两国的国境线也被学与不学所取代。如此，儒学早入日本而不兴的原因，即在于“不学之故”：“日本人何尝不可学？日本人何尝不可教？特上下自安固陋，不肯振作，而妨贤害能者，又惧后人之胜己，则己无可擅场，多方排阻，泥途俗子之耳目耳。而异端之徒，更不必言。”[②] 以此为前提，儒学要想在日本扎根，则需要日本的儒者立志于“学”。安东省庵也确实一心向“学”：“吾生之顽憨无片善可说，唯勉学之一事，垂老犹不辍。”[③] 若将日本儒者自身的勤学视为个人层面的努力，那么要想在国家和社会层面普及儒学，还需施以“教”与“养”：“伏以治道有二，教与养而已。养处于先，而教居其大。盖非养则教无所施，此奚暇治礼义之说也；非教则养无所终，此饱食暖衣，逸居无教之说也。故教

① 林慧君：《朱舜水对日本安东省庵思想的影响》，《长庚科技学刊》，2007年第5期，第67页。

② 朱舜水：《答古市务本书七首·二》，朱谦之整理：《朱舜水集》，第334页。

③ 安東省庵：《勉學賦》，柳川市史編集委員会編：《安東省庵集》影印編Ⅰ，第392頁。

者，所以亲父子，正君臣，定名分，和上下，安富尊荣，定倾除乱，其效未可一言而喻也。”[①]“教”与“养”，最重要的功效即在于养成善的风俗，这也可以为儒学提供一个相对稳定的传播环境。承继朱舜水的思路，安东省庵也对所谓的“中国”和“夷狄”进行辨析：

> 中国、夷狄之称宜以天下之“公”论，不可以一人之“私”言矣。其称本出于圣贤。舜曰：“蛮夷猾夏。”夫子曰：“夷狄之有君，不如诸夏之亡也。”孟子曰：“用夏变夷。”圣贤岂有自私之心，贵吾国而贱他国乎？有人于此，以夷狄为中国，中国为夷狄，笑以为狂妄之人。然以地言，则大抵有四时，皆谓之中国，犹可也。以人言，则大抵有人心，皆谓之中国，犹可也。其辨在心不在地矣。……若论其始，则两仪肇判之时，中国夷狄皆地也。生其两间者，中国夷狄皆人也。东海西海南海北海，此心同此理同，其不在地也亦明矣。日本在东方受生气，有四时，有人心，称为神国，为君子国，不亦宜乎？请君子当公论析之，勿以为私言矣。[②]

“其辨在心不在地”，这就从理学的立场为“华夷之别”定出了确定的标准。日本若有教有养，人习其说，则虽夷狄而必曰华夏，儒者成为朱舜水和安东省庵共同认可的价值临界点，这对于儒学在日的传播既是理论的前提，也是打破日本儒者心理芥蒂的必由之路。

第二，对于一个儒者来说，读书作文可说是最基本的日常功课，也是学问日进的不二法门，这也是包括安东省庵在内诸多日

---

① 朱舜水：《元旦贺源光国书八首·六》，朱谦之整理：《朱舜水集》，第115—116页。

② 安東省庵：《中國夷狄弁》，柳川市史編集委員会編：《安東省庵集》影印編Ⅰ，第400頁。

本儒者非常关心的话题。在朱舜水看来，读书作文并非第一义之事，读书当列于修身之后："所贵乎儒者，修身之谓也。身既修矣，必博学以实之；学既博矣，必作文以明之。不读书，则必不能作文；不能作文，虽学富五车，忠如比干，孝如伯奇、曾参，亦冥冥没没而已！故作文为第二义。"① 朱舜水还较为详细地指出了具体的读书作文之法：

> 问：读书作文法。
>
> 答：作文以气骨格局为主。当以先秦、两汉为宗，不然则气格不高，不贵，不古，不雅，参以陆宣公、韩、柳、欧、苏，则文章自然有骨气，有见解，有波澜，有跌宕，有神采。取其精华，去其糟粕，文之最上者也。虽然，此为寒俭者言耳。若夫渊富宏迈，其所取更进乎此矣。读书作文，以四书、六经为根本，佐之以《左》、《国》、子、史，而润色之以古文。然本更有本，如郦食其所云："知天之天者，王是也。"本之何在？则在乎心。若夫心不端灵，作文固是浮华，读书亦成理障。②

朱舜水主张读书作文应该以四书、六经为根本，同时广泛阅读《左传》《国语》及各类子书和史书，显示不局限于一家一脉、涉猎较为广泛的读书格局。同时，以先秦、两汉之文为宗，强调以古文润色，就在有意无意之间突显了一条超越宋明理学而迈向"古文"的思路。不过，相较于后来日本"古学"一脉强调越过宋明诸家注解直接回到秦汉原文的主张，朱舜水的观点则较为温和：

> 问：注解。
>
> 答：书理只在本文，涵泳深思，自然有会。注脚离他不

---

① 朱舜水：《答安东守约问三十四条》，朱谦之整理：《朱舜水集》，第 394 页。

② 朱舜水：《答安东守约问八条》，朱谦之整理：《朱舜水集》，第 368—369 页。

得，靠他不得。如鱼之筌，兔之蹄；筌与蹄却不便是鱼兔，然欲得鱼得兔，亦须稍藉筌蹄。□太繁太多，到究竟处，止在至约之地，所谓“博学而详说之，将以反说约”也。若义理融会贯通，真有“活泼泼地”之妙，此时六经皆我注脚，又何注脚之有？①

由此看来，朱舜水是把注解视为了理解文本的“工具”，“离他不得，靠他不得”正巧妙地说明了文本与注解之间应有的距离感。大体言之，在思想的天平上，这种距离的两端正安放着秦汉的古典文本和宋明理学的注本。京学派自藤原惺窝首倡宋学以来，发展出以推尊理学来抗拒日本传统训诂之学的新儒学。以主理和主气两种倾向言之，朱舜水所主张的博学以及实践无疑更倾向于后者。

第三，我们在上文已经提及，安东省庵曾在《学蔀通辨》的影响下崇朱排陆，而从他后来以心为本的说法来看，主体之“心”在其思想中占据了重要位置，可见此时的他对阳明心学采取了宽容态度，这种转变与朱舜水当有关联：

问：阳明之学近异端，近世多为宗主，如何？

答：王文成亦有病处，然好处极多。讲良知，创书院，天下翕然有道学之名；高视阔步，优孟衣冠，是其病也。出抚江西，早知宁王必反。彼时宸濠势焰熏天，满朝皆其党羽，文成独能与兵部尚书王琼，先事绸缪，一发即擒之。其剿横水、桶冈、浰头之方略，与安岑之书，折冲樽俎，亦英雄也。其徒王龙溪有《语录》，与今和尚一般。其书时杂佛书语，所以当时斥为异端。②

① 朱舜水：《答安东守约问八条》，朱谦之整理：《朱舜水集》，第369页。

② 朱舜水：《答安东守约问三十四条》，朱谦之整理：《朱舜水集》，第396—397页。

从安东省庵的发问可知，在接触朱舜水之前他也以阳明之学为“异端”。在朱舜水看来，王阳明虽有病处，但“好处极多”。“高视阔步，优孟衣冠”的批评，是说阳明之学有过高而不务实之嫌。然而王阳明本人力倡良知之学，兴建书院，使得道学为之一振，此为学理之功；为朝廷平叛乱则可视为“平天下”之功。如此集立言与立功为一体，实为儒学史上的功臣。朱舜水还进一步解释了阳明学之所以被呼为“异端”，是因为其徒之书夹杂佛语，所以真正的“异端”，并非阳明之学，而是佛教。因此理学与心学之间，无所谓“异端”，不过是同归之殊途：

> 是朱者非陆，是陆者非朱，所以玄黄水火，其战不息。譬如人在长崎往京，或从陆，或从水。从陆者须一步一步走去，由水程者一得顺风，迅速可到。从陆者计程可达，从舟非得风，累日坐守。只以到京为期，岂得曰从水非，从陆非乎？[①]

在朱舜水看来，朱陆之异不过是从陆或是从水这种方法论或者说工具意义上的差异，从出发点和最终的归宿而言，二者并无不同。这一主张也被安东省庵继承下来：

> 朱陆之同异，异说纷纷，终为千古未了之谈。予尝不自揣，作其辨曰：天下之水一也，其支分派别不同者，流使之然，然其源未尝不一。圣贤于道亦然，其立教也，或由本达末，或溯末揆本，其所入不同而其所至者一也。……学岂心外之事哉？盖朱子以博文渐次归于约为教，陆子以顿悟一蹴至于道为教。夫以博文为支离乎？经礼三百、曲礼三千，何为烦碎？以顿悟为禅寂乎？一贯忠恕，何为简易？其博文也，所谓溯末也。其顿悟也，所谓由本也。其归于约与至于道，未始不由本也。然本末元非二，况其师尧舜、尚仁义、

① 朱舜水：《答安东守约问三十四条》，朱谦之整理：《朱舜水集》，第396页。

去人欲、存天理，则其心同，其道同，是知其支离禅寂也，特末流之弊尔。[①]

在朱舜水的启发下，安东省庵从“师尧舜、尚仁义”等更具儒学普遍性的立场折中朱陆。若再进一步深挖，朱舜水所论之“心”当为“实心”，根源于他所主张的“实学”：

先儒将现前道理每每说向极微极妙处，固是精细工夫。不佞举极难重事，一概都说到明明白白平平常常来，似乎肤浅庸陋。先儒之言，“惟危”“惟微”，“惟精惟一”之旨也。不如此，不足以立名。然圣狂分于毫厘，未免使人惧。不佞之言，“人皆可以为尧、舜”之意也。“有为者亦若是”，或可使初学庶几焉。而不佞绝无好名之心，此其所异也。末世已不知圣人之道，而偶有向学之机，又与之辨析精微以逆折之，使智者诋为刍狗，而不肖者望若登天，则圣人之道必绝于世矣。此岂引掖之意乎？贤契尚须于此体认，择其优者而从事焉。[②]

所谓“实学”，是一个相对性的概念，即相对于另一方的“虚学”，自己的一方则为“实学”。正因其相对性，所以佛学中有自称“实学”者，理学在排挤佛学时亦称自己为“实学”。因此在把握所谓的“实学”之时，需要认清其相对的阵营。朱舜水之学亦自称“实学”，其“实”当然有强调实行、实践的含义，朱舜水为此打了一个很有意思的比方：

昔有良工能于棘端刻沐猴，耳目口鼻宛然，毛发咸具，此天下古今之巧匠也。若使不佞目眩玄黄，忽然得此，则必

① 安东省庵：《朱陸弁》，柳川市史編集委員会编：《安東省庵集》影印编 I，第401頁。

② 朱舜水：《与安东守约书二十五首·十一》，朱谦之整理：《朱舜水集》，第181页。

抵之为砂砾矣。即使不佞明见其耳目口鼻宛然，毛发咸具，不佞亦必抵之为砂砾。何也？工虽巧，无益于世用也。彼之所为道，自非不佞之道也。不佞之道，不用则卷而自藏耳。万一世能大用之，自能使子孝臣忠，时和年登，政治还醇，风物归厚，绝不区区争斗于口角之间。宋儒辨析毫厘，终不曾做得一事，况又于其屋下架屋哉？[①]

“工虽巧”如果无益于世用，在朱舜水看来就没有意义，因此他主张“一概都说到明明白白平平常常”，这就是在拒绝理学中极为精细的概念、命题辨析，在他看来这种做法虽然可以立名，却对初学儒学之人毫无用处。这样的态度，与松永尺五选择用日本百姓皆可明白的俚语“肤说”儒家纲常伦理何其酷肖。当然，这并不意味着松永尺五与朱舜水具有同等水平的儒学造诣，而是客居日本的朱舜水已然站在和松永尺五同样的立场，即相较于辨析儒学中的奥义，更为紧迫的任务在于促进儒学在日本的传播，让更多的日本大众走近儒学。

以上，我们列举了朱舜水与安东省庵往来的书信中具有代表性的问答，虽难免举一漏万，但这三个方面涉及成为一名独立的日本儒者最需要明了的问题：不清楚华夷之辨，儒学就无法获得走出中华的合法性；不明了如何读书作文以及经书与注解的关系，就无法走进以经典为载体的儒学世界；而不了解朱陆之争的实质，则容易陷于精细的概念辨析而无法解决儒学在日本面临的实际困境。

不可否认，朱舜水与安东省庵之间除了儒学教义上的切磋琢磨之外，还建立起深厚的私人感情。对于安东省庵而言，朱舜水来日无异于程朱亲临日本：“吁我小生，无德无才，以先生来为

① 朱舜水：《与安东守约书二十五首・十》，朱谦之整理：《朱舜水集》，第160页。

程朱来。负笈趋拜，齿弟子列。诱掖谆恳，教爱亲切。稍解桀獿，许以知己。经史奥义，命面提耳。”① 而对于朱舜水而言，安东省庵是难得一遇的知己：“不佞之心，光明如皎日霁月，自信无纤毫云翳，而与贤契相信如金石。”② 朱舜水对安东省庵的人品有极高的评价：“世间淳诚谦厚，更有如贤契者一人否？不独贵国，即中国亦在所必无也。”③ 除了对其人品的肯定之外，更值得留意的是，朱舜水对安东省庵的学识也给予了极大的赞誉：“改岁已来，未得手书。两日连有人至，知贤契近日动定，甚喜！且询知尊人悦豫康宁，此人子之至乐。又闻邻境士至江户，皆盛称贤契之名，所谓显亲扬名也。前有江户僧人至，屡屡传说，亦俱如此。惟愿益加勉励，修身读书，为贵国开辟第一人，不佞亦藉手以与荣施矣。”④ 朱舜水欣喜于安东省庵之扬名，更希望他不断修身读书成为日本“开辟第一人”，期待之高可谓无以复加，足见其对安东省庵真知力行的肯定。

四、结语

渡边浩以仁斋学的出现为分水岭，将关原之战以后，直至天和年间视为宋学深入日本的第一期，并且名之为“移植期”⑤。对于移植期的儒者所处的境遇，渡边浩描述说：

相信儒学的人们，埋头于难解的文本，时常品尝孤立和

① 安東省庵：《祭朱先生文》，柳川市史編集委員会編：《安東省庵集》影印編Ⅰ，第484頁。

② 朱舜水：《与安东守约书二十五首・五》，朱谦之整理：《朱舜水集》，第157页。

③ 朱舜水：《与安东守约书二十五首・十》，朱谦之整理：《朱舜水集》，第160页。

④ 朱舜水：《与安东守约书二十五首・四》，朱谦之整理：《朱舜水集》，第155—156页。

⑤ 渡辺浩：《近世日本社会と宋学》，第191頁。

> 顶撞，一边烦恼一边思考，一边思考一边写作，一边写作一边教学。然后有时会决心刊行著作。恐怕，正是经过这样的先驱者、开拓者有意识和无意识的修正、接受宋学，儒学才更为当时的日本人所容易接受，从而浸透并在日本社会固定下来。因此，德川时代的儒学史，很难说是作为体制正统思想的朱子学的崩坏过程，而应该是一方面以外来思想与既存思想（这往往与社会制度相结合）的亲和性为基础，另一方面解除、解决其非亲和性、不适合性，不断进行新的尝试的过程。①

可以说，安东省庵思想的成立背景，便是以理学为代表的儒学真正开始深入日本社会，并在日本社会逐步传播开来的阶段。在以上的讨论中，我们通过追溯安东省庵之儒学思想的形成过程，勾勒出了安东省庵之儒学的大体建构。简言之，松永尺五门下的游学以及对明代理学的自觉吸收，为安东省庵打下了宋学基础。安东省庵在离开京都返回藩地之后虽仍通过自学不断学习儒学，但在无师无友的情况下，可以想见其必然会遇到许多的不解和困惑，朱舜水的赴日，于他而言是非常难得的求教机会。而朱舜水亦感动于安东省庵为自己留日的奔走与分俸的情谊，在日本期间一直保持与安东省庵的书信往来，对于安东省庵的各种疑问无不悉心解答。这对于安东省庵的儒学思想的成型起到了非常重要的作用。总之，安东省庵从一名传统的日本武士成长为自觉传播宋学的日本儒者，其间既有京学派朱子学的奠基，也有明代理学著作流入日本的催化，更有朱舜水赴日这一特殊机遇的促成，可以说是中日儒学发展史上一次难得的时空交汇。

---

① 渡辺浩：《近世日本社会と宋学》，第190頁。

第四章　贝原益轩与朱子学

——走向本土化的继承与批判

日本社会进入江户时代以后，朱子学作为“实学”逐渐取代了佛教禅宗的地位，发展成江户时期的正统思想之一。尤其是在林罗山及其子林鹅峰等林家学派的努力推崇下，朱子学成为德川幕府的御用学问，并确立了其作为“官学”的身份地位。[①] 江户时期的日本儒学者们纷纷著书立说，从不同角度理解、阐释或质疑、批判朱子学说，并在此过程中形成了朱子学派、阳明学派、古义学派等不同的学术派别。[②]

一方面，在朱子学派内部，除林罗山继承其师藤原惺窝之业，一生致力于朱子学的独立以外，山崎暗斋在“祖述”朱子学并致力于实现朱子学纯粹化的基础上，将朱子学理论与神道相结合，创立了儒学色彩浓厚的垂加神道；安东省庵在朱舜水的实学思想和罗钦顺气学思想的影响下，主张实心实学。另一方面，阳

① 近代以来以丸山真男为代表的诸多学者都将朱子学视为德川幕府的政治意识形态，认为朱子学在政治统治、道德教化、思想意识等方面发挥着统领作用。但是到了20世纪90年代以后，朱子学作为官方政治统治意识形态的地位遭到质疑。渡边浩就指出，朱子学（甚至儒学整体）在江户时期从未享受过官方政治意识形态的待遇，而神佛两教才是德川政治意识形态乃至精神领域的重要支柱。朱子学作为官学是否在江户时期发挥了政治意识形态的作用并不在本章的讨论范围内，但毋庸置疑的是，朱子学作为一种学问思潮确实在江户时期得到了十足的发展，并对当时的日本社会产生了较大的影响。本章的关注点在于朱子学东渡日本后是如何完成其“日本化”的过程。

② 学界惯用井上哲次郎对近世日本儒学派别的这种分类，尽管有学者已对此进行了反驳批判，但笔者认为细节详情有待商榷之处虽多，但大致脉络而言，秉承此分类并无妨。

明学派与古学派则从不同立场对朱子学进行了深刻批判。被视为古学派代表的伊藤仁斋在经历了对朱子学的崇信与反省阶段后，最终走上了反朱子学的道路。他跳脱理气论的框架，试图从学理上否定朱子学的思想体系，并对儒学进行重新定义，以使儒学成为存活在现实中的思想。[①] 阳明学派的代表人物熊泽蕃山则以王阳明的心学为理论依据，与朱子学展开了对决。这样，在朱子学与反朱子学的学问对决中，儒学在日本江户时期呈现“百花齐放”的繁荣局面，并“逐步形塑出近世日本思想的开放性格”[②]。

饶有趣味的是，这一时期不仅有阳明学派、古学派等来自朱子学外部的派系对朱子学的批判，[③] 在朱子学内部也出现了质疑朱子学的声音。其中，贝原益轩便是代表性人物之一。丸山真男根据贝原益轩晚年的著作《自娱集》《慎思录》以及《大疑录》中对朱子学理气二元论、性论等的批判，指出贝原益轩虽也对伊藤仁斋等古学派进行了批判，但他的这种批判是“主观上”的对抗，在“客观上”却显示出了对古学派的依存。由此，丸山真男将贝原益轩视为解体朱子学的先驱者。[④] 冈田武彦对丸山的观点进行了反驳，他认为丸山真男仅根据贝原益轩的朱子学批判论将其视为与古学派相同的儒者的看法“过于草率”，并指出贝原益轩是“修正朱子学派的建立者”。[⑤] 那么，贝原益轩的朱子学是对

---

① 日本学者土田健次郎指出，17 世纪 50 年代后，日本儒学界出现了朱子学与反朱子学并行的情况，而这两者之间的正式对抗始于伊藤仁斋。参见土田健次郎、许家晟：《日本朱子学与反朱子学之关系——伊藤仁斋及其周边》，《杭州师范大学学报（社会科学版）》，2016 年第 3 期，第 35—41 页。

② 吴震：《东亚朱子学研究的回顾与反思》，《杭州师范大学学报（社会科学版）》，2019 年第 1 期，第 7 页。

③ 尽管这些反朱子学者如山鹿素行、伊藤仁斋、熊泽蕃山等都曾在朱子学者之列，但他们在熟知朱子学之后走向了反朱子学的其他派系。

④ 丸山真男：《日本政治思想史研究》，第 63—68 頁。

⑤ 岡田武彦：《貝原益軒》，相良亨等編：《江戸の思想家たち》，東京：研究社出版，第 305 頁。

“原生态”朱子学的解构还是修正呢？这便成为一个亟需厘清的课题。本章从东亚儒学或说中国儒学在东亚的传播与辐射的视角，具体考察贝原益轩对朱子学的批判与转化情况。

一、贝原益轩的朱子学之路

贝原益轩（1630—1714 年），名笃信，字子诚，号益轩（始号损轩，八十岁以后改号益轩），生于筑前国（今福冈县）。当时正是德川幕府第三代将军德川家光执权的时代，幕府统治已经基本稳定，权威行于天下，文教方面也得到充分发展，朱子学在林罗山等的推崇下作为官学成为幕府政教的中心。贝原益轩是一位博学多才的大儒，不仅精心研读朱子学，在医学、本草学、植物学等方面亦造诣深厚。

贝原益轩的父亲是筑前国福冈侯侍医。贝原益轩年幼时其母亲、继母相继去世，由家里的女佣人养大。贝原益轩年幼便喜好读书，据说他自学了日语假名，喜欢阅读各种草子类书籍①，还向别人借了《平家物语》《保元物语》《平治物语》《太平记》等来阅读。而且，年幼时期他便已充分理解数学书《尘劫记》。外人皆对其聪明伶俐惊叹不已。贝原益轩自幼受其父熏陶，掌握了一些医药知识，同时自己还阅读了《医学正传》《医方撰要》等医学书籍，这为他后来的本草学研究打下了一定的基础。贝原益轩十四岁时，跟随其兄学习四书的句读，这是他最初接触学习四书的句读。与其他儒者相比较，益轩学习《四书》的年龄相对较晚。

庆安元年（1648 年），贝原益轩始奉仕于筑前藩，成为黑田

① 草子，日语汉字又写作草纸、双纸，这里是指用日语假名写的故事、日记、和歌等的总称。

忠之的侍从。庆安三年因惹怒藩主，被免职而沦为浪人。七年后，由第三代藩主黑田光之召回成为藩医，再次出仕。次年，奉藩命前往京都游学。在京都游学期间，贝原益轩拜访了松永尺五、山崎暗斋、木下顺庵等当时已经颇负盛名的朱子学前辈。贝原益轩的京都游学大约持续了七八年。宽文四年（1664 年）春，贝原益轩回藩后，便在藩内讲授朱子学。也是大约从这个时候开始，贝原益轩陆续写了许多朱子学相关著作。宽文八年与夫人东轩结婚。宽文十一年冬，奉命编纂《黑田家谱》，至贞享四年（1687 年）完成。元禄元年（1688 年），得到编纂《筑前风土记》的许可。

元禄五年（1692 年）夏，贝原益轩奉命前往江户，途中游览了山阳近畿东海各地的名胜，到达江户后，与江户的儒学家们谈论儒学，并参观了孔庙大成殿。同年冬天回藩。贝原益轩一生往来江户共 12 次，这次是他最后一次到江户。元禄十一年春，贝原益轩与夫人东轩巡游京都，在京都待了一年半，于次年秋归藩。贝原益轩前后访问京都共 24 次，这次是到京都的最后一次。①

元禄十三年（1700 年）秋，贝原益轩辞去藩职，开始专心著书立说。在他晚年的十多年间，著书多达 40 部。如《筑前国续风土记》（1703 年）、《五常训》、《君主训》、《养生训》等“训类”著作及《大和本草》（1708 年）、《自娱集》（1712 年）、《慎思录》（1714 年）、《大疑录》（1714 年）等代表性著述都是在这段期间完成的。

贝原益轩的思想经历了由佛教向圣人之道、由朱陆兼学向纯朱子学的两次转变。贝原益轩少时读医书，略通药方，且此时好

① 贝原好古编著：《益軒先生年譜》（日本国立国会図書館デジタルコレクションhttps：//dl. ndl. go. jp/pid/2535837。

读佛书，后受其仲兄影响，悟浮屠之非后，弃佛而始信圣人之道。自此以后贝原益轩抨击佛教，倡导排佛论。这时的贝原益轩对圣人之道的理解既受朱子学的影响，又受陆王之学的影响。[①] 朱陆兼学是贝原益轩思想形成的第二个时期。在读了陈建的《学蔀通辨》后，其思想再次发生了转变，自称“遂悟陆氏之非，尽弃其旧学”，“益信濂洛关闽之正学”，[②] 从而彻底转向朱子学，成为朱子学的信奉者。此后，贝原益轩以一个纯然朱子学派人物的身份走上了朱子学研究之路。转向后的益轩极力推崇朱子学，视朱子为开导后世学问之人，称朱子为“真儒”“贤哲”“豪雄”，他说“孟子以后，程朱之功甚高矣，而朱子之功最大矣”，“故吾亦敬之如神明，信之如蓍龟”，[③] 充分肯定了朱子的儒学贡献及道统地位。但他并没有像山崎暗斋那样站在“学朱子而与朱子共谬”的立场主张“原生态”的朱子学，而是站在“学贵有疑”的立场，在对朱子学的质疑与批判中解构乃至重构了朱子学的部分内容，实现了朱子学的日本化转向。

二、贝原益轩对朱子学的怀疑与批判——以《大疑录》为中心

随着对朱子学研究的日益加深，贝原益轩开始对朱子学本身产生了一些疑问。据说他在四十岁时就曾向江户的朱子学者谷一斋提及其对朱子学产生的一些疑问，但遭到谷一斋的批评。六十三岁时，他再次向时为幕府儒官的木下顺庵倾诉了他对朱子学的疑惑，但并未得到木下顺庵的正面回复。[④] 三浦秀一研究指出，

---

① 朱谦之：《日本的朱子学》，北京：人民出版社，2000 年，第 247 页。

② 貝原好古：《益軒先生年譜》。

③ 益軒会编纂：《益軒全集》卷二，東京：東京国文社，1911 年，第 152 頁。

④ 井上忠：《貝原益軒》，東京：吉川弘文館，1963 年，第 160—162 頁。

益轩在其三十九岁所作的《近思录备考》中就有怀疑朱子学的内容。[①] 从《大疑录》的自序来看，贝原益轩自己明确意识到他对朱子学存有疑问是在他五十岁以后。但他真正地将自己对朱子学的怀疑述诸笔端却是在其人生最后一年——正德四年（1714年）。这年，他完成了集中反映自己对朱子学的怀疑与批判的《大疑录》二卷。

在此书中，贝原益轩对朱子学的太极无极说、理气二元论、性即理说、本然气质二性论、主静的修养工夫论等理论提出了怀疑。他指出：

> 宋儒之说，以无极而为太极之本，以无为有之本，以理气分之为二物，以阴阳为非道。且以阴阳为形而下之器，分别与天地之性与气质之性以为二，以性与理为无死生，是皆佛老之遗意，与吾儒先圣之说异矣，学者不可不精证明辨也。且论守心法，曰主静，曰静坐，曰默坐澄心，体贴天理，以静坐为平生守心之工夫，是皆偏于静，而不能时动时静，即是禅寂习静之术，非儒者之所宜言也。且论心体为虚灵不昧，论天理为冲膜无朕，此佛老之遗意，与孔孟之所教异矣。[②]

> 然则宋儒之学，虽近纯正，然未能造圣人。则其偶有偏僻者，亦其所也。岂可必为无偏僻而尽信之乎。圣人之道，诚大中至正，其执德也为弘，其为行为有全功。其下焉者，虽圣哲者，恐不能全备。宋儒之学，虽纯正，亦未到达圣处，宜乎不免有偏僻也，故其说往往有与孔孟之教不同者，以无极为太极之本，以理气决为二物，判断天地之性气质之

① 三浦秀一：《〈大疑録〉に至る道》，载于横山俊夫编：《貝原益軒——天地和楽の文明学》，東京：平凡社，1995年。

② 井上哲次郎等編：《日本倫理彙編》卷八，東京：育成会，1903年，第210頁。

性，分之为二，以一阴一阳为非道，以阴阳为性而下之器，以所以一阴一阳者为道，以气与体为有死生，以理与性为无死生，以静坐为常时工夫，以主静为立人极之工夫，且以孔子之说性与孟子之说性为气质天地之异，此皆意之所以不能无疑也。①

在此，贝原益轩对宋儒将无极作为太极之本，以无视为有之本，以阴阳为非道，区分天地之性与气质之性等观点提出了质疑，他认为这些观点皆来自佛老之说，而非为孔孟之道学正统之说。同时他也指出，宋儒之学虽已是纯正之学，但尚未达到圣人的境界，因此其学问有偏僻，也是情有可原的，但在学习的过程中，应该有所疑，有所取舍，而不能完全相信。

（一）贝原益轩对朱子学理气二元论的批判

众所周知，朱子学体系中，宇宙万物皆由理气构成，其中理是万物生成的依据及法则，气是构成万物的材料。理先气后，理决定气的存在形式。天地之间只有一理，此理是世界万事万物的最初根源，具有统一性、普遍性。同时，此理又分散在万物中，万物各具一理。万物各具之理是本体之理的体现，这便是“理一分殊”。理气二元及理一分殊是朱子学思想的核心，然而，这也成为贝原益轩批判朱子学的焦点。贝原益轩否认朱子学理气二元论，主张理气不可分论，他认为：“理即是气之理，一气之行于四时也，生长收藏而不变乱者，自顺正不乖戾，故理须就气上认取。”②

首先，关于理，朱子认为无极＝太极＝理，而贝原益轩的理气不可分论，否定了朱子太极＝理的观点中理的先在性、超越

① 井上哲次郎等编：《日本倫理彙編》卷八，第 222 頁。
② 井上哲次郎等编：《日本倫理彙编》卷八，第 237 頁。

性，认为无极而太极之说是佛老之言，并将太极作为“一气混沌”。他说：

> 窃谓太极，是阴阳未判、万物未生时，一气混沌之名。然而有至理而存焉。是言天地万物，皆以之为本。故不言无而言有，所谓易有太极者也。无极而太极，是本佛老之言，分明谓有自无而生也。《老子》第四十章曰，天下之物生于有，有生于无。盖以无为万物之本，且以为宗者，是佛老之说也。以有为万物之本、为宗者，是圣人之教也。故有无之说是吾道与外道之所由分，不可不慎审也。[①]

这里，贝原益轩明确指出，太极是阴阳未判、万物未生之时的一气混沌，理存在于其中，天地万物皆以此为本。所谓太极而无极，有由无而生的观点，是佛老之说，而非圣人之教。以有为万物之本，才是真正的圣人之教。太极是阴阳未分时的一气混沌，太极动静生阴阳，所以阴阳是太极既分之后之名，太极即阴阳。所以他又说：

> 盖太极一气浑沌，阴阳是太极既分之名，其实非有二也，因太极之动静，而阴阳分焉，则阴阳之流行，亦可谓太极之理，故《易》曰：“一阴一阳之谓道。”……所谓一阴一阳者，以一气之动静，一为阴一为阳，交流行而不息言之也。故以浑沌时名之谓太极，以流行之言名之谓道。其实一也。道则太极之所流行，太极则一气未流行之尊号，非有二也。[②]

阴阳流行便是太极之理。太极是混沌之时的名称，阴阳是太极既分之后的名称，而从阴阳之流行来讲，则称为道。所以在贝原益轩看来，太极、阴阳、道，其实都是一种东西，只是表现形式不同而已。贝原益轩又从“天地之间唯有道而已”的道一观出

---

① 井上哲次郎等編：《日本倫理彙編》卷八，第229頁。

② 井上哲次郎等編：《日本倫理彙編》卷八，第238—239頁。

发来思考理与气，论证了道即理，理气不可离合的观点。他在与《大疑录》同年所著的《慎思录》中论述道：

天地之间，只有一个道而已矣，更有何物乎哉。或曰，阴阳是与道相对，何言只有一个道而已乎。曰，阴阳亦是道中所备之物，莫非道。道者，天地之主宰（以所统而言），阴阳之纲纪（以所经纬错综而言），万物之根底（以所生而言），人身之德行（以所禀受与所奉循而言）。天地者，道之轮廓也（以所在而言）。阴阳者，道之权力也（以运用而言）。四时者，道之流行也（以转化而言）。万物者，道之形体也（以所寓而言）。道也者，所以主宰天地，总摄阴阳，化生万物者也。以其流行谓之道，以其主于气而有条贯，又谓之理。其实道与理一也。以有其所指异名耳。此理为阴阳之主而不相离。理之有气，犹人之有四体，故言理，则气在此其中，而不可离合。盖无无气之理，又无无理之气，理与气，一而二，二而一，可谓同而异也。①

天地之间只有一个道，道主宰天地，总摄阴阳，化生万物，是万物之根底，人身之德行。所以道与阴阳并非相对，道是阴阳之流行。而道又主于气，使流行有条贯，故又谓之为理。道即理也。理是阴阳之主，无论何时，理都是气之理，气是理之气，不可言离合。所以在贝原益轩看来，道、理、气、阴阳，其实都是同一物，只是名称不同而已。

贝原益轩指出，理与气不可离合，自然也无先后，他说：

夫天地之间都是一气。……理气决是一物，不可分而为二物焉。然则无无气之理，又无无理之气，不可分先后。苟无气则何理之有。是所以理气不可分而为二，且不可言先有

---

① 井上哲次郎等编：《日本倫理彙編》卷八，第101頁。

理而后有气。故不可言先后。又理气非二物，不可言离合也。盖理非别有一物，乃气之理而已矣。……故理气根是一物，以其运动变化有作用，而生生不息，谓之气。以其生长收藏，有条贯而不紊乱，谓之理。其实一物而已。①

这里，贝原益轩首先提出了他的理气观——天地之间都是一气，进而对朱子的理气二分论予以否定。他明确指出，理气根是一物，从其运动变化有作用且生生不息这方面而言，称之为气，而若以其生长收藏有条不紊这方面而言，则称之为理。理是气之理，气是理之气，不分先后，也不可言离合。因此，不可将理气分为二而论。

在贝原益轩看来，无论是太极、阴阳，还是道，都属于气的范畴；道是阴阳二气之流行，与理为一。气具有生生不息之德，是万物生成的基础，因此，先于“气”而存在的独立精神实体“理”是根本不存在的。也就是说，按照贝原益轩的观点，宇宙万物生成的根源是气而不是理。朱子学中作为万物生成存在法则的形而上的“理”被置换成了四时行、万物生的“条理”。

综上所述，贝原益轩的理气论可以归纳出如下特点。首先，他仍肯定“理”“气”之名，但反对将理与气视为两个各自独立的实体的二元论，认为理与气不可言离合，不可言先后，强调两者的相即不离。其次，贝原益轩主张的“理气为一物”，强调的是“理是气之理”。他的这一观点，与其说是着重气的一元性而无视理，不如说是借由“理气一体”来强调理的活动性与具体性。也就是说，理必须内化于气，才是理之本然。② 可见，贝原

① 井上哲次郎等编：《日本倫理彙編》卷八，第229頁。

② 参见林月惠：《罗钦顺与日本朱子学》，《湖南大学学报（社会科学版）》，2012年第1期。该论文中，林氏通过比较研究贝原益轩对罗钦顺理气观的受容，指出贝原益轩理气观的三个特点，并认为贝原益轩强调“理是气之理”的“理气一体”观不属于气一元论的范畴。

益轩批判朱子“理气为二物”的观点，进而强调“理气一体”。总之，贝原益轩的这种理气观，并未否定作为普遍客观的“理”的存在，只是较朱子学中强调作为万物生成法则的“理”，他更强调内在于“气”的，使四时行、万物生的“条理”。这一观点，也使得他更重视朱子格物穷理方法的实践，也使他的学问向天文学、地理学等“科学”与本草学、博物学等“民生日用”的“实学”方向发展。

（二）贝原益轩对朱子学“性”论的批判

朱子在继承张载、二程的基础上，将人性论与理气相贯通，认为性有本然之性与气质之性之分，本然之性由理决定，气质之性由理气混合决定；故本然之性纯粹至善，而气质之性则有善有恶。贝原益轩否定了朱子的说法，主张性一论，他认为气质之性来自天地自然，就是天地之性。他在《大疑录》中指出：

> 愚谓性者一而已矣。不可分天地气质之性为二。其理一者，言性之本然，其理一也。同是一也，性之杂糅，其分殊也，人皆可以为尧舜。其分殊者，禀二气之生质各殊也。故曰，性相近，习相远。是以上智与下愚不移，气之者性之本义。以所受天而言之，天地之性亦是所禀受之本然，非有二性；然立二名者，恐嫌有二性，不如以理一分殊说之，易简而无疑惑也。盖本然者，则是气质之本然也，气质亦是天之所命，非有二性。①

贝原益轩反对朱子的性即理说，认为本然之性与气质之性同出一源，都源自气，所以本然之性即气质之性，气质之性亦本然之性。朱子通过区分本然之性与气质之性，解释了善恶的存在。

① 井上哲次郎等编：《日本倫理彙編》卷八，第213—214頁。

那么主张性一论的贝原益轩又是如何解释善恶的呢？他指出：

盖物之不齐者，物之情也，所以有万殊也。夫性者，受于有生之初者也。天之降命固是善，其初无有不善，是一本也。然既成之而有性，则其初受气时，自有清浊厚薄之不齐矣。既禀受而在人身，则各一定而成性，故圣愚之初自不同。宋儒示人，欲其祥审。故以理气为二物，且分天地之性与气质之性为说，所以分拆大过也。①

在贝原益轩看来，阴阳二气本是纯粹至善，所以禀受气而成的性在一开始也只是善。只因为每个人诞生之初所禀受的气有清浊厚薄之不同，从而造成性有善有恶。在这里，他把朱子的理一分殊替换成了气一分殊，来解释了人性的不同。

另外，朱子不仅主张人性二分论，还依据作为超越性存在的理，将人性永恒化。认为性就是理，理是永恒的超越性存在，所以人身虽有生死，但性无生灭。对此，贝原益轩根据自己的理气观，提出了相反的观点。他说：

窃谓人身气禀则生焉，气散则死焉，性者人所受天之生理也，理者天之理也，非有二也。苟身死则生之理亦何处在耶？盖人身以气为本，理即气之理，故生则此理在焉，死则此理亦亡矣。故无身死而性存之理。②

在理气论方面，朱子主张理气二元，理在先气在后；贝原益轩则从理气不可分论角度论述理气无先后，无离合，理在气在，更进一步主张理气一体论。理气论融贯至人性论时，朱子主张性分本然之性与气质之性，所以虽人身有死生，而本然之性无死生。贝原益轩则主张“性者一而已矣”，不可分本然之性与气质之性，理依附气而存在，故人死性亦亡。

---

① 井上哲次郎等编：《日本倫理彙編》卷八，第 214 頁。

② 井上哲次郎等编：《日本倫理彙編》卷八，第 212—213 頁。

（三）贝原益轩对“穷理”“居敬”的转化

以理为中心的朱子主张“存心持敬”与“格物穷理”并重的认识论。朱子提出“主敬以立其本，穷理以进其知”。他认为，要达到圣贤领域，体认事物本体之理，须以“存心持敬”“格物穷理”为不可偏废之两翼。“持敬”是一种认识主体的修养，通过持敬，人可以确立自己的内心，从而“立其本”。“穷理”就是要“知事物之所以然与所当然”，是指对一切外部事物穷尽其理，从而“进其知”。

益轩非常重视穷理。他指出天地间无理外之事，所以为学应格物穷其理。且穷理要精，既要知其常，又要知其变，只有这样才可以尽天地之理。因此，益轩强调君子之学以穷理为贵。对此，他说：

> 天地间无理外之事，或曰天地间复出乎理之外者颇多，此不可以理推测也。此非出乎理外，唯人之穷理未精，故知其常而未知其变，不足以尽天地之理也。天下岂复有理外之事乎。此君子之学所以贵乎穷理也。[①]

贝原益轩肯定了朱子通过格物以致知、穷理之后笃行的观点。关于“理”，如前所述，贝原益轩放弃了作为万物存在依据的“所以然之故”的一面，而专门理解为四时行、万物生之“条理”的“所当然之则”。因此，益轩认为认识是主体对客体的观察，认识始于格物，格物方能致知。他还认为“宇宙事皆儒分内事”，宇宙之内的一切现象都应是我们认识的对象。相较于朱子的强调向内用功，贝原益轩则强调向外用功。他在本草学、农学、医学、天文学等领域的造诣无疑与他对“穷理”的重视有很

---

① 貝原益軒.《大和本草》，宝永6—正徳5（1709—1715），日本国立国会図書館デジタルコレクション，http：//dl. ndl. go. jp/info：ndljp/pid/2557363。

大的关系。

可见，贝原益轩虽未否认朱子学中形而上的普遍客观之理的存在，但他否认了朱子学的理气二元论，主张理气不可分论，认为理是气之理，不能离开气而独立存在，天地间都是一气，万物皆由气生成，太极、阴阳、道都只不过是气的不同表现形式。在此认知基础上，他进而将朱子学的“格物穷理”理解成“格物致知之功，乃博学广闻之事”，认为“君子之学”应该“博览广闻，以穷理为务，故积累久而贯通乎天地万物之道理”[①]。他又将“格物穷理”与注重通过实际考察，验证、穷尽诸物之理以经世致用的实证主义方法相结合，提倡民生日用之实学。他的《大和本草》《筑前国续风土记》等著作可以说都体现了这种方法。王家骅认为，较朱子而言，贝原益轩更“强调朱子学的合理内容，表现了对自然科学和经世致用学问的兴趣，逐渐接近唯物主义”[②]。贝原益轩在理气不可分论的理解下将朱子学先验性的“理”转换成作为事物规律的经验性的“理”，推动了朱子学向经验合理主义的转变，也推动了经验科学和实证科学在日本的萌芽及发展。

贝原益轩对朱子的“穷理以进其知”予以极大的肯定，但对于“主敬以立其本”则提出了不同的看法。首先，对于“敬”，他认为：

> 敬者历圣所传之心法，是操心工夫。敬则有德，不敬则无德。故古人以为敬者德之守，又以为德之聚也。然圣人之门，以忠信为主，不以敬为主，何也？盖诚敬二者，固是为学之要务。然诚是为主本，敬是为工夫。故主忠信者本也，是为学之主意。居敬者主忠信之工夫也，不可为主本。主本与工夫，自有轻重，不可混同。故诚敬二者，本自有轻重，

---

① 井上哲次郎等编：《日本倫理彙編》卷八，第418頁。

② 王家骅：《儒家思想与日本文化》，杭州：浙江人民出版社，1990年，第91页。

譬如君与相，不可相敬。况以敬为主，则敬重而诚轻乎。

圣人之教，以忠信为本，以居敬为工夫，是圣门之家法。先以立本为主意。次居敬为主忠信之工夫，其序当如此。宋儒偏以敬为主本，而拘拘焉。恐于主忠信工夫不专，而与圣门家法异矣。盖敬是修己之工夫。所以存诚也。然圣人之门，以忠信为主，未闻以敬为主。苟主忠信，复以敬为主，是一心有二主也。居敬固可贵，然而为主者不在于此而已矣。①

在此，贝原益轩把“敬”放在了与“诚”“忠信”的关系中来把握。他反复强调“敬”是“诚”的工夫，“诚”“忠信”才是主本。“敬”固然重要，但不能是主本，只能是修己工夫，这才是圣人之教。宋儒以敬为本的观点是违背了圣门家法的。贝原益轩进而对朱子的“敬者一心之主宰”论述道：

朱子曰，敬者一心之主宰，万事之本根，盖修己以敬者，圣人之至教。人心非敬不存，故须敬以执持斯心，此乃操则存之谓也。主宰云者，所以存之工夫也，非言以此可为心之主也尔。……忠信二者，合而言之则诚而已。诚也者，心之主而人之道也。……故君子为学之道，常以敬为贵，是乃主忠信之工夫。敬则可以至于诚也。然而非谓可以是为心之主也。②

朱子所谓“敬者一心之主宰”，这里的“主宰”二字并非心之主的意思，而是使心到达“诚”的修养工夫（方法）。忠信即诚，是心之主，敬只是工夫。可见，“居敬”在贝原益轩这里的地位与在朱子那里的地位毫无可比性。

综上所述，贝原益轩虽对朱子学存疑，认为对其不能完全相

① 井上哲次郎等编：《日本倫理彙編》卷八，第233—234頁。
② 井上哲次郎等编：《日本倫理彙編》卷八，第234—235頁。

信，并于晚年将对朱子学的疑问诉诸笔端，但他对朱子学的怀疑，既不同于中江藤树、熊泽蕃山等出于阳明学立场的批判，也不像古学派那样，对朱子学进行全盘否定并力图构建新的思想体系。他仍尊崇程朱为“贤哲”“知道之人”，是继承道学正统之人，只是程朱并未达到圣人的程度而已：

窃谓，程朱固是贤哲，孟子之后，只此二子。可谓知道之人也。然未能至于圣人，其学亦恐不与圣人同。然则程朱之说，固虽非后学之所可轻议，亦不可无取舍于其间。孟子曰，尽信书不如无书，我于武成取二三策而已矣。此言可信也。程朱之说数十万言。苟以其言为无疑者，即是尽信书也。今人于其说，一向回护遮掩而曲从者，多涉私意。可谓阿所好也。不可为公正。予是庸拙之才，不能为程朱之忠臣，只不阿所好，是却可不背于程朱之心也。①

他认为学朱子最好的办法是疑朱子，他常引用朱子之说“大疑则可大进，小疑则可小进，不疑则不进”，因此他认为敢于存疑，才是不悖于程朱之心的做法。换言之，贝原益轩对朱子学的批判并非出于反朱子学的目的，而是出于对朱子学的尊重。可见，贝原益轩对朱子学的批判是他作为“江户日本”这一特定时空下的朱子学者对“原生态”的中国朱子学作出的理解与诠释，是从朱子学内部对朱子学进行的一种跨越时空的转化。

三、贝原益轩朱子学的内容特色

承前所述，贝原益轩虽然在理气论、人性论及修养论方面都对朱子学提出了怀疑与批判，但他并未对其全盘否定。从这一意

① 井上哲次郎等编：《日本倫理彙編》卷八，第224頁。

义上讲，他的思想仍然停留在朱子学的框架之中。可以说，贝原益轩在朱子学的框架下，进一步发展了朱子学的重视人伦日用的实学面向。

（一）强调“有用之学”

贝原益轩强调为学应为有用之学，认为“明人伦施事业，修己治人”的有用之学，才是真正的学问。他在《慎思录》卷一中指出：

> 凡为学焉者，将以济用，故学必施于事，而后可为有用之学。其曰有用之学，何也？曰，是明人伦施事业，修己治人之学也。不然则虽了悟于玄理，大言说高妙，何以于人伦之道而有济乎？可谓无用之学也。夫为学如此，则果何有小补于天地之间哉？可谓无益而害有益也。[①]

贝原益轩认为“了悟于玄理”“大言说高妙”的学问是无用之学，为学不应为无用之学，而应为有用之学，“有用之学”即“明人伦施事业，修己治人之学”。井上久雄认为近世的实学概念可以分为三种类型，一为实践躬行的实学，即将五伦五常的道德作为人伦之道来实践躬行的实学；二为经世济民的实学，即标榜经世实用，将德性修养落实在政治生活的行为实践中的一种政治实用之学；三为利用厚生的实学。相较于前两种实学都强调实现德性修养而言，利用厚生的实学更强调实证性与事实性。[②] 按照以上的分类，明显可见贝原益轩强调的是以实践躬行与经世济民为目的的学问。他认为只有这样的学问才是“有用之学”，其他任何脱离了此目的的学问都是“无用之学”。如此，贝原益轩严

---

① 井上哲次郎等编：《日本倫理彙編》卷八，第 12 頁。

② 井上久雄：《近世封建社会における実学意識》，载広島教育研究会：《教育科学》14 号，柳原書店，1966 年。

格区分了学问的“有用”与“无用”。《慎思录》卷四中他批判章句训诂之学以及其他俗学、异学皆为无用之学，说：

学术所以经世也。而后世所以为学者，每不适经世之用者，何也？盖有究理知道之学，是所以经世适用也，可以为有用之学。有章句训诂之学，是徒从口耳之习，而无致知知道之工夫，所以不适经世之用也，惟可为无用之学。凡儒者之学者，有用之学也。俗学及异学者，无用之学也。岂止无用哉？复将有害于有用之学，可谓作无益害有益也。[1]

在此，贝原益轩把修己治人之中的“治人”改称为“经世”，明确指出学术的目的在于经世。究理知道之学可以为经世所用，故为“有用之学”。至于章句训诂之学，不适经世之用，故为“无用之学”。另外，儒者之学以外的俗学及异学皆是“无用之学”，且这些学问不只是无用，还有害于有用之学。总之，贝原益轩所追求的学问是“修己治人，经世致用”的有用之学。那么，如何实现修己治人，经世致用呢？益轩继承了朱子的修养工夫论，一方面认为有存养省察的必要，另一方面又特别强调格物致知。贝原益轩强调致知的重要性，认为“知道是为学之主意”，并指出拘泥于训诂记诵词章的学者，哪怕是“嗜书博识”，也无法“知道”，真正的致知之工夫唯在格物穷理。他说：

古人之为学也，以知道为主意。是以虽其禀性有利钝，终有自得之功。今人之为学也，嗜书博识者，往往有之，然其所以用功，止乎训诂记诵词章三者之习，而不能知道。其间复有专嗜经义者，然其所讲究，唯在于章句之间，而不能慎思而做致知之工夫。虽自以为道学，是亦训诂之习而已矣。[2]

① 井上哲次郎等编：《日本倫理彙编》卷八，第118頁。

② 井上哲次郎等编：《日本倫理彙编》卷八，第13—14頁。

由此可见，在贝原益轩看来，止于训诂记诵词章的学者，即便是博学多识也不能“知道”，因此不能称其为正确的学术。真正的学术应该是慎思的致知之工夫。他还指出，致知之工夫的具体实施要讲求博与精的统一。他说：

> 凡读书穷理者，欲博且精，博则于天下之理，无所不通。精则于天下之理，无所不明。博与精，二者备矣。而后可为究理之学，是致知之道也。呜呼，究理之学用力久，则于天下之理无所不通明。其乐不亦大乎。[①]

博是为了通天下万事万物之理，精是为了明天下万事万物之理。唯有博与精兼备后，才可谓究理之学。用力久，天下之理则自然无所不通、无所不明。贝原益轩认为在究理的过程中可以体验到无穷的乐趣，他说：“为学而得逐一通晓于其理，而无可疑。是人生一大快事，其乐可无穷。”[②]

此外，贝原益轩还以实际行动来实践“穷理”的内容。他除研究经学之外，还把精力放在许多“小补于民生日用之万一”的事物研究上。[③]

（二）“事天地”说

如前所述，不同于朱子的理气二元论，贝原益轩主张“理是气之理”，“理气绝非二物”的理气一体论。他从这一观点出发，强调气的“生生”之作用便是天之大德，天地是人物之父母，进

---

① 井上哲次郎等编：《日本倫理彙編》卷八，第 24 頁。

② 井上哲次郎等编：《日本倫理彙編》卷八，第 63 頁。

③ 本草学、博物学等自然领域的研究亦是贝原益轩强调的“有用之学”。他继承与发展朱子学的格物致知说，并将格致的对象由“事理”推及至“物理”，践行格致论至本草学、地理学等领域，进一步发展了朱子格致论的经世向度及科学面向。参见孙传玲：《朱子格物致知论在日本的接受与实践——以日本朱子学者贝原益轩为例》，《闽江学刊》，2022 年第 6 期，第 53—62 页。

而将天地作为人的存在依据。关于天地与人的关系，他根据《尚书》的相关章节，认为人受天地之恩优于万物，因此人应该报天地之恩，尽人道，全其生，这是人的职责所在。他在《慎思录》卷一中论述道：

天下之人，天为父，地为母，而为天地之子。是以万物之中，唯人为最贵。是所依为灵也。夫然，故人之于天地，有罔极之恩，岂唯禀气之初，资其始生之初而已乎？抑有生之后，覆载爱育之恩，亦系乎此矣。是故儒者终身之事业，啻在事天地而尽其道而已矣。《西铭》所谓存吾顺事，没吾宁之意。学者之所当知也。事天地之道如何？曰，为仁而已矣。为仁之道，在存心养性，而爱育人物而已。盖吾心性乃天地之所赋与，即仁也。存养之而不梏亡者，事天地之本也。且夫天下之人物，是天地之所生也。天地爱育于其所生，是故君子事天地之道，在亲亲仁民而爱物而已。圣人所以教民以惇五典也。且其余事，又在爱物而已。是惇人伦爱万物者，所以奉若于天地生育之心也。然则岂可敢慢于恶人，暴殄于物，而乖戾于天地生育之心乎？是以爱养于人物者，乃存心养性之功用，而为仁之事也，是事天地之道也。[①]

在贝原益轩看来，世界万物皆由一气所生，且其中人为万物之灵，天地于人有罔极之恩，因此人要积极报恩于天地，即“事天地而尽其道”。那么如何事天地呢？他指出，行为仁之道便是事天地，而为仁之道主要在于存心养性与爱育人物。值得注意的是，贝原益轩站在万物一体且万物共生的立场上，强调存心养性之外还要爱育人物。因为天下之人物，皆由天地所生，天地之于人物有罔极之恩，所以，人作为万物之灵要报答天地之恩。《慎

① 井上哲次郎等編：《日本倫理彙編》卷八，第15頁。

思录》卷五中又有言如下：

> 人资天地生育之德而生焉，是诚罔极之恩也。须要知所以报德。苟不知所以报之，此则天地之不肖子，可谓顽愚之人也。然则何以报德，曰，存仁心。是乃所以报天地之德也。存仁心者，即是所以厚人伦爱品物也。[①]

人作为人，应该要感恩报德。不知报恩之人，是天地之不肖子，是顽愚之人。那么，如何报德呢？只有存仁心。存仁心，即厚人伦、爱品物。这里，贝原益轩再次指出，事天地，存仁心的方法，不只是厚人伦，还要时刻将爱物牢记在心。

贝原益轩在《大和本草》卷一的凡例中也曾论及“事天地说”，他论道：

> 天地生物之心，人受之以为心，所谓仁也。仁者爱之理，人须奉若于天地生物之心而爱育人物，是乃所以为人之道，而事天地之理也。爱育人物亦自有本末轻重，不可无等差。……故爱育之道以厚人伦为先，然则仁民济人之功，人人各所当行，此乃民生日用至近之事，不可忽诸。若夫博施济众非吾辈卑贱之事。只随分爱物之心，日日存之不可忘。[②]

可见，正如辻本雅史所指出的那样，贝原益轩的儒学绝非只关注人伦世界，他同样关注“物”的世界，并以此为学问研究的对象，在天地、人、物三者的连续性关系中思考人的存在方式，可以说这是贝原益轩与朱子学异质之处，或亦可说，这正是贝原益轩儒学的特质。[③] 或许也正是因为贝原益轩的这一“爱物之心”，天下万物就顺理成章地成为了“格物穷理”的对象。

① 井上哲次郎等編：《日本倫理彙編》卷八，第 136 頁。

② 貝原益軒：《大和本草》，宝永 6—正德 5（1709—1715），日本国立国会図書館デジタルコレクション。

③ 辻本雅史：《学術の成立　益軒の道徳論と学問論》，載横山俊夫編，《貝原益軒　天地和楽の文明学》，東京：平凡社，1995 年。

四、结语

贝原益轩自三十六岁开始转向朱子学研究，成为朱子学的信奉者，然而到晚年却对朱子学进行了质疑与批判，这种继承与批判实际上可以理解成朱子学在江户时代日本“本土化”的一种模式体现。这种模式不能简单归结为对朱子学的解构或是修正，而是一种“转化”或者是“本土化”转向。他对“理气”“心性”“穷理”“居敬”等朱子学核心概念的理解与诠释，使跨越时空东渡至江户日本的朱子学，在具有东亚普遍性的同时，也出现了日本朱子学独具的日本本土化特征。

第五章　山崎暗斋与朱子学

——日本化的接受与改造

13世纪末，朱子学伴随禅宗传入镰仓时期的日本。东传日本后的朱子学经过一系列的本土化融合与发展，在江户时期迎来其“百花齐放”的全盛期。这一时期，日本的儒者们纷纷著书立说，从不同角度理解与诠释朱子学，出现了以藤原惺窝、林罗山为代表的京师学派，以谷时中、山崎暗斋为代表的海南学派，以安东省庵、贝原益轩为代表的海西学派以及以五井持轩、中井履轩为代表的大阪学派等不同形态的朱子学派别。[①] 可以说，在这一过程中，源自中国的朱子学经过日本儒者的重新诠释、批判、解构乃至理论重建，最终形成了独特的日本朱子学。正如吴震所言，“‘原生态’朱子学在东亚各地域文化之中，必然引发与当地文化的碰撞、交汇、冲突、融合及转化等各种思想现象，这是一场历时久远、影响广泛的复杂多彩的文化交流史”[②]。经过创造与转化后的日本朱子学经过长时间的历史积淀，成为了构成日本

① 朱谦之将日本的朱子学分为京师朱子学派、海西朱子学派、海南朱子学派、大阪朱子学派、宽正以后的朱子学派及水户学派六大派别。各个学派的朱子学研究既有其偏重，亦有其历史、地理特点。参见朱谦之：《日本的朱子学》。

② 吴震：《东亚朱子学：中国哲学的丰富性展示》，《哲学动态》，2019年第1期，第51页。

思想“古层”[①] 的重要内容。或可说，也正是在这种由原生态的“自我”向异域“他者”的流动转移过程中，朱子学展现了它的开放性、丰富性以及发展性。因此，对于思想史研究而言，探究朱子学在向日本传播并为之接受、转化的过程中，日本儒者是如何对其进行吸收与改造的，是非常有必要的研究课题。

基于此，本章以日本朱子学海南学派的代表性人物山崎暗斋为中心，分别从他的理气论、心性论、修养论三方面探究其对朱子学的日本本土化诠释与建构。山崎暗斋是朱子学信奉者，一生致力于实现朱子学的纯粹化。他继承朱子“述而不作”的方式，摘录拔萃朱子学系诸书，极力想要确立其朱子学道统继承者的身份。然而有意思的是，他却在祖述的过程中，对朱子学说作出了“江户日本”这一不同时空下的解读与阐释。他通过强调理气的妙合，确立了关于世界、人性的“妙合”原理，并通过强调“敬”，确立了人须时刻保持“敬畏”之心的工夫修养论。可以说，他作为日本儒者在朱子学内部对朱子学进行了“日本化”的吸收与改造。

一、山崎暗斋其人及其朱子学研究

山崎暗斋（1618—1682 年），名嘉，字敬义，小字嘉右卫门，号暗斋，又号垂加。山崎暗斋是家中次男，于元和四年（1618

① “古层”是日本学者丸山真男在他晚年提出的一个关于日本思想文化论的重要观念。他认为，日本思想发展过程中，其与外来思想发生接触并接受外来思想时，一直有沉淀于最下层的“古层”存在。日本人便是依靠“古层”的力量，在吸收借鉴外来文化的同时又转化修正之。（参见丸山真男：《丸山眞男集》第 11 卷，東京：岩波書店，1996 年）笔者认为，这个“古层”并不是一成不变的，而是在漫长的历史进程中不断演变的。朱子学在江户时期与此前作为“古层”的佛教、神道等中世思想文化融合转化后，就成为相对于明治时期接受西方文化时的“古层”。

年）冬十二月九日生于洛阳（即京都）。据《山崎家谱》记载，山崎暗斋母亲参拜比睿山下神社，祈愿生男。回家后的晚上便梦见在神社门遇一老翁，老翁折了一枝梅花送她，她将梅花放在左袖中带回家。不久后她，便怀孕，所生男孩正是山崎暗斋。[①] 这从某种程度上也可以看出山崎暗斋思想的神秘主义色彩。山崎暗斋思想体系确立的过程中曾出现过两次大的思想转向，第一次转向是弃佛从儒，即由佛教转向朱子学；第二次转向是潜心研究朱子学的同时也开始涉及神道，即所谓的“神儒兼摄”时期。

据说山崎暗斋自幼聪明过人，八岁左右便能背诵四书及《法华八部》等。十三岁时，他遇到了来比睿山游玩的土佐（现高知县一带）贵公子湘南和尚，得其赏识，被带回土佐的妙心寺。十九岁时，从妙心寺转至吸江寺。在这里，山崎暗斋结识了谷时中、小仓三省及野山兼中等有名的朱子学家。也就是在他们的影响下，山崎暗斋开始接触朱子学，并渐渐被朱子学所提倡的伦理纲常以及积极入世等观念所吸引。

宽永十九年（1642 年），山崎暗斋毅然决然地脱去僧侣服，摒弃佛门，转向朱子学。正保三年（1646 年），山崎暗斋正式还俗，称嘉佑卫门，字敬义，号暗斋。次年，他公开表明其弃佛从儒的志向，真正地实现了其朱子学转向。从此他作为一个虔诚的朱子学家，在京都开塾讲学，竭力宣传朱子学。同年，山崎暗斋编著了《周子书》，此书收集了周敦颐的《太极图》《太极图说》等代表性学说。庆安四年（1651 年），山崎暗斋著《世儒剃发辩》，对以林罗山为代表的儒学“世儒”即所谓“俗儒”进行了抨击。承应三年（1654 年），山崎暗斋又收集朱子与陆象山之间论证的书简，编撰成《大家商量集》，对阳儒阴佛的陆学展开了批判。除此之外，他还编

---

(1) 转引日出云路通次郎：《山崎闇斋先生》，京都：文学堂，1912 年，第 2 頁。

注了《白鹿洞学规集注》《敬斋箴分注附录》《西铭解》等。

明历元年（1655 年）春，山崎暗斋首次在京都开讲，讲义的内容主要是《小学》、《近思录》、四书、《周易本义》、《程传》等。同年十二月，山崎暗斋为《伊势太神宫仪式》作序，在该序文中，明确阐述了自己的排佛论及再兴神道的愿望。明历三年二月，山崎暗斋前往伊势神宫参拜，三月回京都后又参拜了八幡宫。从这一系列神社参拜行为可以看出山崎暗斋对神道的关注。宽文五年（1665 年），山崎暗斋被会津藩藩主保科正之聘为御用宾师，为其讲授朱子学。在奉侍保科正之的八年间，他还编撰了《玉山讲义附录》《二程治教录》《伊洛三子传心录》《会津风土记》《会津神社志》，被称为“会津五部书”。

山崎暗斋的学问研究虽以朱子学为主，但对日本固有的神道也表现出了极大的兴趣。晚年他“神儒兼摄”，研究朱子学的同时也开始着手研究神道。山崎暗斋五十岁前后结识吉川惟足，跟随其学习神道，并在他的指点下开始广泛接触各派神道。山崎暗斋还亲自到伊势去拜见度会延佳和大中臣精良，学习伊势神道。山崎暗斋继承了吉川惟足和度会延佳的神道思想，并在此基础上将朱子学的理论运用到神道神话的解释中，提倡神儒合一，创建了理学色彩浓厚的垂加神道。山崎暗斋在神道方面的主要教义性典籍有《中臣祓风水草》《神代卷风叶集》等。

山崎暗斋晚年的学术思想特点主要表现为，通过融合儒学与神道的比附方法将朱子学思想活用到日本神道理论构建中，以实现神道的系统化与合理化。[1] 从另一方面说，山崎暗斋早年对朱

---

① 关于山崎暗斋对朱子学与神道的比附与融合，参见孙传玲：《日本近世初期神话解释中的朱子学思想——以山崎暗斋对“天神七代”的神话解释为例》，《东疆学刊》，2019 年第 2 期，第 8—14 页；《山崎暗斋对朱子“中和”思想的受容》，《东疆学刊》，2016 年第 3 期，第 8—13 页。

子学思想的吸收与改造为他晚年神儒兼摄，提倡神儒合一，运用朱子学理论解释日本神话，从而创建垂加神道奠定了理论基础。也就是说，山崎暗斋以“述而不作”的方式祖述朱子学时，已经不可避免地掺入了他自身的理解与阐发。或者更确切地说是掺入了他作为一个生活在“江户日本”这一时空下的日本儒者的理解与诠释。以下分别从理气论、心性论及修养论三个方面具体探讨山崎暗斋对朱子学的日本化吸收与改造，揭示其作为江户时代日本思想家在接受、吸收外来思想时的自觉性。

二、理气妙合：宇宙万物的生成原理

关于山崎暗斋的理气论，目前学界主要有两种观点。阿部吉雄、衣笠安喜、冈田武彦等学者认为相较于“气”，山崎暗斋更重视“理”。阿部吉雄将山崎暗斋的理气论定义为“主理的理气说”，他认为“暗斋信奉了朱子、李退溪的理先气后说”①。衣笠安喜认为山崎暗斋有“轻视气，而专从‘宇宙唯一理’（《洪范全书序》）这一原理层面把握理的倾向”，进而指出山崎暗斋的理气论为“唯理论或理一元论”。② 而友枝龙太郎、高桥文博、三宅正彦等学者则认为山崎暗斋更强调理之于气的内在性。高桥文博指出：“暗斋的思想弱化了形而上学中作为宇宙根源的理之于存在者的内在及超越这一理的辩证两面性，更强调理的内在性，而超越性方面则相对被减弱了。”③

朱子在周敦颐的太极图说、张载的“气”论以及二程的

---

① 阿部吉雄：《日本朱子学と朝鲜》，第525頁。

② 衣笠安喜：《近世儒学史の研究》，東京：法政大学出版局，1976年，第101頁。

③ 竹内整一、相良亨等編：《日本思想史叙说第3集》，大阪：ぺりかん社，第88—80頁。

“理”论基础上，提出了他的理气论。他认为宇宙万物皆由理和气构成，理气可以解释一切事物的形成及存在。首先，朱子的理气论将理与气一分为二，肯定理与气的存在的同时，也强调“有是理便有是气”的相即不可分。同时，朱子的理气二元论又认为理是核心，天地之间先有理后有气，理为主，理是太极，是天地万物的总和。也就是说，朱子的理气论认为，理气虽可以一分为二，但具体到事物时却又相即不可分离；本源上理是气之主，理先气后，理本气末。

山崎暗斋基本继承了朱子学的理气不可分论。但不同于朱子的是，他的理气不可分论同时又有着否定“理先气后”的意思。如《大学垂加先生讲义》中有论述如下：

> 易有太极，太极即理也。而后，并非云先有无气之理，而后又别有气出来。而后，只是辞字也。云理气时理是气之主也。故立如此辞也。[1]

朱子在《大学或问》中解释“明明德”时说：“天道流行，发育万物，其所以为造化者，阴阳五行而已。而所谓阴阳五行者，又必有是理而后有是气，及其生物，则必又因是气之聚而后有是形。”[2] 这里的“又必有是理而后有是气”，常被引用来表明朱子的理先气后说。山崎暗斋认为此句的意思重点表达的是理是气之主，而并非表示无气之理先存在而后另生气的意思。“而后”只是辞字，而非表示时间顺序之意。也就是说，在他看来，虽然理作为万物的本源，具有超越性，但既没有无理之气，也不存在无气之理。理气共存一体，无先后。也就是说，就理之于气而

---

① 西顺藏等校注：《日本思想大系・山崎闇齋学派》，東京：岩波書店，1980年，第35頁。另，本章中所引用日语原文文献译文皆为笔者自译，以下皆同，不再一一注明。

② 转引自朱杰人等主编：《朱子全书》，第507页。

言，朱子同时强调理的“超越性”与“内在性”，而到山崎暗斋这里，理的“超越性”减弱，“内在性”更加凸显。

山崎暗斋对理的内在性的强调，可与他强调理气之妙合的观点结合起来考虑。他在《文会笔录》中说：

> 《太极图说》解曰：“是所以无极、二五妙合无间也。”又曰：“天下无性外之物，无不在性。是所以无极、二五混融无间也。所谓妙合者也。”（理气一而二，二而一。其合，不测故曰妙合。——暗斋注）[①]

朱子解释为无极与二五是“妙合无间”的关系，用“妙合”二字表示无极与二五的“混融无间”。在此基础上，山崎暗斋指出理气关系是“一而二，二而一”，将“妙合”解释为不测之合。对“妙合”之意，他又进一步解释如下：

> 真，以理云之名也。精，云气之名也。妙合之妙字能言出者也。理与气云合者，合之神妙也。如两手持蛤蚌壳合之者非妙合也。如水与汤（热水、开水——笔者注）相合。虽分开云理云气，然有理则有气，有气乃有理。二而一，一而二。所谓妙合也。其凝固如此则各成人、物。[②]

以上是山崎暗斋对周敦颐的“无极之真，二五之精，妙合而凝”所做出的解释。这里，他将理气的妙合关系比喻为水与热水的这种无法区别的关系，并指出理论上可以分开讲理讲气，但实际上有理便有气，有气便有理，两者无法分开而言之。理与气是神妙之合的妙合关系，两者相即不离。接着，山崎暗斋又论述道：

> 然以其理而言之：上共云人与物，于万物一源之上云则

---

① 山崎闇斎：《文会筆録》，日本古典学会編：《山崎闇斎全集》第一卷，大阪：ぺりかん社，1978年，第169頁。

② 西顺藏等校注，《日本思想大系·山崎闇斎学派》，第36頁。

唯一理也。然，人之所得语明德者，此云则须分开言。其理者，乃于妙合之中拔理而言。以其气而言之：二气五行有数之中有偏也。而理者无迹气者有迹。有迹者形而下，乃寒热温凉之可见。然合于理而言则指其迹为形而下，而非取于手之意也。①

《大学或问》中，朱子在引用周敦颐的“无极之真，二五之精，妙合而凝”之后，继续解释说：“以其理而言之，则万物一原。固无人物贵贱之殊；以其气而言之，则得其正且通者为人，得其偏且塞者为物。”② 对此，山崎暗斋认为，宇宙唯一理，是站在万物一原的立场上所说的。人所得之理称为明德，是将理从妙合之中抽离出来而言之为明德。

也就是说，山崎暗斋认为，从万物一原这一层面讲，理是唯一的，是绝对的，且具有超越性。但尽管如此，理始终都是妙合之中的存在，与气妙合后方有万物。换言之，较理的绝对性、超越性，他更重视其与气的妙合，或者说其之于气的内在性。朱子虽也讲理气不可分，但朱子的理气不可分是“理先气后”基础上的不可分，较理气的妙合不可分，更重视理的超越性与绝对性。而到山崎暗斋这里，则更重视理之于气的内在性，更强调理气的妙合，相即不离。

三、理气妙合之“心”“性”：山崎暗斋的心性论

山崎暗斋否定了理与气的先后关系，并用“妙合”二字表示两者的关系，认为理与气的妙合才是宇宙万物生成原理。山崎暗斋的这种理气观也直接反映在他的心性论中。

---

① 西顺藏等校注：《日本思想大系·山崎闇斎学派》，第36頁。

② 黎靖德编：《朱子语类》，第59页。

（一）关于“性”

山崎暗斋主张“理与气合有性之名”的性论。他在宽文十二年（1672年）编录的《性论明备录》序文中论述到：

> 理与气合而有性之名。故圣贤言性，有以理言之者，有以气言之者。成汤所谓恒性者，本然、仁义礼智之理也。伊尹所谓习性者，气禀、耳目口鼻之欲也。夫子言性与天道者，则本然也。相近相远之性，兼气禀而言之也。①

朱子将内在于万物的理称为性，主张性即理，性的本质是善的。但性有“本然之性”与“气质之性”之分。本然之性，是万物禀受自天的浑然之理。而气质之性则由气禀的不同而产生。本然之性至善，但气质之性因其气禀之不同而有善有恶。相较于朱子的“性即理”说，山崎暗斋则强调“理气相合之性”。很明显，他的这一性论，与其理气妙合论一脉相承。理气合为一体，则性即为理气相合之物。

那么，山崎暗斋又是如何理解性有本然之性与气质之性的区别的呢？他在《本然气质性讲说》中指出，“本然气质本是一也”②。他还以“汤药”作比喻，将两者分别比喻成作为药材的人参、白术、茯苓、甘草，及用水将此药材熬制而成的四君子汤。熬制之前的人参、白术、茯苓、甘草是本然之性，熬制之后的四君子汤便是气质之性，而这时的水便是气质。用水熬制之后，原来药性各异的四种药材成为一种汤，这时已无法分辨哪个是人参，哪个是白术。与之相同，作为天然之性（理）的元亨利贞寓于阴阳五行之气后方生人，人得元亨利贞四德，而成为仁义礼智

---

① 山崎闇斎：《性論明備録》，日本古典学会编：《山崎闇斎全集》第4卷，第59頁。

② 西順蔵等校注，《日本思想大系・山崎闇斎学派》，第70頁。

之性。那么，仁义礼智即为气质之性。在此前提下，山崎暗斋进一步指出："人之性亦是如此。想到是理，却是气质也。想到是气，却理具其内也。"① 可知，在山崎暗斋看来，如果理不具于气，则无性可言。也就是说，只有理备于气后才有性，内在于气的理才是性，"理不具于气，则无性也"②。《性论明备录》又有如下论述：

未有形气，浑然天理未降付，故只谓之理。有形气，而降是理在人，具形气之众，方谓之性。已涉气，便不能专说超然之理也。程子曰，天之所赋为命，物之所受为性。或曰，在天曰命，在人曰性，即此也。③

天理备于形气之中后方可称之为性，所以离开了气，性便也不存在。未具形气，无降付之处时的天理才称为理。分殊于人，备于形气之后才能称为性。一旦与气相关，便不可专说理。也就是说，只有兼理与气而言时才是性。由此可见，山崎暗斋是在理气"妙合"的框架中理解性的。所以他指出，人之性，以为是理，却是气质。以为是气质，则其中又具理。在山崎暗斋看来，性是理气之妙合。

（二）关于"心"

1. 心与理、气

山崎暗斋很早便开始就"心"概念表达自己的观点。他在三十四岁时所编纂的《大家商量集》序文中就指出，"心是无极之真，二五之精，妙合而凝者"④。山崎暗斋同样也是通过理气妙

---

① 西順蔵等校注：《日本思想大系・山崎闇斎学派》，第 70 頁。

② 西順蔵等校注：《日本思想大系・山崎闇斎学派》，第 68 頁。

③ 山崎闇斎：《性論明備録》，日本古典学会編：《山崎闇斎全集》第 4 巻，第 67 頁。

④ 日本古典学会編：《山崎闇斎全集》第 4 巻，第 67 頁。

合，理气相即一体来理解把握心。在《大学垂加先生讲义》中，他解释“心之为物”说：

曰然则一心之为物，寻常经传指心多以理为主。然心者理气妙合。其形外圆中窍存于膻中。是包性情之所，所谓心脏，指此为物。然末儒之说，指为物不能云心脏。云为物，然非以心为气也，仍以心为理，却言为物。僻事也。[①]

经传中多以心为理，但实际上心是理气妙合之物。心是存在于腹中、形状为外圆中空的实物，包括性情，即所谓心脏。所谓“为物”就是指包含性情的心脏。因此，说“为物”，却不将心看作气，而看作理的这些末儒之说，是错误的，是不符合实际的。很明显，这里山崎暗斋同样把心放在理气妙合的框架中，并认为心应该是气，而非理。也就是说，他认为心是理气之妙合，但本质上而言，心属于气的范畴。

对于心与理的关系，他指出：

阳明《传习录》引此语云：“心与理，付与字，以心理为二物，过见。心者即理也。”僻事也。朱子已于首处言“心之为物云云所谓理也”。而学欲穷理，放心则知不可致。故为语此而初举此语。固非将心与理相分如以蛤蚌为二之意也。[②]

王阳明认为朱子说“心与理”，“与”字表达的是他将心与理看作是两种不同东西的观点。山崎暗斋指出，王阳明的这种看法是错误的，朱子谈“心与理”并不是将心与理完全视作不同的二物，而是为了表达“学欲穷理，放心则不可致知”，才用一个“与”字将“心”与“理”区分开来。

如此可见，与其强调理气妙合的宇宙观相对应，山崎暗斋一

① 西順蔵等校注：《日本思想大系・山崎闇斎学派》，第56頁。
② 西順蔵等校注：《日本思想大系・山崎闇斎学派》，第57頁。

方面认为心是理与气的妙合体（就其本质而言仍属气的范畴），另一方面主张心与理相即一体，是穷理的主体。

2. 心与性、情

按照朱子学的理解，理内在于人则称性，即性的本体是理，此时作为理的性是不动的。但当性内在于气时，则会由于气禀的作用而发动，发动后的性就是情。从体用关系而言，“性是体，情是用”。

关于心与性、情的关系，朱子主张的是“心统性情”。他说：“性是未动，情是已动。心包得已动未动，盖心之未动则为性，已动则为情。所谓‘心统性情’也。”① 对此，山崎暗斋解释道：

> 虚而无形，不能取于手，此为活物，神妙称为灵。所谓心本虚，应物无迹，是也。以具众理，所具何众理也？孟子所谓仁义礼智根乎于心，寂然不动之体也。应万事者，感通乎天下之事，用也。横渠谓，心统性情者也。此由也。寂然本体，具仁义礼智之众理者，现于应万事者。自用及体，则具众理之实可见。②

以上是山崎暗斋对“虚灵不昧，具众理，应万事”的解释。他认为虚指的是看不见摸不着的一种活物，灵就是神妙不测。张横渠所说的“心本虚，应物无迹”就是这个意思。接着他又借用孟子“仁义礼智根乎心”，以“仁义礼智”解释心。元亨利贞之理在人事上体现为仁义礼智之性。此性是根于心，是寂然不动之体。根于心的性发动后即通天下万事，这是用。可见，山崎暗斋基本继承了朱子的“心统性情”观，认为心统摄性与情，性是心的本体，情是心的发用。也就是说，心既是“具众理”的主体，又有“应万事”的作用。

---

① 黎靖德编：《朱子语类》，第 224 页。

② 西顺藏等校注：《日本思想大系・山崎闇斎学派》，第 24 頁。

综上所述，山崎暗斋认为，心是天命之性的栖所。就其本体而言，性与心是一体的。这时可以说“心即性”或者“心即理”。另一方面，未动时的性与心是一体的，发动后的情是心之作用。心统性情。所谓“心即理”，只有当心的能动性与理的规范性一致时才成立。同时，心也是“虚灵不昧”的本体，是“具众理，应万事”的人之神明。

四、对“敬”的理解：山崎暗斋的修养论

（一）山崎暗斋对“居敬”的重视

“穷理”与“居敬”是朱子学中所倡导的两个重要道德修养方法。居敬的目的在于确立人的内在，穷理的目的在于探求外部之理。通过居敬与穷理，人可以回到受自于天的本性，达到天人合一的境界。朱子认为两者的关系譬如“人之两足”，互不可缺。

关于山崎暗斋的修养论，相较于“穷理”，他更重视“持敬”的观点，基本已是学界共识。阿部吉雄指出：“相较于朱子的居敬穷理说，暗斋重视居敬胜于穷理，他认为不做慎心以存养人之本来性工夫的话，就不能达到圣贤的地位。”[①] 尾藤正英认为山崎暗斋“放弃了朱子学核心的‘穷理’，并放大了‘持敬’。”[②] 衣笠安喜也基本持相同观点，指出：“这种对‘敬’的重视，也就是在朱子学的两种道德修养方法，即知性客观性的‘穷理’与直观性内省的‘持敬’（居敬）中，无视穷理而只依存持敬，至少在

---

① 阿部吉雄等編：《日本の朱子学》，《朱子学大系》第13卷，東京：明德出版社，1975年，第144頁。

② 尾藤正英：《日本封建思想史研究》，第65頁。

暗斋这里是这样的。”[①]

诚然，山崎暗斋在转向朱子学后的最初阶段，就反复强调了作为道德修养方法的“敬”的重要性。但这并非就意味着他放弃了穷理。他之所以重视敬，是因为他认为如果没有敬之心便难以穷理。如他在《大家商量集》序中就曾说：“心者无极之真，二五之精，妙合而凝。故居敬以穷其理，持志以养其气，则我之不动心亦能如孟子。”[②] 可见，山崎暗斋重视居敬是为了更好的穷理。

在其三十三岁所作的《白鹿洞学规集注》的序文中，山崎暗斋指出小学之立教为的是明人伦，而明人伦的关键就在于敬身，强调了敬身的重要性。他认为，圣人之教有先易后难，由小学到大学的先后顺序，而“敬”始终贯穿整个为学过程。所以小学强调敬身，大学强调敬止。他在《敬斋箴分注附录》序文中还说：“人之一身五伦备，而主身者心也。故心敬则一身修五伦明”[③]。可见，山崎暗斋认为敬既可以修身，也可以明五伦。如果天下人都能以敬修身养性，则天下秩序井然。山崎暗斋强调了敬对于明确人伦、稳定社会秩序的必要性。

在山崎暗斋看来，敬是践行五伦的根本。他对敬的理解与把握，很大程度上是受朱子《敬斋箴》的影响。他在三十四岁时编集《敬斋箴分注附录》，继承朱子“敬”的观点，并强调了敬之于修身及明五伦的重要性。此书包括序文、本文及分注、附录、跋文四个部分。其中跋文与序文分别为庆安三年（1650年）及明历元年（1655年）所作。本文部分，山崎暗斋将《敬斋箴》十章，按照其内容分为“持敬之目”“前六章小结”“不敬之害”及

① 衣笠安喜：《近世儒学史の研究》，第95頁。
② 日本古典学会编：《山崎闇斎全集》第3卷，第452頁。
③ 日本古典学会编：《山崎闇斎全集》第4卷，第6頁。

“总括”四个部分。附录则引用了朱子关于《敬斋箴》的十一条语录及黄勤勉、陈北溪等朱子门人的八条语录。晚年的时候，他又著《敬斋箴讲义》，进一步阐明敬的内涵。《讲义》一开头便强调了敬的重要性，指出敬是“代代圣人道统之心法”，“成儒学之始终的工夫”。[①] 可见，山崎暗斋对《敬斋箴》的重视以及对敬的强调基本上贯穿了他的一生。那么，山崎暗斋是如何理解与阐发敬的呢？

（二）山崎暗斋对朱子“敬”思想的理解与阐发

如上所述，山崎暗斋自转向朱子学后便反复强调敬的重要性。那么，他到底是如何理解这个敬的呢？他在《敬斋箴讲义》中说：

> 云敬无需细言，只是不马马虎虎放此心，平生务必保持紧张，云敬也。きっと（务必）之字写作仡。又写急度，写急度二字则太严肃，就敬之工夫言，恐有助长之病。写仡字时，只是唤醒此心，此间无一物，活泼泼地当体也。若急度之工夫，则此心完全紧张，难以作用，无从容不迫之体。[②]

这里，山崎暗斋解释敬为平生保持状态紧张。敬应该是在自发被唤醒的心上“无一物”的“活泼泼地当体”。按照朱子的解释，这里的“活泼泼地”是天理流行无凝滞之妙的形容。朱子用来形容天理流行之自然造化，山崎暗斋则用来形容敬，认为敬应该是无凝滞不间断的。同时他又强调不能太过于紧绷，真正的敬应该是从容不迫的紧张状态。这是心要保持的敬之状态。

另一方面，山崎暗斋强调除心要敬外，身也要敬。他认为程子门人谢上蔡的“常惺惺法”与尹和靖的“心收敛”表达的都是

---

① 西顺蔵等校注：《日本思想大系・山崎闇斎学派》，第 80 頁。
② 西顺蔵等校注：《日本思想大系・山崎闇斎学派》，第 81 頁。

敬的意思。但程子的“只整齐严肃，则心便意，一则无干非僻”是最符合“主一无适”的解释。因为程子这句话表达了“身心兼持敬”的意思。关于“心身一致工夫”的敬，山崎暗斋论述道：

> 儒者之工夫心身共养持，以不外日用人事为旨。有此心便有此身动，有此身动即事也。此三者须臾不相离，共付一处也。故孔子曰，君子无不敬，以敬身为大。朱子则之，于小学书敬身一篇，皆是心身一致之工夫也。①

山崎暗斋强调“有心便有身动，有身动便有事”的心、身、事三者的须臾不相离。所以，朱子所谓的“敬身”，应该是心身一致的工夫。他又说：

> 动静无违，表里交正。如上，行步周旋之动，安然默坐之静，各无违法则，则表面之威仪容貌正，心上仡正物也。云心身全修者也。心身全，明五伦之间，五伦各得其所，则国家天下安平也。交字甚有意思。心一度正，身一度正，则时间无隔。交交者，心身一致共持也。②

心是身之主，虽说心敬，自然身修。但是不只需要心敬，身敬也非常重要。所谓“身敬”，就是指“口鼻耳目手足”及人的言行举动，也就是人的行为等，相对于“内心”的外在之“身”之敬。敬以“心之敬”为根本，可以说，无心敬则无身敬。同样，如果没有身敬，则心敬亦不能成为真正的敬。因此，要保持心身一致的敬。如果心身都能永远居敬，那么就可以到达人心之最原本的状态“仁”。山崎暗斋几乎完全继承了程朱关于敬的思想，认为敬是重要道德修养方法，且要保持心身一致之敬。对他而言，心身相共之敬才是真正的敬。

朱子在张栻的影响下，强调敬也要在“容貌辞气”上做工

---

① 西順蔵等校注：《日本思想大系・山崎闇斋学派》，第93頁。

② 西順蔵等校注：《日本思想大系・山崎闇斋学派》，第93頁。

夫，从而形成了自己关于敬的思想特色，对后世产生了极大影响。当然，《敬斋箴》“并不只是强调容貌辞气上的工夫而已，而是全面地对持敬的下手处做了一番详细的叙述”①。山崎暗斋编集《敬斋箴分注附录》，并多次讲授《敬斋箴》，足可见他对敬以及“持敬的下手处”的重视。他秉承朱子述而不作的传统，注解《敬斋箴》，对持敬工夫进行了阐发。此外，山崎暗斋还将敬与日本神话解释结合起来，对敬进行了日本本土化阐发。他认为敬是践行“中”之道的重要工夫，将敬与土德对应。② 他认为日本神话中的猿田彦神之所以能担当“守中”的践行者，正是因为它集土德于一身，本身就是敬的体现者。他在《藤森弓兵政所记》中说：“敬云土地之味、云土地之务，猿田彦神得土德而为天下之先达。天地之间土德合聚而位于中也，四时由此而行焉，百物由此而生焉，此倭语土地之味，土地之务之谓。所以训敬字也。”③山崎暗斋附会朱子学与神道，认为“敬”字从其读音ツツシミ来理解的话，即为土地之味、土地之务的意思，因此“敬”就是五行中的“土”，而猿田彦神是得土德之神，所以它体现的是敬之道。这也可以看作山崎暗斋对敬的日本化阐发。

五、结语

山崎暗斋作为一名虔诚的朱子学信奉者，一生致力于实现朱子学的纯粹化。他批判佛教及老庄思想，并称以训诂为主的儒者为俗儒，予以猛烈批评。他笃信朱子学，坚持祖述朱子学说，在

---

① 焦德明：《朱子的〈敬斋箴〉》，《中国哲学史》，2019 年第 2 期，第 104 页。

② 山崎暗斋在接受吸收了朱子的中和思想后，将“中”与日本的神道经典《中臣祓》以及日本神话结合，形成了神道“中”论。具体参见孙传玲：《山崎暗斋对朱子“中和”思想的受容》，《东疆学刊》，2016 年第 3 期，第 8—13 页。

③ 日本古典学会编，《山崎闇斋全集》第 1 卷，第 82 頁。

其著作里只要是朱子学相关的著述他都“信朱子，亦述而不作也”。然而作为一个生活在“江户日本”这一时空下的日本思想家，山崎暗斋在受容朱子学过程中不可避免地掺入自身的理解与阐发，对其进行日本化的接受与改造。

理气论方面，山崎暗斋虽然继承了朱子的理气不可分论，但却否认了“理先气后”说。朱子的理气不可分论是以“理先气后”说为前提的，即在本源上来看，理与气是一分为二的，理先气后，理是气之主，理是本气是末，但落在具体的事物上，理与气又是相即不可分的。也就是说朱子的理气论中，理之于气既具有超越性，又具有内在性。而到山崎暗斋这里，理先气后被否认，理之于气的超越性一面被减弱，而在强调理气之妙合不可分中凸显了理之于气的内在性一面。

心性论方面，山崎暗斋在理气妙合的理论框架中理解、把握心与性，认为无论是心还是性，都是理气之妙合。就其本体而言性与心是一体的，这时可以说“心即性”或者“心即理”。这与朱子的性即理说是完全不同的。

修养论方面，山崎暗斋尤其重视敬，认为身心一致持敬，才能更好地穷理致知。就理论框架而言，山崎暗斋对敬的理解与把握是忠实于朱子的。[①] 然而，正如学者坂东洋介所指出的那样，“从理论框架上看，毫无疑问，暗斋的‘敬’说是忠实于朱子的，

---

① 需要指出的是，虽然在敬之内涵及其“下手处”方面山崎暗斋是忠实于朱子的，但是在“敬以直内，义以方外”的具体解释上，山崎暗斋的理解不同于朱子。在朱子哲学中，“敬以直内”的“内”指的是心，而“义以方外”的“外”指的是身。山崎暗斋则认为，“内”指的是“身心”，“外”是“身”以外的，也就是个人以外的所有一切。以《大学》八条目而言，“修身、正心、诚意、格物、致知”属于“内”，“齐家、治国、平天下”则属于“外”的范畴。

但在具体实践上，则明显倾向于‘敬畏’而非‘自敬’”[①]。

总之，山崎暗斋虽一生以虔诚的朱子学者自居，认为他做的只是在祖述朱子学说，但实际上他是在朱子学内部对朱子学进行了转化与改造。这也为他晚年通过比附的方法，将朱子学思想运用到神道理论构建中，创建独具特色的垂加神道打下了基础。

① 坂东洋介:《近世日本对“敬”的受容与展开——以中江藤树、山崎暗斋为中心》,《福州大学学报（哲学社会科学版）》，2014年第2期，第14页。坂东认为近世日本儒学者在理解领悟朱子学的“敬”时，与“自敬”相比，他们更倾向于解读为“敬畏”。而这种解读不好说是一种误读，还是一种自意识的选择。

第二编　日本朱子学的思想转变

本编以“日本朱子学的思想转变”为标题，选择日本与朱子学相对抗的一批学者，即阳明学派学者中江藤树、古学派学者伊藤仁斋与荻生徂徕、被称为“阳朱阴王”的学者佐藤一斋、幕府末期儒学者横井小楠等为对象，大致基于《论语》《中庸》《孟子》的经典阐释、“敬”的思想、“圣人”与“天”的内在逻辑，即专题探究为中心来展开，由此而尝试观照江户时期朱子学外部思想转变的时代景观与问题所在。

第六章　中江藤树与朱子学

——近世日本“敬”说的容受与展开

日本对中国思想，尤其是江户时代对宋明儒学的吸收与批判，是日本步入近代的一个前提。也就是说，通过对宋明儒学的创造性发挥与基于自身根本事实的重新塑造，日本知识人在中国与日本这一自他的紧张关系中致力于将中国思想“相对化”，探求自身的思想文化根源，从而为其在近代树立自己本位的价值观提供了一个连续的、内在的理论基础。[①] 在日本知识人所承担的这一自身文化建构活动中，近世儒者、教育家中江藤树（1608—1648 年）所传习的日本阳明学，[②] 随着幕府末期西方近代文化的迫近，逐渐成为日本革命志士的精神支柱，对日本进行明治维新发挥了巨大作用。同时，中江藤树的思想也直接影响到近代的基督教倡导者内村鉴三、近代日本哲学的创立者西田几多郎等人物。这不仅是因为中江藤树作为一名具有独立躬行精神的知识人所具有的魅力，也是因为他的思想体系本身成了“日本的传统”，对日本近代思想的产生具有一种借鉴的价值。

① 日本近代化的一个显著特点，诚如卞崇道在《日本近代思想のアジア的意義》（東京：農文協出版社，1998 年，第 11 頁）所指出的，是传统文化与西方近代相结合的“非西欧化”的近代化。针对这一“传统文化”的提法，卞氏强调了江户时代日本对于中国儒学思想体系的继承与发扬乃是日本进入近代化的动力。由此我们可以认为，日本的江户时代与日本近代之间存在着一种潜在的连续性。

② 在高濑武次郎著《日本之阳明学》（東京：鉄華書院，1898 年）、井上哲次郎著《日本陽明学派之哲学》（東京：冨山房，1900 年）中，中江藤树被冠以“日本阳明学之祖”之称。

近代以来的中江藤树研究,[①] 从中江藤树被描绘成一个人格化的儒学实践家，到开创日本阳明学派的宗祖，再到“中江藤树学”这一概念的出现，可以说皆没有脱离儒学思想史（心学体系）、日本政治思想史研究的范畴。与此不同的是，近年来也出现了一种新的观念，即中江藤树思想与中国哲学思想体系之间的“距离”，或者说一种“脱结构＝解构”的倾向，越来越受到了普遍重视。这一视角首先认为，中江藤树思想是在西学传来的背景之下强调“为己”之学、注重主体自我实现的一种自律思想。[②]也就是说，中江藤树思想的意义没有局限在东亚，而是在于“世界”。其次是将中江藤树思想的逻辑构造解释为自我与自我本身的“心气合一”、自我与他者的“人我合一”、自我与超越者的“天人合一”的交错体系，认为它的本质是强调“真吾”的实现与“道”的形成的学问，以此来寻求中江藤树思想的现代意义。[③]由此可见，这一“合一体系”的提出，也潜在地涉及东方人最为根本的思维结构，而所谓中江藤树思想的现代意义，也就是强调东方价值观具有一种世界的意义。

不可否认，江户时代以来的日本学术思想，内在地具有一种独特的“连续性”。但是，我们如何去看待日本与中国这一紧张关系之中的内在连续性，以及东方的思维结构、价值体系的内在贯通呢？也就是说，在提到“世界”或者“东方”这样的概念的时候，我们不可能回避一个“体系”的问题。日本的中江藤树思

---

① 中江藤树思想的研究史，可以参照古川治：《中江藤樹の総合的研究》，東京：ぺりかん社，1996年，第19頁。

② 安岡正篤在《人間学の勧め》（東京：福村出版株式会社，1987年，第129頁）强调了中江藤树思想作为“人的学问”的本质。吉田公平《東アジアにおける中江藤樹の位置》（《陽明学が問いかけるもの》，東京：研文出版，2000年）则着重强调了中江藤树思想的外部环境，以此来突出在西学传来背景之下的中江藤树思想的特质。

③ 参照古川治：《中江藤樹の総合的研究》，第6、45、799頁。

想研究虽然将他视为一个独立的思想家，强调了他的存在价值与思想结构，突出了个人的地位与特殊性，但是没有从根本的方法论上进行一个体系的连续性的研究。也就是说，回避了中国的思想体系之内是否存在“合一体系”这一问题。这样一来，也就无法整体地、确切地把握中江藤树对中国思想是如何吸收与创新的，无法发掘其思想本身所具有的哲学化体系。

就中江藤树而言，“真吾”与“道”并非完全对立的，二者的合一成为了一个概念。对这一概念的界定，也就是中江藤树思想的核心。这一界定离不开中江藤树反复强调的“本体”观念。对此，本章将从本体诠释学①的角度出发，通过对中江藤树思想的整体把握，来研究日本思想家是如何根植于自己面对的事实来理解与阐发中国思想并且创立自身的“本体论”思想的。

一、中江藤树的思想历程

据《中江藤树先生年谱》② 记载：“先生讳原，字惟命，姓中江氏，假名③与右卫门，江西高岛郡小川村④人也。考，讳某，字吉次，娶同郡北川氏之女。先生生于藤树之下。先生自少出仕予州。后致仕，于藤树之下讲学。门人从称藤树先生。”同时，根据《年谱》记载，他晚年亦“卒于藤树之下”，这就是“藤树”一名的由来。中江藤树不仅是一名教授经学、躬行实践的儒者，

---

① 本体诠释学是现代“新新儒家”成中英教授建立的哲学体系，具体参照成中英编：《本体与诠释》前言，北京：生活·读书·新知三联书店，2000 年。

② 《藤樹先生年譜》，《日本思想大系·中江藤樹》，東京：岩波書店，1974 年，第 282 頁。

③ 即通称。

④ 现为滋贺县高岛郡安云川町上小川。

还是一位行医济世、著述颇丰的儒医，因此博得“近江圣人”[①]的美誉。根据中江藤树对中国思想（主要是朱子学与阳明学）的承袭与阐发来界定，我们可以将其思想历程分为两个时期。

第一时期：专崇朱子学，谨守朱子学系的圣人“格套”。

9岁，正式接受《庭训往来》《贞永式目》[②]的启蒙教育。

17岁，师从来自京都的禅僧学习《论语》。后禅僧归京，勉励自学，精通《大学》《论语》《孟子》。

20岁，崇尚朱子学，以此为“格套”而全盘接受，同时也确立了以圣学为己任的目标。

27岁，归乡，事母尽孝，发奋治学。

28岁，至京都索求《易经》，得朱子《易学启蒙》，穷其蕴奥，通晓易学。

31岁，作《持敬图说》与《原人》，开始读解五经。

32岁，建立学舍（即藤树书院），效仿朱子《白鹿洞学规》作《藤树规》，讲授《小学》《论语》。

33岁，夏，读《孝经》，“愈觉意味深长，自此每朝吟诵”。读《性理会通》，祭“太乙神”，以为“士庶人祭天之礼”。撰《太乙神经》，因病未完成。秋，著《翁问答》，上卷受《孝经》之触发而阐其意，下卷则点评实事，不离日常。

明永乐十二年（1414年），翰林学士胡广奉诏编纂《四书大全》，以朱子注解为本。朱子学经过藤原惺窝、林罗山的传入与提倡，逐渐成为江户初期之新学。日本宽永三年（1626年），以

---

① “近江圣人”这一称号根据疋田啓佑《日本陽明学の系譜》（岡田武彦编：《陽明学の世界》，東京：明德出版社，1986年，第358頁）记载，明治二十五年（1892年），村井弦斎著《近江圣人》一书经博文馆出版之后影响深远。

② 《庭训往来》是日本室町时代所编撰的书简文章的范例集，作为习字的教科书而广泛使用。《贞永式目》是日本镰仓时代的法令集，在日本近世时期也曾作为教科书使用。

“大全”为名的儒学经典复刻本相继出版，根据吉田公平的研究考证[①]，《五经大全》《四书大全》《性理大全》《四书辑释》业已广为流传。在这一背景之下，中江藤树受到来自京都的禅僧——“儒僧”的影响，按照《朱子语类》卷十四所言“学问须以《大学》为先，次《论语》，次《孟子》，次《中庸》”，逐次接受了朱子学的正统教育。

中江藤树之所以崇信朱子学，并受之以为“格套”，其内在根源一方面是自身躬行实践的过程，一方面是他对于社会实事的批评意识。在《安昌弑玄同论》[②]（23岁作）一文中，针对幕府儒官林叔胜（林罗山长子）称玄同为“醇儒”的提法，中江藤树提出反论，认为弟子弑师固然违背儒家君君、臣臣、父父、子子的“人道之大经，政事之根本”，但是“倭国称儒者者，徒知读圣人之书而已矣。可与共学者，未知有也。而观其躬行之实，所以惑世诬民”，而真正的儒者，即可称之为“醇儒”的人，应是“无气质物欲之累，而复得本体之全哉”。在此，中江藤树认为玄同缺乏实践的过程，不可以称为“醇儒”，并强调真正的儒者应该追求“本体之全”，也就是人“心之灵”“本心之德”，以匡复自身“性命之正”。

由此可见，尽管中江藤树过于注重朱子学的“格套”，但是他同时也指出日本儒者不愿躬身力行的弊病，批判了他们拘泥于教条的保守习气。他强调儒学的根本在于回复人心之本体。人心这一本体不会受到物欲、己私（个人）之蔽，而攸关我们人本身之“性命”，纯化为人的本心之德。在此，中江藤树力求将外在的“格套”与内在的“性命”统一起来，强调了统一的关键在于

① 吉田公平：《日本における陽明学》，東京：ぺりかん社，1999年，第25頁。

② 宽永五年（1628年），安田安昌杀师菅玄同，菅玄同是儒学者藤原惺窝的门下弟子。

"躬行之实"。重视德行，躬行实践，此是中江藤树一生的道德准则，而且也成了他的"实学"思想的核心内容。

中江藤树不仅依照儒学循序渐进的"格套"来勉力致学，在日常生活之中也是谨遵古礼。《礼记》提到了"三十而有室"，因此他三十而成婚。同时，对于同时代行世儒者的妄言逆行，他也是大加挞伐。在《林氏剃发受位辩》（24岁作）一文中，中江藤树对幕府儒官林罗山效仿佛僧剃发一事进行了猛烈批判。他借助《朱子章句》序言"异端虚无寂灭之教，其高过于大学而无实"这一段文章，批判"倭国之儒者"效佛氏之法，而"不知明德亲民之实学"。尤其是林罗山身为幕府儒官讲授朱子学，而"今肖佛者之形，居佛者之位，服佛者之服"，也不过是一"佛者而已矣"。由此，中江藤树慨叹"倭国圣人不作"，异端之教日新月盛，而所谓儒者之人徒然自欺欺人，并非"真儒"，犹如朱子所谓的"能言鹦鹉"也。

中江藤树20岁即以"圣学为己任"，以"醇儒""真儒"为自己的理想境界。这一理想境界也是他排斥佛学、一以贯之的思想源泉。但是同时，他的着眼点也在于"倭之国俗"这一方面。所谓"倭之国俗"，乃是"以余发为髻"，而"太伯之断发，孔子之乡服。其国俗而从之，岂别有异端之法而从之之谓乎哉"。也就是说，太伯断发、孔子乡服，皆是合乎地方之习俗。而林罗山剃发这一事件，不仅有悖于儒者之循礼，更违背了日本的地方习俗。

由此可见，中江藤树所说的"格套"，不仅是儒学即朱子学的日用伦常，也涵盖了日本自古以来的风俗习礼。他将"格套"理解为"法式"，[①] 可以说也是为了将儒学的根本礼法即"法"与

① 雑著《熟语解》"云法式"。参照中江藤樹：《藤樹先生全集》第2卷，東京：岩波書店，1940年，第593頁。

日本的风俗即“式”结合起来。在此，普遍性的伦常规则与具体化的现实要求并不是二律背反的关系，中江藤树以自己理想化的“格套”将二者合而为一。

对朱子学的“格套”逐渐发生怀疑，促使中江藤树思想发生转变的一个契机，乃是进京索求《易经》，乃至随后研读五经。[①]这一转变的要因，其一是中江藤树按照四书所说的行持修道，间或也产生了滞碍之感。在研读五经，尤其是《易经》[②]之后，中江藤树开始觉悟到自己背离了“人情”与“物理”，从而对以往的为学过程产生了怀疑。其二则是因为自己不可不顾及日本自古以来的风俗习礼。这一风俗习礼的具体化，也就是日本的神道思想。

在《持敬图说》[③]一文中，中江藤树首先明确提出“敬者，畏天命尊德性之谓也”，而“天”是“上帝之别名”，“天命者，上帝所赋之正理”。在《原人》一文中，中江藤树提到“惟皇上帝，无极而太极，至诚而至神”，“大虚惟厥国家，乾坤惟厥公（三公）”。在此，中江藤树运用了“上帝”“皇上帝”“大虚”一类概念，并赋予其人格化与宗教化的深刻内涵。这一系列概念，不仅成为中江藤树思想的中心内容，同时也是他力求使神道思想与儒家思想相结合的基础。

中江藤树创立学舍，讲授记诵词章，固然未曾完全脱离“格

---

① 山下龙二在《中国思想と藤樹》一文中指出四书与五经之间的差异，认为较之四书，五经的特色在于神秘性与宗教性。具体参照《日本思想大系・中江藤樹》，第361頁。

② “上帝”“鬼神”概念最早出现在《易经》之《予卦大象》和《坤卦文言传》中。中江藤树曾提到《易经》“简奥玄妙”，而所谓十三经的学习，利根之人“勤学《易经》即可”（中江藤樹：《翁問答》60，《日本思想大系・中江藤樹》，第96頁）中江藤树正是通过阅览《易经》，开始承认“神道”，逐渐转向宗教化。可以说，中江藤树将其崇信的“太乙神”称为“易神”，提到的“生生”乃至“时处位”的思想，皆是来源于《易经》。

③ 《持敬图说》与下文《原人》《藤樹規》《論語郷党啓蒙翼伝》《鉴草》等篇皆参照《藤樹先生全集》。

套”，但是在《藤树规》之中，他慨叹：“今之人为学者，惟记诵词章而已。是以吾道之所寄，不越乎言语文字之间，愚尝忧之也深。”如何排除记诵词章的空洞之学，揭示圣人之教的本质问题？《孝经》无疑为中江藤树树立“实学”提供了一个新的思想原点。由此，中江藤树找到了儒学之根本，通过著述《翁问答》而展开了对“孝”的观念的诠释，从而确立了自己的本体思想。

第二时期：接受阳明学，破除“格套”，成一家之言。

33岁，阅读《王龙溪语录》，深受启发，唯觉其近于禅学。

34岁，著《孝经启蒙》。开始觉悟到笃守朱子“格套”之非，强调“真性活泼”之本心，自号“嘿轩”。

35岁，讲授《孝经》，强调“爱敬”，体认心体。

37岁，阅读《阳明全书》，免除“支离”之弊病，得以统一思想。

40岁，出版《鉴草》。

41岁，卒于藤树之下。

接受阳明学思想，是中江藤树后期学术的核心内容。这一过程大致可以分为三个阶段。第一阶段是阅读了《性理会通》所收录的《阳明语录》。尽管王阳明的“致良知”“知行合一”“心即理”“万物一体”的思想由此可以一目了然，但是中江藤树对此未曾深入研究，仅在《翁问答》第66则中提及“贤人”王阳明的名字。第二阶段是对王阳明的弟子、阳明左派的代表人物王龙溪的理解与认识。虽然中江藤树由此深受启发，但是《王龙溪语录》夹杂了禅语，所以他认为王龙溪的学问更为接近禅学。第三阶段是他通阅了《阳明全书》，以“良知”来“默坐澄心，验之人情，考之事理，质之《诗》《书》《语》《孟》，莫不吻合”[①]，于

① 《藤樹先生行状》，《藤樹先生全集》第1卷，東京：弘文堂書店，1976年，第16—17頁。

是豁然开悟，认为“圣人一贯之学，以本太虚为准则，老佛之学，皆不离一贯之中”[①]。不仅如此，中江藤树还借助它来“印证”[②] 自己的思想，体验古代圣人的一贯之学。

中江藤树到了晚年认为通阅《阳明全书》对自己而言乃是一种上天的恩惠，人生之大幸。他提到：“百年之前，王阳明之先觉者出世，述朱子学之欠缺，发孔门正统之学问，以《大学古本》为正，释致知之知为良知。”[③] 在此，中江藤树着重强调了“正统”一词。老庄与佛教，皆可以归结为圣人的一贯之学，阳明学强调了三教合一，秉承孔门一贯之道，也正是儒学之正传。中江藤树晚年笃信阳明学，成为开创日本阳明学之宗祖，可以说也是根植于这样的“正统”观念。

中江藤树批判朱子学，通过王阳明的思想来印证自己，从而树立了自己的学问。在此，我们可以将它称为“性命之学”。“性命”一词，在王阳明的《传习录》中表现为“尽性至命之学”[④]，被赋予参透生死、回复身心的深刻内涵。中江藤树受到《王龙溪语录》的启发，觉悟到朱子学系的“格套”之非，强调人的“真性活泼”之本心。王阳明强调：“学问原为自身性命嘛嘛自修自正，有立门户、护门户之见，便是格套之起念也，便非为己之实学。”[⑤] 中江藤树自号“嘛轩”即来源于此。中江藤树提倡“性命之学”[⑥]，同时也称其弟子熊泽蕃山为“以性命相友爱者”。[⑦] 到了江户时代后期，

① 《藤樹先生年譜》，《日本思想大系·中江藤樹》，第 297 頁。

② 中江藤树认为：“闻圣经贤传，于明明德有三益。触发一也，栽培一也，印证一也。”中江藤樹：《翁問答》13，《日本思想大系·中江藤樹》，第 172 頁。

③ 疋田啓佑：《日本陽明学の系譜》，岡田武彦编：《陽明学の世界》，第 369 頁。

④ 王阳明：《传习录》下卷 78 则。

⑤ 王阳明：《王龙溪全集》第 1 卷，抚州拟岘台会语。

⑥ “性命”一词散见《翁问答》83、103：“穷理尽性至命之心法”，《翁问答》99：“真儒性命之学”，《翁问答》改正篇 9：“学问性命之道为学问之实义”。

⑦ 疋田啓佑：《日本陽明学の系譜》，岡田武彦编：《陽明学の世界》，第 374 頁。

阳明学更是与“性理之学”——朱子学体系区别开来，被称为“性命之学”。[①] 可以说，中江藤树在此为日本的在野之学——阳明学正名，开启了它作为一种独立之学问的先河。

就中江藤树思想的整体而言，对朱子学的批判与对神道的肯定彼此是互为表里的。中江藤树曾经批评宋儒排斥“符章”，而他自己则祭祀太乙神，并著述了《太乙神经》，要建立“士庶人祭天之礼”。所谓太乙神，即《书经》所提到的“皇上帝”。中江藤树在《太乙神经》序言中强调“其体充太虚而无声无臭，其妙用流行太虚而至神至灵”，“其本无名”，而“圣人强字之”。同时，他也特别强调了《易经》以灵符作为“易神”的一种尊象。[②] 由此可见，中江藤树将《易经》视为“神道”的根本，认为太乙神—皇上帝—易神，三者实际上是一体的关系，强调《易经》之中的占卦皆是“易神”的外在表象。

中江藤树的思想可以说最后也是归结为与日本自古以来的神道思想的融合。根据《年谱》记载，宽永十八年（1641 年），中江藤树偕友参拜了伊势大神宫，留下了“默祈圣人神道教，照临六合太神宫”的诗句。圣人神道教，即是伏羲氏以来古之先王所创立的神道“正统”，日本的神道思想与这一“正统”是相一致的。在《翁问答》94 中，中江藤树明确地提到了“日本神道之礼法”与“儒道祭祀之礼”二者是相互贯通的。由此可见，在中江藤树的思想体系之中，圣人观念与神道观念并非为二，而是有机地结合在一起的。

可以说，日本江户时期对中国思想的承袭与接受，最初表现

① 江户时代学者吉村秋阳自朱子学转向了阳明学。嗣子斐山记述了“中年以后专潜致性命之学”（《読我書楼遺稿跋》），而称宋明之学为“性理之学”（《宛草庵書》，明治四年一月五日）。由此我们可以推测，阳明学乃是“性理之学”范畴之内的独立体系。

② 中江藤樹：《太乙神経》序，《藤樹先生全集》第 3 卷，第 21—24 頁。

为外来儒学与日本本土神道相互结合的过程。藤原惺窝、林罗山强调朱子学与日本神道的一致性，而接受了阳明学影响的中江藤树也认为二者并不是不能兼容的。中江藤树借助《礼记》《论语》中关于“祭祀”的论述，强调“儒道本是太虚神道”[①]，“信仰神明乃是儒道之本意”[②]。追究中江藤树这一思想的根源，其一我们可以说是通过阳明学加以“印证”的结果；其二可以说与他作为一个独立的儒者所阐释的“孝”的思想密切相关。

总之，作为一名日本儒者，中江藤树必然要面对日本自古以来的神道传统。这一传统尽管不至于陷入后世所谓“和魂”的绝对精神境界，但是我们也不得不承认，它至少在中江藤树前期接受朱子学与后期接受阳明学的过程中发挥了一个接续断层的潜在作用。换句话说，神道成为一个媒介。所谓“媒介”的意义，是指它不仅在时间上成为贯穿中国与日本传统的潜在线索，同时作为一个历史事实在现实世界中必然会“再生”。正是基于对这样的事实的思考，同时也是根植于自身的躬行实践，中江藤树对外来的中国思想进行了创造性的诠释。

二、中江藤树孝的思想

中江藤树的思想核心，在于“孝”之一字。中江藤树孝的思想的成立过程，大致可以分为三个阶段。第一，中江藤树自身谨守纯孝之道，接受朱子学教育之后，注意到了儒学体系不仅为自身修养之学，也间杂了祭祀祖先的内涵。第二，斋戒祭祀太乙神，受《孝经》启发而著《翁问答》，阐明了孝的思想。第三则是受到了阳明学思想影响，著述《孝经启蒙》，主张体认自身心

① 中江藤樹：《翁問答》95，《日本思想大系・中江藤樹》，第143頁。
② 中江藤樹：《翁問答》94，《日本思想大系・中江藤樹》，第141頁。

体，树立了孝的形而上学。

（一）孝的思想的萌芽

明治时代以来的日本近代思想史，将中江藤树描绘成一个“孝子”[①] 的形象。的确，少年中江藤树聪颖豪迈，受祖父母抚养，自身也侍奉、孝敬他们。随后他为了侍养母亲，脱离藩籍而退隐归乡。但是，中江藤树的孝行不是“愚”孝，而是以儒学之纲常为基准的。《年谱》记载，中江藤树三十而成家立业。因为妻子容颜丑陋，其母不满欲将其辞去，但是中江藤树以妻子聪慧贤德为由加以回绝。可见，中江藤树行孝绝非因循守旧、盲目愚从，而是自“人情”处来自然发挥。但是由此，我们也可以看到日常之“人情”与儒学之“义理”二者之间的潜在矛盾。这一矛盾也就在于发挥人情则容易违背孝之义理；遵循孝之义理又易于毁弃人情。那么，如何克服这一矛盾，将二者有机地统一起来，也就成为中江藤树所面对而且必须超越的一个问题。

在此，中江藤树通过《论语》找到了结合乃至超越的依据。根据《年谱》记载：中江藤树建立学舍讲授《论语》，特别注重《乡党》一篇，曾为此大发感慨。《乡党》篇记述了孔子一派所传承的祭祀礼仪、规矩格式，无疑为后代儒者的公私生活提供了一个典范。中江藤树之所以对此大发感慨，也正是基于这一方面的思索。

在《论语乡党启蒙翼传》这篇文章中，中江藤树提到：“《乡党》一篇，画出夫子德光影迹，以开示后学求得圣心之筌蹄。盖明德本无方无体，无声无臭也。是以极高明而道中庸之圣心，不能布之方策。故惟描画影迹，以圣心寓其中。学者宜期至善不袭

---

① 子安宣邦：《江戸思想史講義》，東京：岩波書店，1998年，第11頁。

其迹，得圣心以为师范。”同时他也提到：“圣经悉是无言之教也，《乡党》一篇，其景象最为分晓。”[①] 也就是说，中江藤树并不是以此为典范，而是借此来发挥自己体悟到的自“无言”之中体认圣人之心的自由思想。

但是，中江藤树所受到的触发并不止于此。可以说，对他影响更为深远的是认识到了儒者也崇敬“天”与“鬼神”的观念，而且原始儒学也并不排斥宗教这一内涵。中江藤树的这一认识不仅间接地表明了儒学最初就是作为一种“自然宗教”[②] 出现的，同时也提示出真正的儒学固然是提倡经世济用的学问，但是也不能离开人的最为根本的宗教性要求。对于中江藤树而言，这种要求在根本上也就是人情的要求，也就是在现实生活中必须贯彻孝的理念的一种要求。

所谓在现实的生活中贯彻孝的理念，并不是单纯地视它为社会伦常或者道德知性的一种观念。诚如中江藤树所强调的“性命”这一概念一样，“孝”原本是作为一种具有生命繁衍与延续之内涵的“祖宗崇拜”[③] 而出现的。中江藤树提到自身追求“真儒性命之学”，将弟子熊泽蕃山称为“以性命相友爱者”，可以说他已经脱离了朱子学道德知性的规范，将孝的观念“回归”成一种宗教性与感情化的日常行为。

但是，中江藤树的这一“回归”式的理解，与其说是为了解脱自身思想的困惑而对朱子学所进行的一种批判，不如说是对于自身存在环境——日本的独特风土的一种潜在认同。也就是说，中江藤树所关心的不在于破，而在于立以及立什么的问题。进一步而言，他并不排斥宗教性的中国原始儒学与日本自古以来的神

---

① 中江藤树：《論語郷党啓蒙翼伝》，《藤樹先生全集》第 1 卷。

② 池田秀三：《自然宗教の力》，東京：岩波書店，1998 年。

③ 中江藤樹：《孝經啓蒙》，《日本思想大系・中江藤樹》，第 410 頁。

道，在二者的紧张关系之中，中江藤树将自身理想化的“醇儒”“真儒”的境界，“回归”到了一种宗教性“儒学”即“儒教”的范畴，并以此来接近（不是对接）日本本来的神道，赋予二者以同一基础。但是另一方面，在“倭国之儒者”这一观念之中，我们可以看到“儒者”是从属于“倭国”这一概念的。也就是说，在中国与日本这一自他关系中，中江藤树是以中国—他者为媒介，按照他自身的要求来构筑其思想体系。

（二）《翁问答》与孝的思想

中国儒学思想的泛道德化使它的发展逐渐偏离了人们日常生活的目标，但是我们也不可否认它同时也兼顾了人作为一个独立主体的根本事实——即便它是一种作为道德主体而出现的事实。就中江藤树而言，如何从根本上来认识这一道德主体的根本事实，并且回复它的宗教性的本来面目，也就成了他思想的出发点。与此同时，中江藤树也由此对中国后世儒学思想加以诠释，赋予了它新的根基，从而建立了自身的思想体系。

《翁问答》是效仿《论语》或者说《传习录》的对话形式而作的文选。之所以采用这一形式，是因为中江藤树深切意识到，自己不可陷入一种绝对化的“言语文学”（文学即儒学）的陷阱之中来传道授业。对此，他在该书序言中说：“若不以辞害志，可为吾人之大幸。”也就是说，“对话”这一形式，是自己与他人产生共感的一种方法。因此我们可以说，《翁问答》的对话形式不仅是中江藤树批判记诵词章的“格套”的一种自由精神的体现，同时也反映了他强调为学必须注重自身的“开悟自得”（即树立“为己之学”）的一种基本态度。

《孝经》《开宗明义》章提到：“先王有至德要道，以顺天下。”所谓“至德要道”，即孝之观念。但是中江藤树对此进行了重新解释，他提到：“吾人之身内，有可谓至德要道之天下无双之灵宝”，“藏于吾心之密”，“运用此宝，为守心行身之要领”。也就是说，《孝经》所谓的“孝”，乃是先王所制、赋予个人的，其目的是维持天下的秩序伦常。但是，中江藤树在此排斥了这一外在赋予的观念，将其回归至人本身的心灵深处，认为人不仅先天就具有这种潜在机能，在后天上还会加以灵活运用，以此来修行、磨炼自己的身心。

中江藤树不仅将孝回归人之本身，而且从一开始就赋予它形而上学的内涵。他提道，“此宝上通天道，下明四海之物也”。“太虚，三才，宇宙，鬼神，造化，生死皆为此宝所包括也”。[①]同时，中江藤树也强调“孝”是“至极之全体”[②]。“孝自始以来即以太虚为全体，经万劫无终无始，无孝无时，无孝无物”[③]。由此可见，孝作为全一的本体，不仅是人的内在的、本质的根源，同时也是宇宙万物的终极根源。

中江藤树也并没有刻意回避“孝”这一概念的起源问题。他提到孝作为“不二之要道，无双之重宝”，“在天而为天之道，在地而为地之道，在人而为人之道。元来无名，为教诲众生，昔之圣人，象其光景名之为孝”。[④] 在此，中江藤树不仅强调了孝的唯一性，即唯一本体性，而且也特别提到了“名之为孝”不过只是圣人对于事实的一种界定。真正的孝是一种显现，它本来就是无名的。正因为它是无名的，所以才能贯穿天地人之间。

中江藤树不仅赋予孝形而上学的特征，同时也强调了孝的形而下的功用。在借助《孝经》“至德要道”这一提法之后，中江

---

① 中江藤樹：《翁問答》1，《日本思想大系·中江藤樹》，第22—23頁。

② 中江藤樹：《翁問答》2，《日本思想大系·中江藤樹》，第25頁。

③ 中江藤樹：《翁問答》3，《日本思想大系·中江藤樹》，第25頁。

④ 中江藤樹：《翁問答》2，《日本思想大系·中江藤樹》，第24頁。

藤树也经常提到“孝德”这一概念。可以说，“孝德”这一概念即贯通形而上与形而下的一个媒介。一方面，中江藤树强调真正的儒者必须觉悟到“孝德之本然”；另一方面，他也认为“天下万物皆在吾本心孝德之内”，“孝德，神妙不测，广大深远”。在此，“孝”与“孝德”的内涵是一致的。由此可见，“孝德”一词尽管与儒者求“醇”、求“真”的实践过程密切相关，但是就中江藤树而言，他还是特别突出了孝的本体的道德性，或者说孝是作为一个道德本体而存在的真实性。

中江藤树强调：“若吾身受之父母，父母之身受之天地，天地受之太虚，则吾身本来为太虚神明之分身变化。”① 在此，中江藤树提到了“分身变化”的问题。孝作为一个唯一而全的本体、天地万物所在之处的一个生命实体，同时也是自本体向万物的普遍的分化，即一种“分有”。孝具体地映射到日常的现实生活之中，明确地表现为一种作为现象或作用的形而下的功用性。

作为一种社会的存在现象，中江藤树提到了人的社会尊卑地位，将其划分为天子、诸侯、公卿大夫、士、庶人五等。中江藤树强调了五者的差别，但同时也断然否定这是本质差异。就五者而言，“孝德是同一的体”。在此，中江藤树举例认为这五者犹如一种容器，尽管注入容器的水会因为容器本身的大小方圆而呈现出不同，但是“皆同于水”。② 也就是说，水本来是无法确定它的大小方圆，进一步而言，是无法通过语言的概念化加以判断的；但是，一旦进入了一种容器之内，即受到一种限定之后，我们就可以通过语言的概念化来具体地表述它。这样的“水”，也就是“孝德”。在此，孝德尽管呈现出多样化，但在本质上皆是同一的，不过是孝之本体的分化发展。

---

① 中江藤樹：《翁問答》3，《日本思想大系・中江藤樹》，第 26 頁。

② 中江藤樹：《翁問答》4，《日本思想大系・中江藤樹》，第 27 頁。

这种分化作用，即所谓的“分身变化”，也就是中江藤树所提到的归结为人的主体性的“孝行”。中江藤树认为：“一举手一投足，皆存孝行之道理。”孝行并不是离开日常生活，恰恰相反，它是深刻地扎根于此。对于孝行的日常性，中江藤树尤其提到了“爱敬”二字，认为它是“孝德感通”最为具体化的表现。它不仅涵盖了儒家“五伦”的伦理概念，而且人的“耳目聪明，四肢恭重，行住坐卧之法则，皆无不是孝德爱敬之感通”[①]。在此，中江藤树通过全一之“孝”→“分身变化”→“孝德感通”→“孝行”→“爱敬”的这一过程，完成了“孝”的形而上至形而下的会通一贯的模式。

但是，中江藤树同时也注重自形而下至形而上的反向思维。如前所述“吾身受之父母，父母之身受之天地，天地受之太虚”，父母→天地→太虚这一反向过程，中江藤树将它强调为一个“体认”的过程。他认为“爱敬”父母乃是孝德“感通之根本”[②]，“父子有亲”乃是圣人行五伦之教的第一条目，强调人必须以此来逐渐发挥，体认宇宙万物之间的道理的彼此相通之处。[③]

中江藤树认为体认的根本在于孝行，强调为人必须“体认父母之厚恩”。所谓父母之厚恩，不仅包括一饭一食的抚养恩赐，最为根本的，它还包括来自父母的“胎教”。中江藤树提到的“胎教”，可以说是指人自然而知事亲之道，是本于人心之“良知”。但是，中江藤树认为“胎教”是“母德之教化”，是“根本真实之教化即德教”。也就是说，它不仅是人的一种本心的自觉

① 中江藤樹：《翁問答》2，《日本思想大系·中江藤樹》，第24頁。

② 中江藤樹：《翁問答》2，《日本思想大系·中江藤樹》，第24頁。

③ 对此，朱谦之强调指出：“中江藤树从父子之亲的狭义之孝，推广到天人之和的广义之孝，从亲子一体扩大来说万物一体，打破一切物我的差别，而开辟一个廓然大公大通一贯的境界。”参照朱谦之编：《日本的古学及阳明学》，北京：人民出版社，2000年，第236页。

的体认，同时也是孝的一种根本的、真实的“感通”。以此，中江藤树将日常普遍化的“返恩”观念，具体转换为“立宗庙祠堂而事鬼神，四时俗节忌日之祭祀而作诚敬”[①]的行为，赋予人的体认行为以一种宗教化的性格。

正是基于这一日常生活宗教化的秩序观念，中江藤树的思想也显著地表现在儒学思想与神道的结合这一方面。也就是说，中江藤树的“反向”是根植于自身本来的土壤，直接面对眼前“事实”而对外来儒学思想进行的一种折中式融合。这里虽然提到了“折中”，但不是一种“对折”，而是为一种阐发式的“复合”。一方面它不是拘泥于作为道德哲学的儒学本质，将孝理解为一个脱离日常的绝对观念；另一方面它又是对于自身“自然宗教”这一传统的发挥，是对于人的存在之根本的一种关怀。这种复合性的特征，同时也赋予中江藤树思想以“生成”或者说“创造”的性格。[②]

（三）《孝经启蒙》与孝的思想

《孝经启蒙》是中江藤树参考了今文《孝经》与古文《孝经》，对自己的编著所进行的一种诠释。[③]如果说中江藤树著述的《翁问答》是其思想的“复合性”的一种体现的话，那么《孝经启蒙》不仅是中江藤树思想的一大结晶，同时也是他思想的一种“创造性”的体现。

中江藤树从“存在者”即人的角度来直接论述孝的观念，不仅在内容上是对《翁问答》的孝的思想的一种补遗，而且也实现

---

① 中江藤樹：《翁問答》13，《日本思想大系·中江藤樹》，第34—39頁。

② 黒住真：《徳川前期儒教の性格》，《思想》（岩波書店）1990年第6号。

③ 中江藤樹：《孝経啓蒙》（《日本思想大系·中江藤樹》，第428頁）指出，中江藤树一开始批判古文《孝经》，而后也接纳它，同时也论证了《孝经启蒙》所提到的《孝经》是中江藤树自己编撰。

了孝思想的逻辑贯通。具体而言，《翁问答》侧重"分身变化"即形而下的实践层面；而《孝经启蒙》则是侧重形而上的层面，建立了一个本体论体系。

《翁问答》提到太虚是"孝之体段"，即太虚是孝之体，是孝的本来架构。而在《孝经启蒙》中，中江藤树则通过对"孝"之一字的诠释，来推导出太虚这一概念。"孝字从老省从子。子在老旁，抗而不顺，非孝也。老在子下，逆而不顺，非孝也。老上子下，斯象形矣，规者大虚也。"① "孝"的本来面目就是"老上子下"，之所以如此，则是来源于"大虚"＝"太虚"这一存在实体的界定。

对于太虚与孝的内在关联，《翁问答》阐述为太虚为孝所"包括"，孝以太虚为全体。而在《孝经启蒙》中，则解释为孝是太虚所"规"，受到了太虚的限定。对于这一"规"字，我认为可以从两个方面来加以阐述。

首先，中江藤树强调"孝德充塞于太虚"②，太虚的"规"即限定，不是单纯地将孝德包容在自身之内，而是使孝德得以显现，得以被概念化地进行判断的框架。这样一来，孝德与太虚并不是为二，而是为一，呈现出一种"同一"的内涵，也就是一个"本体"的范畴。其次，"规"与"归"接近，正是因为孝德受到了太虚的限定，所以它无法在一种整体或者全体的层次中被加以绝对化。也就是说，孝德必然"回归"于太虚，而不是依靠我们自身的判断来进行，即排斥了一种自我中心主义的倾向。我们人对于自身的反省并不能构成真正的否定，只有通过一种绝对的否定，即不可逆转的"限定"，才能成为一种自觉的思想。而太虚也正是因为孝德的"自我的绝对否定"的回归运动，从而得以不

① 中江藤樹：《孝経啓蒙》，《日本思想大系・中江藤樹》，第257頁。
② 中江藤樹：《孝経啓蒙》，《日本思想大系・中江藤樹》，第266頁。

断地生成变化。

在《孝经启蒙》中，中江藤树着重强调了人作为存在者的立场。人的身体“不但是父母遗体，也是天地的遗体，又是大虚的遗体”。“身之本父母也，父母之本推之至始祖，始祖之本天地也，天地之本大虚也”。“太虚廖阔而无外”。① 同时，中江藤树也接受了张载《正蒙》“太虚即气”思想的影响，将太虚表现为气，认为存在于气之中的人之所以与父母“一气相通”，本是基于自身的一种“本灵本觉”的活动，而气的活动，也就是孝所产生的根源。由此可见，通过对《翁问答》之中的太虚思想的补遗与阐发，中江藤树赋予了作为终极存在的“广虚”以一种真实无滞的变化活动的机能，从而为其彻底脱离固有的泛道德化的“格套”提供了一种理论依据。

中江藤树强调“人心本自由有固有之要道”，它原本是“生生活泼泼地”，即真切活动的。同时，他也提到“人之身体发肤本性命之凝聚而无道器之分，道即器，器即道也”，“身，谓道器合一万物一体的身”。在此，中江藤树排斥了形而上与形而下的差别，将它们归纳为一种“即”的关系。与此同时，通过强调身体的合一性，也就肯定了人作为一种主体存在的独立性。人作为主体的存在根源即是人心“固有之要道”，也就是孝。中江藤树提道：“本，根底也。人之有孝犹木之有根底。故以孝为生民之本。”对于孝这一观念，中江藤树强调说：“孝无终始者。孝在混沌之中，而其生无始，推之后世，而无朝夕，无时非孝也。无所不在，无所不通，生生无终，须臾不可离也。”② 由此可见，孝不仅超越了时间概念，同时也超越了空间概念。孝既是一种“混沌”，即不能以固有的语言来进行判断的“无”，同时又是须臾不

① 中江藤樹：《孝経啓蒙》，《日本思想大系・中江藤村》，第 257—266 頁。

② 中江藤樹：《孝経啓蒙》，《日本思想大系・中江藤村》，第 259、279、263 頁。

离日常的“有”。孝本身自成一个“生生不息”的体系。

在《翁问答》中，中江藤树提到了“体认”的原则，强调体认不是将孝加以观念化或者固定化，而是一种“权”[①]，或者可以理解为“中庸”[②]。随后，中江藤树将它归纳为一种具体化的“时处位”或者“时所位”的方法，强调“时与所与位三才相应”，“时与处与位相应适当恰好之道理”。[③] 尽管中江藤树在《翁问答》最后提及了“本体工夫”[④] 一词，但是他仅仅是针对孝的本体来强调体认工夫的随机应变性。但是到了《孝经启蒙》这一阶段，中江藤树将本体与工夫二者具体地统一起来，明确提到：“立身行道非两事。立身所以立行道之体也，行道所以达立身之用也。然体用一源工夫无二致。只就己而言之谓立身，就与人交而言之谓行道而已。”[⑤] 简单地说，“立身”就是修己，“行道”就是治人，修己与治人就是互为表里，内外一致的工夫。

修己治人的内容就是“孝行”。中江藤树特别强调躬行实践，而躬行实践是以孝行为根本的。之所以为根本，是因为中江藤树认为“父母之于子，一体分行”。也就是说，“亲”乃是“孝”之本体的分化发展。不仅如此，中江藤树还强调了“忠本孝中之一端”，“悌顺本孝中之一德也”。也就是说，五伦之教化皆可以归结为孝行。在《孝经启蒙》中，中江藤树最后提到了“孝子之事亲终”，将它理解为“事亲，即孝行也。终，尽也。言先王圣人之孝行德业尽于此而无遗也”[⑥]。由此可见，孝行乃是最为根本

① 中江藤樹：《翁問答》89，《日本思想大系·中江藤村》，第136页。“权”的思想来自《孟子》之《离娄章句》（上）“嫂溺援之以手者权也”一段文章。

② 中江藤樹：《翁問答》68，《日本思想大系·中江藤樹》，第106頁。

③ 中江藤樹：《翁問答》40，《日本思想大系·中江藤樹》，第70、95、144頁。

④ 中江藤樹：《翁問答》106，《日本思想大系·中江藤樹》，第160頁。全文为：“全孝心法即艮背敌应之心法，名变实同之道理也，是云本体工夫。”

⑤ 中江藤樹：《孝経啓蒙》，《日本思想大系·中江藤樹》，第259頁。

⑥ 中江藤樹：《孝経啓蒙》，《日本思想大系·中江藤樹》，第273、374、879頁。

的，同时也是唯一的工夫。

在此，我们可以看到中江藤树在逻辑上是继承了宋学以来的“体用一源”的本体论思想，① 将本体与工夫统一为“孝”，强调了二者内在的合一性。由此，我们可以将中江藤树的孝的本体论思想归纳如下：（1）孝是超越了时间与空间的，既“全”而“一”的本体，是人与宇宙万物的内在根源。（2）孝是终极存在的实体即太虚的本质观念，它表现为一种根基于人之存在的根本事实的真实生命。（3）孝是一个不断延续发展的创造性体系，是无始无终、生生不息的。（4）孝既是本体也是工夫。体用一源，工夫无二致，“孝行”是格致体认本体的唯一工夫。

三、中江藤树思想的复合性与宗教性

（一）中江藤树思想的复合性

如前所述，中江藤树接受了来自中国的朱子学、阳明学、《易经》的影响，同时根据他对林罗山的批判，乃至参拜伊势神宫的事实，也可以发现佛教与日本神道对他的影响。这一多重化的影响，构成了中江藤树思想的复合性。它不仅是自与他，即日本思想与中国思想的一种“复合”，也是传统思想（佛教与神道②）与新儒学体系的一种“复合”。

江户时代日本的学问，基本上可以称之为一种复合体系。这

① 朱伯昆：《中国哲学中的本体论原则》，成中英编：《本体与诠释》，第150页。中江藤树强调的“体用一源”一词，出自程伊川《易传》序文。

② 佛教与神道的结合可以以“神佛习合”一词来加以概括，它成为17世纪以前的日本的“文化传统”。而江户时代之后，儒学与神道的结合的特点表现为“神儒合一”。中江藤树的神道思想则表现为“大虚神道”（《翁问答》79）。参照梁漱溟著，長谷部茂訳：《東西文化とその哲学》，東京：農山漁村文化協会，2000年，第424頁。

种复合体系所带来的一个必然结果，就是“日本的”学问—“国学”的诞生。从吸收与接受外来思想，到与本土思想的融合，再到自身学问体系的建立，在这一过程之中，日本思想家有一个显著的特点，就是以中国的思想为出发原点，通过持续地对中国的儒学思想进行合理批判与重新诠释，来创立自己的思想，而不是依赖或者承袭以传来的先导为中心而建立起来的思想体系。

就日本阳明学而言，中江藤树之后的日本阳明学，并不是以所谓的“阳明学之祖”——中江藤树为建立自身思想的第一来源，而是直接从中国典籍出发来探寻学问的根本，建立自己的思想体系。① 中国儒学思想一方面成了日本进行重新阐发的必要前提，同时成为日本创造自己思想的一个“标靶”。

透视江户时代日本学术的这一特点，也可以提示给我们一个新的研究视角，即所谓江户时代日本阳明学“系谱”② 的破产。这一视角的着眼点，不仅在于后世日本儒学的发展是以学者本身为一个基本的归着点，而且也是基于中江藤树不仅仅是阳明学者，更是一个可以称为“新儒者”或者“新儒教者”③ 的根本事实。换句话而言，尽管中江藤树开启了日本阳明学，但这并不表

① 吉田公平在《王阳明研究史》（第457页）提到，中江藤树后学出版《传习录》（1650年），三轮执斋出版《标注传习录》（1712年），佐藤一斋著述《传习录栏外书》（1837年）与《传习录读本》（1859年），形成了江户时期日本阳明学的三次运动。由此可见阳明学运动不是以对前人的批判而是以王阳明的《传习录》为媒介来展开的。对中国思想的吸收乃至“超越”，回归自身文化的建设，可以说是日本江户时代的学问与思想的一个主题。

② “日本阳明学的系谱”为明治时期高濑武次郎、井上哲次郎所提倡。1898年，高濑武次郎著《日本之阳明学》；1900年，井上哲次郎出版了《日本阳明学派之哲学》一书。由此，日本阳明学的“系谱”得以确立。

③ 加地伸行在《〈孝经启蒙〉の诸问题》一文中提到，中江藤树不仅意识到被日本儒学所遗忘的儒教特征，发现了儒学原本是作为宗教而存在的，同时也在自身的实践之中强调了它。由此，或许可以将中江藤树称为“新儒教者”，以区别于宋学以来的“新儒学”。

示他就只是一个阳明学者。

通阅《阳明全书》，悟“圣人一贯之学，以本太虚为准则，老佛之学，皆不离一贯之中”，乃是中江藤树思想的一大转折。中江藤树的这一彻悟，不仅表明他意识到了“三教合一”[①] 作为“性命之学”的本质内涵，而且也表明他进一步通透了主体的人与太虚的合致之道。但是，与王阳明提倡的侧重实践主体的唯一“良知”不同，中江藤树所树立的“一贯之学”是以太虚、孝为核心的本体之学。

中江藤树思想的“复合性”即是以此为原则。由此可见，他为王阳明思想所触发而强调的“印证”，并不是单纯地以王阳明思想本身来进行印证。[②] 所谓“印证”，其本身就是一种创造。

中江藤树并没有抛弃自阅读《孝经》以来的思维，而是通过知识的不断沉淀，以王阳明的“良知”本体学思想作为充实自身知识体系的血肉，来建立自己的孝的本体学架构。

（二）中江藤树思想的宗教性格

王阳明对圣人“一贯之学”加以阐述，发展成自己的“良知”本体学。可以说，中江藤树在此借助了王阳明的方法论，将“一贯之学”诠释为孝的本体学。中江藤树的诠释过程正如“印证”一词可以理解到的，不是树立之后的再诠释，而是从一开始就进行着创造性发挥。同时，中江藤树的发挥始终是落在孝的本

---

① 中江藤树晚年在其著述《鉴草》（319 则）中提到“明德佛性”一词。尽管“明德”与“佛性”本质是否一致必须加以辨析，但是至少“不离一贯之中”的理解表明了中江藤树晚年思想的统一性与“正统性”，也就是以强调了自我内省的“儒教”为核心的“三教一致”的思想。参照高橋文博：《中江藤樹における死後と生》，《江戸の思想》1995 年第 1 号，第 23 頁。

② 作为一个反例，山下龙二提到“阳明没有特别提到《孝经》，这是日本阳明学一个至为显著的特征”。参照山下龙二：《中国思想と藤樹》，《日本思想大系・中江藤樹》，第 404 頁。

体论这一方面。这种发挥不但与他潜在的日本神道意识密不可分，同时也赋予其本体论一种宗教的性格。可以说，中江藤树思想的宗教化也构成了其“创造性”的本质特征。

程伊川《大学或问》中提到的“主一无适”的“持敬”态度，强调人的主体性的觉醒。中江藤树也始终强调“爱敬”[①] 二字，但是他认为“主一”的工夫立言深奥，令初学者无处着手。中江藤树将“敬”直接解释为“畏天命尊德性之谓也”[②]，以此为工夫的准则。也就是说，通过感受自身内部的一个作为“生命”且具有“威力”的存在对象，由此而产生敬畏与顺从的“敬”的观念，从而开始“自然地”感知外部的“天命”。所谓“德性”，也就是在外部威力的作用之下觉悟到一种内在的“具体的价值观念”，从而实际地感受到自身对外部天命的一种尊重，[③] 达到与天处于一种直接的、无媒介的合一境界。

中江藤树对于“天命德性”的理解也逐渐走向了具体化。在突出存在实体太虚的同时，中江藤树引入“皇上帝”这一概念，认为“太虚受皇上帝之命，天神地示化育之所也”，“天神地示为万物之父母，太虚皇上帝为人伦之太祖。观此神理，圣人贤人释迦达摩儒者佛者我人，世界之内应有尽有之人之形有，皆皇上帝天神地示之子孙”。[④] 也就是说，天命即皇上帝之命，敬畏尊重的具体对象即皇上帝。由此可见，中江藤树思想的宗教化特征在于树立皇上帝的一神教思想。

尽管中江藤树的理想是成为一名“醇儒”“真儒”，而且认为“孝行”乃是儒道，强调“以之为教，是云儒教；以之为学，是

---

① 《孝経啓蒙》第 262 页提到：“爱敬本相为表里。无敬之爱非天性之爱，无爱之敬非天性之敬。故言爱则敬在其中矣，敬则爱在其中矣。”也就是内外的统一。

② 中江藤樹：《持敬図説》，《藤樹先生全集》第 1 卷，第 684 頁。

③ 黒住真：《徳川前期儒教の性格》，第 114 頁。

④ 中江藤樹：《翁問答》81，《日本思想大系・中江藤樹》，第 124 頁。

云儒学”[①]。但是这一认识的根本前提是中江藤树提到的“日本神道的礼法与儒道祭祀之礼互为适合”[②] 的思想。对于儒学的祭祀，中江藤树也解释为：“祭者际也，人神相交际也；祀者似也，谓祀者似将见先人也。”[③] 正是基于这一理解，中江藤树强调“儒道是太虚的神道”，“信仰神明是儒道之本意”。

山下龙二教授认为中江藤树的宗教化思想是对《论语·泰伯》“致孝乎鬼神”的孝德观念的一种“再生”。[④] 但是，中江藤树的这种“再生”的意义不仅是一种“正统”的承袭，同时也是一种阐发与深化。他之所以信奉太乙神，是因为“盖古天子祭天，士庶人无祭天之礼，乃以此祭为士庶人祭天之事”[⑤]。对于佛教，中江藤树提到：“忘儒忘佛，致本来至诚无息，不二一贯之心学，悟太虚廖廓之神道，无惑也。”[⑥] 中江藤树不是以儒学体系来掩盖佛教，而是从自身作为士庶人的根本事实出发，以强调“孝”的躬行来实“真吾”这一原则，将儒教、佛教二者融会贯

---

① 中江藤樹：《翁問答》81，《日本思想大系·中江藤樹》，第 124 頁。

② 中江藤樹：《翁問答》94，《日本思想大系·中江藤樹》，第 142 頁。

③ 中江藤樹：《孝経啓蒙》，《日本思想大系·中江藤樹》，第 262 頁。

④ 山下龙二：《中国思想と藤樹》，《孝経啓蒙》，《日本思想大系·中江藤樹》，第 395 頁。

⑤ 《藤樹先生年譜》，《日本思想大系·中江藤树》，第 296 頁。“太乙神”，据《太乙神经》序所言，乃是《书经》所谓的“皇上帝”。尾藤正英在《日本封建思想史研究》之中指出太乙神的信仰受到了道教思想的影响（第 157 页），而古川治在《中江藤树的综合研究》（第 47 页）指出，中江藤树在序之中提到的“镇宅神符神”是来自日本近江地区的民间信仰，这一信仰与中江藤树所提到的太乙神信仰不无关联。

⑥ 中江藤樹：《翁問答》80，《日本思想大系·中江藤樹》，第 121 頁。尽管《翁问答》46 出现了“良知良能”，49 出现了“本心之良知”，“明德之良知”，106 出现了“良知”，同时《孝经启蒙》也提到“从孝德发见之最初而明孝德之起头处也”，与王阳明的“致良知”别无二致，但是中江藤树提到的“心学”并不是阳明学的“良知心学”，而是基于《孝经大全》的“全孝心法”（《翁问答》103）的致己本心的“全孝心学”。中江藤树思想与阳明学的研究，参照古川治：《中江藤樹の総合的研究》，第 481 頁。

通，为其自身的“心学”思想体系确定下一个新的基础。

中江藤树提到的“致本来至诚无息，不二一贯之心学”，具体化就是孝行，成就的也就是孝德。而这种“孝德”在本质上是与神道相一致的。由此可见，中国哲学体系之中的“道”与“德”，经过中江藤树的诠释，在无形之中演变成了神道与孝德。神道与孝德的本质同一，形成一个本体的观念。可以说，中江藤树本体论的宗教化特点，或者他本体论思想的深刻内涵即在于此。

第七章　伊藤仁斋与朱子学

——以《孟子》的诠释为中心

17世纪的东亚儒学开始重新审视朱子学，力求通过严谨的实证研究恢复儒学经典的原貌。日本江户时代山鹿素行、伊藤仁斋、荻生徂徕率先举起批判朱子学的大纛，主张回归原始儒学。中国明清时代黄宗羲、戴震以及李氏朝鲜时代丁若镛等儒学者的思想也显示出强烈的复古倾向，于是形成了东亚儒学的复古思潮。在这场学术变革的思潮中，几乎所有复古学者都将诠释的对象集中在《孟子》一书上。特别是伊藤仁斋，他主张从孔子、孟子思想"意味"与"血脉"出发，重新诠释《论语》与《孟子》，提出古义学，开辟了复古思潮的先河。可以说，伊藤仁斋对《孟子》的诠释是东亚儒学复古思潮的典型代表。

但是，基于伊藤仁斋与中国清代学者戴震学术思想的相似性，中日学界对东亚儒学中复古思想的学术话语权存在很大争议。今中宽司就认为伊藤仁斋的古义学对戴震为代表的中国清代考据学产生了重大影响。[①] 余英时则通过分析中日复古学派共同面临的"对宋明理学之反动，要以孔孟之真义来扫除宋明以来夹杂着释老之见的儒学"时代课题，否定了伊藤仁斋对戴震复古思想的影响。[②] 实际上，东亚儒学复古思潮的兴起、发展是一个复

① 今中寬司：《徂徠学の基礎的研究》，東京：吉田弘文館，1966年。

② 余英时：《论戴震与章学诚——清代中期学术思想史研究》，北京：生活·读书·新知三联书店，2012年。

杂的过程，它是东亚儒学共同体对朱子学这一公认学术范式的话语革命。要想厘清东亚儒学复古思潮的脉络就必须明确伊藤仁斋古义学形成的外在因素、内在理路、学术研究方式及思想特质。因此，本章在明确伊藤仁斋古义学形成的外在因素与内在理路的基础上，通过分析他对《孟子》的诠释探讨其学术思想研究方式及特质，进而明确伊藤仁斋古义学在东亚儒学复古思潮中的射程及意义。

一、伊藤仁斋古义学形成的外在因素：吴廷翰思想的冲击

伊藤仁斋（1627—1705 年）从十一岁时开始学习《大学》，又以《延平答问》开悟，自此专心伊洛之学，研读《性理大全》《朱子语类》等，27 岁时著《太极论》，不久后又著成《性善论》《心学原论》。不过，在沉溺于朱子学不能自拔之后，伊藤仁斋又陷入了阳明心学和佛老之教的迷茫阶段，这一阶段一直持续到宽文初期。因此，整体而言，伊藤仁斋的早期学术思想是倾向于朱子学。

按照《古学先生行状》的记载，伊藤仁斋宽文二年（1662 年）开始草拟《论语古义》《孟子古义》，设立同志会设坛讲学，并最终形成了古义学。关于伊藤仁斋向复古思想转变的外在因素主要是受到吴廷翰思想的冲击。吴廷翰，字崧柏，别号苏原，他的著作《吉斋漫录》对日本儒学有很大影响。但是，对于上述观点中日学界争议颇多。一方面，井上哲次郎在岛田重礼研究的基础上，指出伊藤仁斋的著作中既没有引用吴廷翰的原话又没有提到《吉斋漫录》，以此构成否定二者思想关联的反证。[①] 三宅正彦

---

① 井上哲次郎：《日本古学派之哲学》，東京：富山房，1902 年，第 197—231 頁。

以气一元论为要，从“气”与“天地”先后之别、太极之争、“气”性质之有无、由“太极”到“五行”等阶段性演变的理解四个方面区分了伊藤仁斋与吴廷翰思想。[①] 另一方面，朱谦之等中国学者则坚持认为伊藤仁斋的古义学受到吴廷翰思想的影响。[②] 另外，竹内照夫[③]、金培懿[④]也都支持这一观点。基于上述研究，本章从相关文献记载和思想内涵两个视角重新审视伊藤仁斋与吴廷翰的学术思想。

关于伊藤仁斋与吴廷翰学术思想关联的文献记载肇始于太宰春台的《圣学问答》，他认为：“明之末吴廷翰者，著《吉斋漫录》《瓮记》《椟记》等书，辟程朱之道，豪杰也。闻日本之伊藤仁斋亦读吴廷翰之书开悟。”[⑤] 之后，三浦瓶山也针对吴廷翰对伊藤仁斋转向复古思想的启示性作用问题指出：

> 至明末有吴廷翰者，其所著有《吉斋漫录》《瓮记》《椟记》者，余也寡见，未见《瓮记》《椟记》者，《漫录》所论，凿凿乎有据，至破程朱之偏颇，脱然非陆王二家之所企及也。……近来有伊藤维桢号仁斋者，实海内之英杰也。然余私疑之，其起见也，必萌蘖吴氏，而其放论与之同者，不为不多，然至其著书，无一言及者，何也？其人博览，岂谓未视其书，而其论暗同乎。是其操气之锐，自负山斗之望，而称引古人，则为耻邪。将恶是士习袭掏李蹇浅，而以独立

---

① 三宅正彦：《京都町衆伊藤仁斎の思想形成》，京都：思文閣出版，1987 年，第 151—165 頁。

② 朱谦之：《日本的古学及阳明学》，第 9—14 页。

③ 竹内照夫：《四書五経——中国思想の形成と展開》東京：平凡社，1981 年，第 235 頁。

④ 金培懿：《伊藤仁斎の孔子回帰思想成立の背景——呉廷翰の影響を中心として》，《中国哲学論集》，1995 年第 21 号，第 54—69 頁。

⑤ 太宰春台：《聖学問答》，東京：江都書肆嵩山房，1736 年，第 22 頁。

大言自出为愉快，而揉时之弊邪。[①]

在三浦瓶山的论述中，他提出了一个观点，即由于伊藤仁斋孤高自负，所以在其著述中均未曾提及吴廷翰的思想。于是，他在《闲窗自适》又说："云至明末，有王阳明、吴廷翰之徒非间于濂洛之说，皆主张性善之说，其说一辙也。我朝伊藤仁斋，称稽古补偏之学，唱一家，云可称其说之事亦多，亦不能免性善之窝窟。"[②] 对此，那波鲁堂在《学问源流》中也认为："仁斋父子之学，本于明吴廷翰之见识，却不以吴廷翰之学说于人，吴廷翰《瓮记》、《椟记》、随笔……却更有《吉斋漫录》上下之卷，就全篇经义语录，发明识见，伊藤东涯之学之渊源也。"[③] 此外，其他江户时代的儒学者也多认为伊藤仁斋的古义学源自吴廷翰。多田义俊认为："古学先生《语》《孟》之考，全为吴氏《吉斋漫录》。"[④] 尾藤二洲（1745—1814 年）也指出："言古义学，自伊藤仁斋起。……彼不得其意，却谤宋贤，云气之外立理，岂有不疏谬乎。斯之说皆自明人兴也。闻彼之说自吴苏原。今看《吉斋漫录》，应是如斯。"[⑤] 大田锦城也认为："我邦唱古学者以伊藤仁斋先生为祖师矣。……古之贤士朱舜水称言，学问文章贵国翘楚，盖非虚称也。唯其学半出于吴廷翰《吉斋漫录》"。[⑥] 但是，山县周南却不同意上述观点，他认为："或有言者，仁斋先生倡学，本有帐中之书，诸弟子辈不得与见，曰《吉斋漫录》，曰《瓮记》，曰《椟记》。余甚不信，既而得见《漫录》，其言凿凿有

① 関儀一郎編：《儒林雜纂》第十四卷《瓶山先生·原学篇》，東京：鳳出版，1978 年，第 7—8 頁。

② 三浦瓶山：《閑窓自適》，東京：江戸池端書舖，1776 年，第 1 頁。

③ 那波鲁堂：《学問源流》，大阪：大阪書房，1799 年，第 14—15 頁。

④ 多田義俊：《秋斋閒語》卷之一，東京：東都書舖，1753 年，第 1 頁。

⑤ 尾藤二洲：《正学指掌》，大阪：大阪書房，1787 年，第 26—27 頁。

⑥ 大田錦城：《九経談》卷之一，東京：江戸書林，1815 年，第 13 頁。

味，所谓理气性命，宋学谬误，举既发挥，实先得我口之所嗜者也。夫述而不作，君子之道，仁斋何有窃珠还椟之陋。”[①]

从上述文献记载来看，伊藤仁斋与吴廷翰学术思想关联的核心问题在于二者思想的相似性与伊藤仁斋著述中未曾提及吴廷翰思想之间的矛盾。对于二者的相似性，三浦瓶山与山县周南分别指向“性善”与“理气性命”，实际本质上是“性”的问题。关于性的认识，吴廷翰认为：“盖缘孟子言性善，夫子言相近，求之不得，故以善为天地之性，相近为气质之性，以要其同，而不知其反异也。……由此言之，耳目之类，虽曰气质，而皆天地所生；仁义之类，虽曰天命，而皆气质所成。若曰仁义之类不生于气质，则耳目之类不生于天地，有是理乎？故凡言性也者，即是气质。”[②] 他指出无论是孔子的“性相近”还是孟子的“性善”，指的都是气质之性。对此，伊藤仁斋解释说：“夫天下之性，参差不齐，刚柔相错，所谓性相近是也，而孟子以为人之气禀虽刚柔不同，然其趋于善则一也，犹水虽有清浊甘苦之殊，然其就下则一也，盖就相近之中而举其善示之也，非离乎气质而言。”[③] 由此可见，吴廷翰与伊藤仁斋对于性的认识确实如出一辙。究其原因，吴廷翰与伊藤仁斋对性解释依据皆来自一元气论。在《吉斋漫录》中，吴廷翰说“天地之初，一气而已矣”[④]；伊藤仁斋也说“盖天地之间，一元气而已矣”[⑤]。因此，伊藤仁斋与吴廷翰从“一元气”到阐发“性”皆就气质之性而言的思想脉络是一致的。

---

① 山県周南：《周南先生文集》卷之九，東京：内閣文庫刊本，1760年，第8頁。

② 吴廷翰著，容肇祖点校：《吴廷翰集》，北京：中华书局，1984年，第28—29页。

③ 関儀一郎编：《日本儒林叢書》第六冊《語孟字義》卷之上，東京：鳳出版，1935年，第34頁。

④ 吴廷翰著，容肇祖点校：《吴廷翰集》，第5页。

⑤ 関儀一郎编：《日本儒林叢書》第六冊《語孟字義》卷之上，第2頁。

但是，从伊藤仁斋的著作来看也确实没有关于吴廷翰思想的记载。不过，在伊藤仁斋的弟子中江岷山《理气辨论》中却明确地引用了四段吴廷翰的原话，其内容如下：

> 吴苏原曰，何谓道，一阴一阳之谓道。何谓气，一阴一阳之谓气。然则阴阳何物乎，曰气。然则何以谓道，曰气即道，道即气。天地之初，一气而已矣，非有所谓道者别为一物，以并出乎其间也。气之混沦，为天地万物之祖，至尊而无上，至极而无以加，则谓之太极，及其分也，谓之阴阳。阴阳既分，万化由此出故谓之道，非有二也。
>
> 然则何以有理气之别？曰理也者，气得其理之名，亦犹变易之谓易、不测之谓神之类，非气之外别有理也。先儒以阴阳为气，以道为理，是去一阴一阳之谓道之义而他求之过也。
>
> 气之为理，殊无可疑，盖一气之始，混沌而已。无气之名，又安有理之名乎？及其而分为两仪，为四象，为五行、四时、人物、男女、古今，以至于千变万化，秩然井然，各有条理，所谓脉络分明是已。此气之所以又名为理也。
>
> 朱子曰，未有天地之先，毕竟是有此理，又曰当初元无一物，只是有此理。太极解曰，上天之载，无声无臭，而实造化之枢纽，品汇之根柢，亦是此意。盖以上天之载指理。而造化、品汇指气也。老子道生天地之说，意亦若此。此愚所以断然敢以理气为一物，而一阴一阳之谓道，不必添注而自明也。不然，则夫子论不若老子之直接矣。[①]

这四段话皆出自吴廷翰的《吉斋漫录》，可见中江岷山在撰写《理气辨论》的时候已经对《吉斋漫录》有了相当的理解和认

① 関儀一郎編：《日本儒林叢書》第四冊《理気辨論》卷之上，東京：鳳出版，1929年，第15—16頁。

识。《理气辨论》的出版时间是在宝永六年（1709 年），而伊藤仁斋殁于宝永二年。对于江户时代的中江岷山而言，要用四年的时间完成对吴廷翰《吉斋漫录》的认识、论述到著述及出版是一件极其困难的事情。另外，在吴廷翰的四段话之后，中江岷山还特意指出："我先师之决之矣，还叨以为毁宋儒者，噫僻矣。故陈先贤之所论如前后，见非我言妄，加以先师之意，不敢识别云。"[①] 他将先师伊藤仁斋与先贤吴廷翰一并看作是批判朱子学的先驱。

综上所述，伊藤仁斋早期的学术思想受到《延平答问》的影响，主要倾向于朱子学。一直到宽文二年（1662 年）开始转向复古思想，形成古义学。根据太宰春台、三浦瓶山、山县周南等同时代儒学者的文献记载，结合伊藤仁斋与吴廷翰从"一元气"到"性"皆就气质之性而言的思想脉络，以及中江岷山论述的佐证，可以看出伊藤仁斋转向复古思想的重要外在因素就是来自吴廷翰《吉斋漫录》的影响。

二、伊藤仁斋古义学形成的内在理路："血脉"与"意味"

朱子学中的《大学》《中庸》《论语》《孟子》"四书"体系的形成过程大致可以划分为四个阶段：第一是唐代以前《论语》《礼记》作为"七经"时期；第二是唐代中期韩愈、李翱等开创"四书"之先河；第三是北宋理学周、程、杨首创"四书"学说时期；第四是朱熹最终确立"四书"体系时期。朱熹通过对《大学》《中庸》《论语》《孟子》的重新诠释著成《四书章句集注》，

① 関儀一郎編：《日本儒林叢書》第四冊《理気辨論》卷之上，第 16 頁。

进而形成了朱子学的“四书”体系。“四书”体系的形成又进一步明确了朱子学的道统。在朱熹看来，《论语》记载的是孔子的思想，《大学》是弟子曾子（曾参）传孔子之言，“《大学》，孔氏之遗书”[①]，《中庸》为子思所作，《孟子》与之一脉相承。这样一来，“四书”体系与道统之说就紧密联系到了一起，形成了朱子学所主张的“孔孟之道”。

十七世纪日本江户时代的儒学者山鹿素行开始从道统挑战朱子学的“孔孟之道”，他主张回归周公、孔子的学术思想，即“周孔之教”。[②] 与此同时，伊藤仁斋通过重新诠释《论语》和《孟子》，从孔子和孟子思想的“意味”与“血脉”中寻求对朱子学“四书”与道统的变革。在《语孟字义》中，伊藤仁斋主张：

> 学问之法，予岐而为二，曰血脉，曰意味。血脉者，谓圣贤道统之旨，若孟子所谓仁义之说是也。意味者，即圣贤书中意味是也，盖意味本自血脉中来，故学者当先理会血脉，若不理会血脉，则犹舡之无柁，宵之无烛，茫乎不知其所底止。然论先后，则血脉为先，论难易，则意味为难，何者？血脉犹一条路，既得其路程，则千万里之远，亦可从此而至矣。若意味，则广大周遍，平易从容，自非具眼者，不得识焉。予尝谓读《语》《孟》二书，其法自不同，读《孟子》者，当先知血脉，而意味自在其中矣。读《论语》者，当先知其意味，而血脉自在其中矣。[③]

从伊藤仁斋的论述来看，“血脉”是道统之意，但是，“先儒谬为尧舜以来传授心法，孔门蕴奥之书，以高远隐微之说解之，

---

① 朱熹：《四书章句集注》，第3页。

② 张晓明：《山鹿素行对孟子思想的诠释研究——以〈孟子句读大全〉为例》，《日语学习与研究》，2020年第3期，第83—92页。

③ 関儀一郎編：《日本儒林叢書》第六冊《語孟字義》卷之下，第59頁。

而不知孔门之教，不处于仁义二字”，“或为论尧汤之事而言之，可见孔孟之学，专以仁义为宗”。[①] 伊藤仁斋认为“仁义”是“血脉”的内在指向，“道统”延续了“仁义”的主旨。因此，“血脉”在伊藤仁斋的古义学中具有明显的指向性。这种指向性又通过圣人著作中的“意味”一以贯之，从而进一步强化了“血脉”的联系。而“血脉”指向的标的只有《论语》和《孟子》。在伊藤仁斋看来，“《论语》为最上至极宇宙第一书”[②]，“《孟子》之书为学者启孔门之关钥者也”[③]，而“《大学》本非孔门之遗书”，“《中庸》之书，《论语》之衍义也”。[④] 关于《论语》和《孟子》的“血脉”与“意味”的关系，伊藤仁斋认为：“读《孟子》者，当先知血脉，而意味自在其中矣。读《论语》者，当先知其意味，而血脉自在其中矣。”[⑤] 因此，在伊藤仁斋古义学中，需要从“血脉”中把握《孟子》中的“意味”，而“意味”是指《论语》的旨趣。加之“《论语》为最上至极宇宙第一书”，“《孟子》之书为学者启孔门之关钥者也”。于是，《孟子》是理解《论语》旨趣的关键。究其原因，“又曰欲学孔孟之道者，当知二者之所同，又知其所异也，则于孔孟之本指自了然矣。盖天下所尊者二，曰道，曰教，道者何，仁义是也。教者何，学问是也。《论语》专言教而道在其中矣，《孟子》专言道而教在其中矣”[⑥]。在伊藤仁斋看来，《孟子》主要论述的是《论语》中的“仁义”之说，这也正是二者“血脉”之所在，“血脉者，谓圣贤道统之旨，若

① 伊藤仁斎：《中庸発揮》，京都：文泉堂，1714年，第2—3頁。
② 伊藤仁斎：《論語古義》，京都：文泉堂，1712年，第4頁。
③ 伊藤仁斎：《孟子古義》，京都：文泉堂，1720年，第4頁。
④ 伊藤仁斎：《中庸発揮》，第1—2頁。
⑤ 関儀一郎編：《日本儒林叢書》第六冊《語孟字義》卷之下，第59頁。
⑥ 伊藤仁斎：《論語古義》，第6頁。

《孟子》所谓仁义之说是也”[1]。

换句话说，伊藤仁斋对朱子学的“四书”体系进行了彻底变革，从“血脉”的层面，他仅仅将孔子和孟子作为“道统”的延续；从“意味”的层面，《论语》和《孟子》保持了二者一以贯之的连续性。从伊藤仁斋的论述来看，他以“血脉”否定《大学》在“四书”体系中与《中庸》《论语》《孟子》平等的地位，以寓于“血脉”内的“仁义”确立了《论语》和《孟子》的权威性。于是，在伊藤仁斋古义学的思维框架下，《论语》《孟子》的“血脉”与“意味”成为其内在理路。

在伊藤仁斋古义学的内在理路中，《孟子》对于继承《论语》“意味”、延续“血脉”有着重要意义。“至于《孟子》，谆谆然，指其向方，示其标的，使学者知源委之所穷，故性命、道德、仁义、礼智等说，皆当以《孟子》之言，为之脚注而解其意”[2]。由于《孟子》在伊藤仁斋古义学中具有理解《论语》的指向性，对于道德认知具有指导意义，是对仁义礼智等道德理念的诠释。所以，《孟子》在伊藤仁斋的思想中是以实践为标的，是对《论语》中的“仁义”旨趣的深化。也正是如此，在伊藤仁斋看来，《孟子》在礼乐崩坏的时代里，犹如暗夜行路中的明灯般直指前行的道路。

在伊藤仁斋的古义学中，《论语》阐述“仁义”旨趣之“意味”，而《孟子》继承“意味”延续“血脉”，于是《论语》《孟子》的“血脉”与“意味”也成为古义学形成的内在理路。其中，《孟子》在其内在理论中意义重大，体现了伊藤仁斋古义学的研究方法及特质。

① 関儀一郎編：《日本儒林叢書》第六冊《語孟字義》卷之下，第59頁。
② 伊藤仁斎：《孟子古義》，第4頁。

三、伊藤仁斋对《孟子》的诠释

在古义学形成过程中，由于吴廷翰思想的影响，伊藤仁斋强调孟子“性善”与孔子“性相近”一样实乃气质之性。这一点充分体现在《孟子》继承《论语》之“意味”以延续“血脉”的内在理路上。因此，无论是外在因素，还是内在理路，伊藤仁斋对《孟子》的诠释是探讨其思想研究方式及特质的关键。

在《孟子》的诠释中，伊藤仁斋首先从“性善”问题对朱子学进行了变革。《朱子语类》对“性善”有如下论述：

> 问：孟子言性善，伊川谓是极本穷原之性；孔子言性相近，伊川谓是气质之性；固已晓然。《中庸》所谓天命之谓性，不知是极本穷原之性，是气质之性？曰：性也只是一般。天之所命，何尝有异？正缘气质不同，便有不相似处，故孔子谓之相近。孟子恐人谓性元来不相似，遂于气质内挑出天之所命者说与人，道性无有不善，即子思所谓天命之谓性也。①

这段论述是朱熹借程颐之言孟子“性善”为本然之性（天命之性）、孔子“性相近”为气质之性以论《中庸》。朱熹认为性皆出自本然之性，但由于气质之性的不同，便造成性有不同，所以孔子强调气质之性；孟子则主张性善，专讲本然之性。

对此，伊藤仁斋指出：“性生也。人其所生而无加损者也。……而孟子又谓之善者，盖以人之生质虽有万不同，然其善善恶恶，则无古今无圣愚一也，非离气质而言之也。”② 在他看来，人性是天然而生、无有损益之质性，对于每个个体而言，无

---

① 黎靖德编：《朱子语类》第4卷，第69页。

② 関儀一郎編：《日本儒林叢書》第六冊《語孟字義》卷之上，第35頁。

论贤愚不肖，人性皆不相同。较之“孟子道性善，言必称尧舜”[①]，伊藤仁斋所论述的“性”则是善恶各不相同的多元化诠释。针对朱子学的孔子“性相近”言气质之性、孟子“性善”言本然之性的观点，伊藤仁斋论述说：

> 孔子曰，性相近，习相远也。此万世论性之根本准则也，而孟子宗孔子而愿学之。其旨岂有二也乎哉。孟子固言，物之不齐物之情也，可知其所谓性善也者，即述孔子之言者也。然后儒以孔子之言为论气质之性，孟子之言为论本然之性，信如其言，则是非孔子不知有本然之性，孟子不知有气质之性者乎。非惟使一性而有二名，且使孔孟同一血脉之学，殆若泾渭之相合，薰犹之相混，而一清一浊，不可适从。其言支离决裂，殆不相入若此。夫天下之性，参差不齐，刚柔相错，所谓性相近是也，而孟子以为仁之气禀虽刚柔不同，然其趋于善则一也，犹水虽有清浊甘苦之殊，然其就下则一也，盖就相近之中而举其善而示之也，非离乎气质而言。[②]

在伊藤仁斋看来，程、朱二人将孔子之说归为气质之性、孟子之说论为天命之性本身就是一个悖论。他认为孔孟“血脉”一系，其主旨不可能有二，孟子“物之不齐，物之情”正是对孔子论“性相近”所指人性不同之说的解释；人性“气禀”于“仁”趋而为“善”，孟子就“性相近”而举“善”，既论及人性之不同，又指明孟子所论“性善”并没有脱离气质之性。换句话说，伊藤仁斋既承认人性各不相同，又以“趋于善”解释孟子“性善”。接着，伊藤仁斋又说：

> 或曰，孟子性善之旨，皆就气质而论，其旨明矣。犹亦

---

① 杨伯峻：《孟子译注》，北京：中华书局，2014年，第102页。

② 関儀一郎编：《日本儒林叢書》第八冊《語孟字義》卷之上，第34頁。

有证左乎，曰，孟子尝曰，犬之性犹牛之性，牛之性犹人之性也。又曰，如使口之于味也，其性与人殊，若犬马之与我不同类也，则天下何嗜皆从易牙之于味也，可见孟子性善之说，本就气质论之，而非离乎气质而言之也。其他若曰动心忍性，曰形色天性也，曰口之于味也，目之于色也，耳之于声也，鼻之于臭也，四肢于安佚也，性也，皆以气质言之，则其不可离乎气质而论之，益分晓矣。而孟子之说，必归于一而止，不可二三，若论气质之性，则性善之说不行矣，既立性善之说，则又不可杂气质之说也。[①]

易牙是春秋时期一位擅烹饪之人。伊藤仁斋通过对“犬牛人之性”与“易牙之味”的分析进一步论述了孟子谓“性善”乃就气质之性而论的观点。孟子说“犬牛人之性”是在讲“性”各有不同，后又说天下之人皆从“易牙之味”是解释“性”趋同于“善”，故此，得出孟子谓“性善”皆就气质之性而言，不可离乎气质之性之论。最后，伊藤仁斋将论述重点直指程、朱二人的本然、气质之性论，他认为孟子“性善论”既然是就气质之性而论，其论必然归于“气质”而止，只此一元，不可有二、三杂陈其间。这样一来伊藤仁斋对孟子“性善论”的解释就与他的“气一元论”联系起来了。

如前所述，伊藤仁斋的“气一元论”认为：“盖天地之间，一元气而已矣，或为阴或为阳，两者只管盈虚消长、往来感应于两间，未尝止息。”[②] 在他对孟子“性善论”的诠释中，“气一元”与“性善”之间是一种互为表里的关系，“气一元”决定在讨论“性善”问题时必须就气质之性而论，而非程朱理学中本然之性与气质之性的二元论。因此，孟子就气质之性论“性善”才能与

① 関儀一郎編：《日本儒林叢書》第六冊《語孟字義》卷之上，第35—36頁。

② 関儀一郎編：《日本儒林叢書》第六冊《語孟字義》卷之上，第2頁。

孔子“性相近”之说一脉相承。伊藤仁斋以“气一元”来诠释《孟子》“性善”乃就气质之性而论，不仅确立了古义学的基本思维方式，更变革了程朱理学以本然之性和气质之性的二元论思考“性善”问题的范式。

除了“性善”，伊藤仁斋对《孟子》的诠释还体现在“王道”问题。对此，伊藤仁斋主要论述了对“王霸”的理解。在《语孟字义》中，他以《孟子》“王霸之辨”为线索诠释说：“孟子曰，以力假仁者霸，以德行仁者王，以力服人者非心服也，力不赡也，以德服人者中心悦而诚服也。此王霸之辨也。……王者以德为本而未尝无法，然法者其所以敷德，而非其所恃也，霸者以法为本，而假德以行之，然而不能实有其德焉。”[①] 在伊藤仁斋对“王霸”的诠释中，“德”是衡量王道、霸道的标准，它不是指君主的抽象的品德，而是侧重于具体的行为。在他看来，王道是以“德”为主，以“法”为辅的君主行为，霸道以“德”的名义行“法”之实，更有甚者专任“法术”“刑名”。关于王道的关键，伊藤仁斋认为在于治民的方式，他说：“盖王者之治民也，以子养之，霸者之治民也，以民治之。以子养之，故民亦视上如父母，以民治之，故民亦视上如法吏。如重将，虽奔走服役，从其命之不暇，然实非心服，有祸则避，临难则逃，不与君同患难。”[②] 在伊藤仁斋看来，王道治民在于“养”，霸道治民在于“治”，“养”则君视民如子女，民视君如父母；“治”则君视民如国民，民视君如法吏。在伊藤仁斋的“王霸”诠释中，“养”实际上就是要施行仁政，其根本有二，一是“盖乐民之乐者，民亦乐其乐，故王道以此为始也”，二是“王道以制民之产为要”。[③]

① 関儀一郎編：《日本儒林叢書》第六冊《語孟字義》卷之下，第64—65頁。
② 関儀一郎編：《日本儒林叢書》第六冊《語孟字義》卷之下，第64—65頁。
③ 伊藤仁斎：《孟子古義》，第6—7頁。

所以，在伊藤仁斋看来，君主只有通过“乐民之乐”“制民之产”的“养民”政治才能成为王者。

在《孟子》中，汤、武是王者的代表，但却因为他们“放伐”式的革命行为而饱受争议。关于“汤武放伐”，伊藤仁斋诠释说：

> 如汤武放伐可谓之道，不可谓之权，何哉？权者一人之所能，而非天下之公共也，道者天下之公共，而非一人之私情。故为天下除残，谓之仁，为天下去贼，谓之义，当时藉令汤武不放伐桀纣，而其恶未悛焉，则必又有若汤武者诛之，不在上则必在下，一人不能之，则必天下能之。[①]

伊藤仁斋分别诠释了“权”和“道”的意思，“权”是个人之所能，一人之私欲，“道”是天下之公共，万民之大义。因此，“汤武放伐”是为天下“除残”“去贼”的仁义之举，它本质是“道”而不是“权”。不过，革命式“放伐”的王道并不是伊藤仁斋论述的重点，因为在他看来，“王”除了政治上的王者之外，还有道德上的王者。他认为：“先儒疑孟子者，以劝诸侯王为非，殊不知孟子所谓王者，本以德称之，而不必以居天子位为王也。”[②] 因此，伊藤仁斋实际上对于革命式“放伐”是有保留的。他指出：“齐梁之君，苟能行仁政，而得天下之心焉，则虽为诸侯，皆可以称为王者也。”[③] 于是，伊藤仁斋总结说：“夫天下非一汤武也，向使桀纣自悛其恶，则汤武不必征诛。若其恶如故，则天下皆为汤武。不在彼则在此，不在此必在彼。纵令彼能南巢牧野之前，得杀汤武，然不改其恶，则天下必复有如汤武者，出而诛之。虽十杀百戮，而卒无益。故汤武之放伐，天下放伐之

---

① 関儀一郎编：《日本儒林叢書》第六冊《語孟字義》卷之下，第61頁。

② 伊藤仁斎：《孟子古義》，第7—8頁。

③ 伊藤仁斎：《孟子古義》，第8頁。

也，非汤武放伐之也，天下之公共，而人心之所同然。”[①] 所以，在伊藤仁斋对“汤武放伐”的诠释中，“王道”虽然可以是施行仁政的道德王者，但是作为君主必须要“为天下之公共”，服膺民心，否则就算是革命式“放伐”也属于“王道”。

在“性善”的诠释中，伊藤仁斋持“气一元论”，认为孔子“性相近”、孟子“性善”皆为气质之性；在“王道”的诠释中，他以《论语》中的仁政为中心强调了王者的道德性行为，同时，又有保留地肯定了《孟子》中的革命式的“放伐”思想。所以，从“性善”与“王道”两个方面来看，伊藤仁斋对《孟子》的诠释是在《论语》旨趣基础上，采取与《孟子》相互论证的研究方法，从义理层面探求儒学经典的古义。而古义学的思想特质体现在伊藤仁斋在重新建构以《论语》《孟子》为中心的诠释体系的同时，还对朱子学的范式进行了变革。

四、伊藤仁斋古义学在东亚儒学复古思潮中的影响

从17世纪东亚儒学的发展趋势来看，中日韩的儒学者们在过去公认的学术范式面前都面临着变革学术话语的重要课题，他们提倡客观实证的研究方法，意图恢复经典原貌，重新建构儒家经典诠释体系。比如关于《孟子》的诠释，中国有黄宗羲的《孟子师说》、戴震的《孟子字义疏证》；日本有山鹿素行的《孟子句读大全》、伊藤仁斋的《孟子古义》、荻生徂徕的《孟子识》；韩国有丁若镛的《孟子要义》。于是，在东亚儒学史上形成了重新诠释儒家经典的复古思潮。

在日本儒学中，山鹿素行的圣学、伊藤仁斋的古义学、荻生

---

① 伊藤仁斎：《孟子古義》，第35頁。

徂徕的古文辞学合称古学派。其中，在研究方法及思想特质方面，荻生徂徕的古文辞学颇受伊藤仁斋古义学的影响，他不仅通过六经、《论语》中的“古文辞”探求儒学经典的古义，还继续对朱子学范式进行变革。当然，这是从日本儒学的视域来审视伊藤仁斋古义学的影响。但当这一视域逐渐从日本儒学过渡到东亚儒学时，伊藤仁斋古义学的影响就涵盖了两个层面的意义：东亚儒学复古思潮中学术思想的联动性与学术话语的优先性。

在学术思想的联动性方面，虽然目前学界尚无证据证明伊藤仁斋的著作已经在清代中叶传入中国，但是清代朴学大师俞樾的《东瀛诗记》中已记载对伊藤仁斋学术思想的评价。

> 伊藤维桢，字原左，号仁斋，私谥古学，平安人，著有《古学先生诗文集》八卷。仁斋著《论孟古义》《中庸发挥》等书，专治汉魏传注，时人谓之古学。盖东国之人之治汉学，仁斋始之，而物茂卿成之也。溯仁斋生于宽永四年，为明熹宗天启六年。其著《论孟古义》等书在宽文之初，在我朝则康熙初也。顾亭林、毛西河诸先生之书未出，中华讲古学者犹鲜。而东国已开此风，亦非偶然矣。[①]

由此可见，清代晚期考据学界对伊藤仁斋的古义学已经有所认识。从俞樾的评价来看，清代考据学者对伊藤仁斋古义学在批判朱子学方面进行的学术变革是持肯定态度的。此外，嘉庆年间荻生徂徕的《论语征》《大学解》《中庸解》传入中国，引发清代学术界很大反响，吴英、狄子奇、李慈铭等清人的著作中都曾引用过荻生徂徕的《论语征》。[②] 之后，荻生徂徕弟子山鼎昆仑的《七经孟子考文》也传入中国，阮元《十三经注疏校勘记》多引

---

① 俞樾：《东瀛诗记》卷一，北京：中华书局，2016年，第7—8页。

② 黄心川：《中国与东方周边国家哲学的双向交流及其影响》，《中国社会科学院研究生院学报》，1999年第4期，第29—35页。

其注释，后又为《四库全书》所收录。

但是，伊藤仁斋古义学在东亚复古思潮中的联动性引发的另一层面的问题就是学术话语的优先性。对此，伊藤仁斋与戴震的《孟子》诠释公案最具代表性。关于这桩公案，余英时从“理”“道”“性”三个方面探讨了伊藤仁斋与戴震的思想类似的偶然性。[①] 基于此，可通过比较伊藤仁斋与戴震转向复古思想的研究方法，以进一步佐证二者学术思想的差异。

如前所述，伊藤仁斋是从朱子学转向复古思想，从而创立古义学的。对此，黄俊杰认为伊藤仁斋及其他古学派儒学者重新诠释孔孟、驳斥宋儒的方法是训诂学。在《语孟字义》中伊藤仁斋也多次使用“训”字来说明字义。[②] 例如：

> 德字，及仁义礼智等字，古注疏皆无明训，盖非不能训之，以本不可训也，何者，学者之所常识，而非字训之所能尽也。德，德者得也之训，固非正训也。义训宜，汉儒以来，因袭其说。德，得也，诚成也，但取其音同者，发明其义耳，非直训也。[③]

在《语孟字义》中“训”多为解释之义，但在日语中“字训”是指汉字的训读，“正训”是指确切读法。可见“训”含有训读的意思。对于“正训”，吴震将其解释为对文字“意味”的确切训释，但涉及伊藤仁斋的研究方法，他却只将其归结为“血脉意味论的解经方法”。[④] 较之于黄俊杰所言训诂学，吴震的解释比较慎重。因此，可将伊藤仁斋古义学的研究方法归纳为：在《论语》旨趣基础上，与《孟子》相互论证，从义理层面探求儒

① 余英时：《论戴震与章学诚——清代中期学术思想史研究》，第229—232页。

② 黄俊杰：《东亚儒学史的新视野》，上海：华东师范大学出版社，2008年，第120页。

③ 関儀一郎編：《日本儒林叢書》第六册《語孟字義》卷之上，第21—29頁。

④ 吴震：《东亚儒学问题新探》，北京：北京大学出版社，2018年，第174页。

学经典古义的研究方法。

与伊藤仁斋古义学的创始人身份不同，戴震是清代著名的考据学者，参与过《四库全书》的编修。对于他撰写的《孟子字义疏证》，本杰明·艾尔曼（Benjamin A. Elman）认为戴震的哲学著作显示出小学蕴含的理论冲击力。[①] 在《孟子字义疏证》中，除了对“理”“天道”“性”“才”“道”“仁义礼智”“诚”“权”的解释外，还注有“理、缕，语之转声”，“许叔重《说文解字》序曰：知分理之可相别异也”等。[②] 由此可见，戴震对《孟子》诠释的过程中充分运用了其考据学中文字、训诂、声韵等学术知识，因此，《孟子字义疏证》所运用的是考据学的研究方法。

从伊藤仁斋与戴震的研究方法来看，在转向复古思想之前，二人的学术素养及知识结构有着明显的差异，这造成他们的研究方法也有着根本性的区别。虽然伊藤仁斋也强调恢复经典原貌，但他的研究方法跟中国传统的训诂学还是有所不同；而戴震在对《孟子》的诠释中则充分地显示出其考据学的研究方法。所以，就研究方法而言，伊藤仁斋的古义学明显在东亚儒学复古思潮中占据了学术发明的优先权。

不过，东亚儒学本身既是一个空间的概念，也是一个时间的概念，[③] 它在东亚各国对儒学思想的接受、批判与再诠释中动态发展。[④] 从这一视野展开对复古思想学术优先权的思考，就会发

---

① 艾尔曼著，赵刚译：《从理学到朴学：中华帝国晚期思想与社会变化面面观》，南京：江苏人民出版社，2018年，第12页。

② 戴震：《孟子字义疏证》，北京：中华书局，2018年，第1页。

③ 黄俊杰：《东亚儒学：经典与诠释的辩证》，台湾大学出版中心，2008年，第1—2页。

④ 张晓明、庞娜：《东亚儒学视域下〈孟子〉在日本的传播：接受、批判与再阐释》，《大连理工大学学报》（社会科学版），2020年第1期，第122—128页。

现伊藤仁斋古义学形成的外部因素本就受吴廷翰思想的冲击。因此，所谓的学术优先权也仅仅是一个相对的、阶段性的问题，并不构成对东亚儒学复古思潮联动性的阻碍。于是，可以说在东亚儒学复古思潮的联动性中才能明确伊藤仁斋古义学的影响。

第八章　荻生徂徕与朱子学

——试论“圣人”与“天”的内在逻辑

一、引言

荻生徂徕（1666—1728年）是近世日本古学派的代表人物，其思想被战后日本著名的政治思想学家丸山真男重新解读后，被赋予了“近代化”的意义。此后，徂徕研究变得异常活跃，但是位于其思想顶端的“圣人”“天”等概念及其间的关联依然未被以往研究重视。在荻生徂徕的思想体系中，“圣人”处于核心地位，是内在于人类世界并赋予其价值的终极存在。丸山真男认为“在自然秩序思想转换过程中，很明显，在彼方，神所从事的任务，在此处，无疑则是徂徕学中的圣人所扮演的角色”①。换言之，丸山真男的“圣人”作为价值的终极存在是依靠其自由意志恣意地赋予秩序。然而，荻生徂徕眼中的终极价值是否仅止步于“圣人”而不再向上追溯了呢？事实上他在“圣人”之上还设立了一个“天”的存在。“圣人”的作为始终受到“天”的制约，其作为也必然要立于“法天”的基础上。关于这一点，现今已经

① 丸山真男著，王中江译：《日本政治思想史研究》，北京：生活·读书·新知三联书店，2000年版，第193页。

成为定说。[①]“圣人之道，人道也，而以天为则。以天为则，亦人之道也”[②]。“道之大原出于天。古先圣王法天以立道”[③]。如此一来，“圣人”要“法天而立道”，作为其前提条件必然要了解“天”，即“知天”。荻生徂徕明言道：“古之天子，有聪明睿智之德，通天地之道。”[④]

另一方面，荻生徂徕又说“夫天也者不可知者也”，为“天”又裹上了浓厚的“不可知”色彩。[⑤]因此，不得不说徂徕陷入了一种理论矛盾之中。关于此点，以往的研究者并未发觉其间的矛盾，而是对其进行分别研究，并且研究重点大都倾向于后者。最初站在此立场提倡“天不可知”的是丸山真男，他说：“天不是‘知’的对象，而是敬的对象。”[⑥]。与丸山真男相同，小岛康敬也指出：“徂徕的‘天’其自身绝非人类的认识对象，是完全不可知的。其原因在于天和人各自的原理全然不同。但是对于人来说，天并非完全封闭的体系。‘天’其本身是不可知的，但是作为通天的另一通路，‘天’降下的‘命’是可知的。”[⑦]由此看来，小岛康敬虽然沿袭丸山真男学说，但是明显地区别了“天”和“天命”，“天”本身虽不可知，但是“天命”是能被认知的，并且小岛康敬进一步追寻“天”不可知的原因，进而将“天”理解

---

① 源了圓：《徂徠・春台における天の観念と鬼神観》，《神観念の比較文化論的研究》，東京：講談社，1981年，第361—417頁。小島康敬：《徂徠学と反徂徠》，東京：ぺりかん社，1994年，第13頁。

② 荻生徂徕：《萱园随筆》，西田太一郎編：《荻生徂徕全集》第十七卷，东京：みすず書房，1976年，第157頁。

③ 荻生徂徕：《弁名》，吉川幸次郎編：《日本思想大系・荻生徂徠》，东京：岩波書店，1973年，第251頁。

④ 荻生徂徕：《弁名》，吉川幸次郎編：《日本思想大系・荻生徂徠》，第216頁。

⑤ 荻生徂徕：《弁名》，吉川幸次郎編：《日本思想大系・荻生徂徠》，第236頁。

⑥ 丸山真男著，王中江译：《日本政治思想史研究》，第52页。

⑦ 小島康敬：《徂徠学と反徂徠》，第16頁。

为“形而上的真理”。[①] 此立论是否完全符合荻生徂徕的原意，在后面的论述过程中将逐渐清晰明了。

对小岛康敬上述论点表示赞赏，并展开进一步论述的平石直昭也明确主张“天”的不可知性。[②] 但是，他一方面提倡“天不可知”，另一方面却将“鬼神”中的“神”理解为“天神地祇＝自然神”，并将“神”与“天”同质化，另外认为“归天之鬼”和“神”（自然神灵）已无差别。[③] 如此一来，圣人深知“鬼神之情状”，自然等同于“知天”。平石直昭之所以会陷入如此矛盾，是因为他并未清晰地意识到上述“通天地之道”与“天不可知”之间的正确关联。此外，田原嗣郎区分了“天命”和“天意”（天），认为天命为君子所知，但是天意甚至对圣人也关闭了其通路，因此由圣人所制作用于传达天意的卜筮也仅仅沦为一种“政治表演”。[④]

在此，有必要提及陈晓杰的相关研究。他将“天意”区分为“天意”本身和“天意所在”，“天意”本身为不可知的，但是“天意所在”却能被认识，巧妙地解决了“法天”和“天不可知”之间的矛盾。[⑤] 但是“天意”和“天意所在”是否具有异质性，“天意”是否真为不可把握的存在呢？对于此类观点笔者仍有疑虑。除此之外，黑住真、木村纯二、小畑进等也均持有“天不可知”看法。但是，在荻生徂徕那里，是否“天”真的不为人知呢？本章将深入分析以往被打上“不可知”记号的“天”“天意”等概念，明确其内涵并追寻其间的联系。此外内在于徂徕学中，

---

① 小島康敬：《徂徠学と反徂徠》，第 17 頁。

② 平石直昭：《徂徠学の再構成》，《思想》，1988 年，第 89 頁。

③ 平石直昭：《徂徠学の再構成》，第 95—98 頁。

④ 田原嗣郎：《徂徠学の世界》，東京：東京大学出版会，1991 年，第 112 頁。

⑤ 陈晓杰：《荻生徂徠の「天」—「天に法る」をめぐって》，《東方アジア研究》(19)，2015 年，第 99—122 頁。

“天”“天意”是否真为不可知？如果能被认知的话，那么其认知主体究竟是谁呢？为何荻生徂徕极力主张“天不可知”呢？其背后究竟隐藏着他的何种动机？对于这些问题，笔者将在以下的论述中逐一进行阐明。

二、天命与天意

如上所述，荻生徂徕的思想体系中，“天”作为绝对的价值根源位于徂徕学的顶层，也是“圣人制作”的终极根据所在。但是在荻生徂徕那里，“天”却意外地被蒙上了浓厚的“不可知”色彩。关于这一点，荻生徂徕在其主著《辨名》中这样说道：

> 夫天也者不可知者也。且圣人畏天，故止曰知命，曰知我者其天乎，而未尝言知天，敬之至也。[①]

由此可见，荻生徂徕的“天”甚至对于“圣人”也封闭了其通路，是超越了人类世界的彼岸存在。虽说如此，也并非完全不可知的。诚然，对于“天”自身的性质，人类的“智”是被完全排除在外，但是“天”所降下的“命”是可以被认知的。这里所说的“命”实际上有两种表现形态，分别为“命运”和“使命”，源了圆、小岛康敬等学者指出荻生徂徕思想中的“命”实乃偏向于后者。[②]

诚然，在荻生徂徕思想中，“命”乃含有“使命”的因素，但是也不能否认其依然拥有“命运”色彩。因为在荻生徂徕那里，“命”首先被定义为“性”，作为其依据，他引用了《中庸》开篇的“天命之谓性”并说道：“命者，谓天之命于我也。或以

---

① 荻生徂徠：《弁名》，吉川幸次郎編：《日本思想大系・荻生徂徠》，第236頁。

② 源了園：《徂徠・春台における天の観念と鬼神観》，《神観念の比較文化論的研究》，第378頁。小島康敬：《徂徠学と反徂徠》，第16頁。

有生之初言之，或以今日言之。《中庸》曰：‘天命之谓性。’是以有生之初言之者也。”[①] 如此一来，生而具有的“性”就成为“天命”的一个表现形式。加之，与朱子不同，荻生徂徕的“性”已经抖落了形而上的“天命之性”，成为了“生之质”，即朱子所说的“气质之性”，并且朱子的“变化气质”也被完全否定，“性”被蒙上了“不可变”的外衣。荻生徂徕在阐释“性不可变”时，说：“性者，生之质也。宋儒所谓气质者是也。……人之性万品。刚柔轻重，迟疾动静，不可得而变。”[②] 另外在《徂徕先生答问书》中以“米”“豆”为喻说道：“气质乃上天所禀，由父母所生。变化气质乃宋儒之妄说，责人以无理之事，实乃无理之至。气质乃无可变化之物，米终究为米，豆终究为豆。”[③] 职是之故，作为“性”之表现的“天命”毋庸置疑也必然具有“先天性”。关于这一点，荻生徂徕在《学则》中明言道：“故命也者，不可如之何者也。”[④] “命”是由“天”所决定，具有人力所无法改变的“命运”特色，到此我们终于能理解为何丸山真男赋予徂徕学“悲观主义”色彩了。[⑤]

但是，人类是否在此“命运”面前就毫无作为而终归徒劳呢？荻生徂徕绝非如此认为。作为“天命”的“性”虽然无法发生“米成豆，豆成米”的本质变化，但是“量变”并非被否定。在保持“性”不变的前提下对其进行滋养，并成“德”于己，成为对“安天下”有用之“材”。徂徕认为这就是一种“胜天”的

---

① 荻生徂徠：《弁名》，吉川幸次郎編：《日本思想大系・荻生徂徠》，第236頁。

② 荻生徂徠：《弁名》，吉川幸次郎編：《日本思想大系・荻生徂徠》，第240頁。

③ 荻生徂徠：《徂徠先生答問書》，井上哲次郎等編：《日本倫理彙編》卷十，東京：育成会，1903年，第175頁。

④ 荻生徂徠：《学則》，吉川幸次郎編：《日本思想大系・荻生徂徠》，东京：岩波書店，1973年，第258頁。

⑤ 丸山真男著，王中江译：《日本政治思想史研究》，第57页。

行为：“大哉习乎。人之胜天者是已。”[1] 并且，“材”在具体的政治行为中必然担负着某一职能，荻生徂徕将这种职能称为“天职”：“故学而得其性所近，亦犹若是夫。达其财成器以共天职，古之道也。”[2] 虽然“性”被赋予了先天不变的特质，但是可以通过“习”来滋养它进而成“材”以供“天职”。前面已有所提及，荻生徂徕的“天命”实际上分为“有生之初的天命”和“今日之天命”，如《中庸》的“天命之谓性”所示，前者的具体呈现乃是“性”。那么，后者的“天命”在此就以“天职”的形态展现出来。因此，源了圆等学者将荻生徂徕的“天命”在“使命”层面上进行把握确实在某种程度上符合荻生徂徕本意。关于此点，荻生徂徕进一步说道：

> 命者道之本也。受天命为天子为公卿为士大夫。故其学其政莫非天职，苟知此则足以为君子。[3]

这里所说的“天命”与“有生之初的天命”（“性”）不同，而是代表“天职”，即在“安天下”的政治活动中所承担的职责。正如“椎凿刀锯”在建造房屋中各自承担其相应的“职责”（作用）一样，赋予每个人的“天职”也必然与其“材”（“器”）一致。换言之，什么样的“材”（“器”）决定什么样的“天职”。

另一方面，一个人能够成为何种“材”（“器”），即在政治活动中承担何种“天职”实际上取决于“性”。“有生之初的天命”与“今日之天命”并非毫无关系地独自发挥作用，它们之间存在着密切的联系。“今日之天命”（在“安天下”之中作为“材

① 荻生徂徕：《萱园随筆》，西田太一郎編：《荻生徂徠全集》第十七卷，第170頁。

② 荻生徂徕：《学则》，吉川幸次郎编：《日本思想大系·荻生徂徕》，东京：岩波書店，1973年，第258頁。

③ 荻生徂徕：《論語徵》，小川環樹編：《東洋文庫576》，東京：平凡社，1994年，第359頁。

器”所赋予的职能）是在“有生之初的天命”（“性”）的基础上涵养而成的。也就是说“性”乃是“天职”的基础。“盖成天命者（天职，笔者注）。各以其性殊”[①]。然而，荻生徂徕的“性”乃是生来具有的性质，从一开始就被赋予了“不变性”，如此一来，以“性”为基础的“天职”依然具有“命运”的底色。在此，“天命”（“性”）—“德”（“材”）—“天命”（“天职”）这一发展过程就一目了然了。在荻生徂徕思想中，“天命”（“天职”）是为了实现“安天下”而赋予每个人的职责。值得注意的是，此处所说的“安天下”的主体并不仅仅限定于统治阶级（“君子”），而是需要包括“民”在内的所有人。因为在荻生徂徕那里，“安天下”不仅指“狭义的治道”（实践者为统治阶级的“君子”），还包括需要全体社会成员共同参与的“广义的政治”。借用渡边浩先生的话，“在浓缩了其政治理论的正式著作《辨道》中，徂徕反复强调‘先王之道乃是安天下之道’。但是，一次也没有说‘安民之道’。他并不考虑政治体制的存在目的，而是以安定存续自身为目的，道乃作为其手段。这样的话，体制中的万人都作为实现其目的的协作者”[②]。

在“天命＝天职”的问题上，以往研究大都表示赞同。另一方面，由于没有正确理解徂徕学中“政治”所具有的双重含义，因此论及“天职”的实践主体时，多将其仅限定于统治阶级——“君子”。[③] 对于这一点，笔者实难苟同。“君子”以外的人是否就与“天命”无缘呢？事实绝非如此。正如《中庸》的“天命之谓

---

① 荻生徂徕：《萱园十筆》，西田太一郎編：《荻生徂徕全集》第十七卷，东京：みすず書房，1976年，第529頁。

② 渡辺浩：《近世日本社会と宋学》，第154—155頁。但是，徂徕既说“安天下之道”又提及“安民之道”，因此渡边学说在论据上略欠妥当。

③ 源了圆：《徂徠・春台における天の観念と鬼神観》，《神観念の比較文化論的研究》，第375頁。

性”所示，在荻生徂徕那里“天命”首先以“性”呈现出来。因此，难以想象“君子”以外的“小人”（“民”）并不拥有“性”。相反，世上每个人都先天具有“性”，并且与其“性”相应的“职责”（“天命”）也同时被赋予。关于这一点，在《徂徕先生答问书》中，荻生徂徕这样说道：

农耕田，养世界之人。工作家器，供世界之人使用。商通有无，助世界之人。士治之而使其不乱。虽各自足其役，但相互帮助，缺一而国土不立。人乃群居之物，不可相互分离，满世界之人尽为助人君成民之父母之役人也。①

由上述引文可知，“君子”以外的农工商对于“安天下”并非毫无作为，他们和“君子”一样，都是帮助人君成为“民之父母”的“役人”，同样被赋予相应的职责（“天命”）。但是，以往研究却仅仅将“天命”归属于“君子”，笔者认为其原因可能在于对《论语·尧曰》中的“不知命，无以为君子”存在误解。诚然，“知命”乃是“君子”所必备的条件，但是并不意味“命”仅仅归属于“君子”。在此必须注意的是“知”这一因素，换句话说，无论“君子”还是“小人”均由上天赋予其“职责”（“天命”），但不同的是“君子”在“知”这一层面上要优于“小人”，故能“知命”。与之相反，“小人”不具备“知”这一能力，对于赋予自身的“天命”则毫无自觉。

实际上，“小人”的“无知”不仅体现在“天命”上，对于“道”也一样。关于这一点，平石直昭批判以往研究将“道”仅仅归属于“君子”而忽略“小人”的主体性。他认为“道”具有普遍性，虽然“先王之道”也可称为“君子之道”，但是并非代表“道”仅仅归“君子”所有。其间的区别在于“君子”参与

① 荻生徂徠：《徂徠先生答問書》，井上哲次郎等編：《日本倫理彙編》卷十，第150页。

"道"的方式是积极且自发的，而"小人"却仅仅是消极的顺从而已。[1] 笔者认为类似的情况也同样适用于"天命"的认知上，换言之，"天命"实际上毫无偏爱地赋予"君子"和"小人"，但是在"知"的层面上，他们之间存在着差异。

如此一来，"小人"不具自觉性，那么如何使他们致力于自身的"天命"呢？我们无法想象在"知"的层面上劣于"君子"的"小人"能自发遵从于自身的"天命"，这样一来，除了由"某人"来告知他们外，别无他法。但是，光靠"言语"不足以说服他们，因为在荻生徂徕那里，"言语"的说服力是极其有限的。他在《辩道》中这样说：

> 盖先王之教以物不以理。教以物者，必有事事焉；教以理者，言语详焉。物者众理所聚也，而必从事焉者久之。乃心实知之，何假言也。言所尽者，仅仅乎理之一端耳。[2]

对于荻生徂徕来说，以往朱子和伊藤仁斋专靠"言语"来说服他人的方法是毫无功效的，因为"言语"仅能说明"理之一端"，缺乏全面性。在此，荻生徂徕的"物的规范"就毫不留情地替代"理的规范"而登场。[3] 那么，使"小人"能自觉其"天命"的"物"究竟是什么？我们先对荻生徂徕的"卜筮"稍作说明。

> 卜筮之道，本在使人能勤其事不怠也。凡天下之事，人力居其半，而天意居其半焉。人力之所能，人能知之，而天意所在则不能知之，不知则疑，疑则怠而不勤，怠而不勤则

---

① 平石直昭著，蓝弘岳译：《战中、战后徂徕论批判：以初期丸山、吉川两学说的检讨为中心》，张宝三、徐兴庆合编：《德川时代日本儒学史论集》，上海：华东师范大学出版社，2008 年，第 84 页。

② 荻生徂徠：《弁道》，吉川幸次郎编：《日本思想大系·荻生徂徠》，第 205 頁。

③ 中村春树：《徂徠における「物」について》，《待兼山论丛·日本学篇》(15)，1981 年，第 1—24 頁。

并其人力不用之，事之所坏也。故圣人作卜筮。以稽其疑，藉是而人得知夫天意所在，亹亹为之不已。事之所成也。①

至于其人智人力不及之处，则君子知天命而不动心，勤于己所当为之道，自然得天地鬼神之助。愚人则智所不见，乃生疑，不专不励，则力弱，其事坏而不成也。②

上述两段引文实乃传达了相同的主旨：“民”不知道“天意”，也就是不知道自己该“勤于何事”，则“疑”“怠”“不勤”，最后“事坏”。因此，“圣人”为了使人知道“天意”之所在而制作了“卜筮”。荻生徂徕认为与“君子知天命”不同，“愚人（即‘小人’，笔者注）则智所不见”。将此两句话对照一看，便知道后者的“智所不见”的对象乃是指“天命”。

“乃生疑不专不励，则力弱，其事坏而不成也”，换言之，“小人”在“知”上劣于“君子”，对于自身的“天命”，即为了实现“安天下”而赋予己身的职责毫无自觉，因此便“生疑不专不励”，导致“事坏”。关于此点，若仅在抽象概念层面上进行探讨，难免难以理解，故以下将以农民为例进行具体讨论。农民生来就具有“农性”，其职责即被赋予的“天命”便是“耕种”。但是，在当时的日本，随着货币经济的发展，社会管理松弛，农民对自己的“天职”毫无自觉性。正如荻生徂徕在《政谈》中所指出的那样，“总之由于百姓变得奢盛、厌农，从商者近来增多，乡下变得格外衰微”③。如此一来，农不农，工不工，也就是“民”不能自觉自身的“天命”，自然而然就“事坏而不成”。要实现天下安定，每个人都必须安于自身的“天命”，勤于己所当

---

① 荻生徂徠：《弁名》，吉川幸次郎編：《日本思想大系・荻生徂徠》，第 234 頁。

② 荻生徂徠：《徂徠先生答問書》，井上哲次郎等编：《日本倫理彙編》卷十，第 182 頁。

③ 荻生徂徠：《政談》，吉川幸次郎編：《日本思想大系・荻生徂徠》，第 302 頁。

为之事才行，因此圣人制作“卜筮”来告知其“天命”。

以上两段引文实属在同一脉络下的不同表达而已。换句话说，导致“事坏”的“不知天意”与“不知天命”乃是处于相同的语势下。这样一来，“天意”和“天命”在荻生徂徕文本中都指的是“己所当为”。这里必须指出的是，有学者将“天意”与“天意所在”区分开来，认为“天意”不可知，但是“天意所在”为人所知，实属牵强附会。① 以农民为例，农民的“己所当为”（“天意所在”）乃是“耕种”，同样，我们也可以说农民的“天意”在于“耕种”。因此，“天意”和“天意所在”并非两个完全不同的概念，其表达方式虽然不同，但内涵却完全一样。

综上所述，“天命”和“天意”同指上天所赋予的“职责”或“己所当为”。在这一点上，“君子”和“小人”之间毫无差别。其差异在于，“君子”能自发地认识，“小人”却必须依靠“圣人”来告知。因此将“天意”置于“圣人”的认知范围之外的看法土崩瓦解，“天意”褪去其形而上的色彩，与“天命”同质并内在于“圣人”的认知之内。

三、圣人与天

通过上节的考察，我们知道“天命”和“天意”在语言的表述上略有不同，它们的内涵却完全一致。加之，从“知”这一层面来看，“君子”不需要外界告知而自发地知道“天命”，与之相反，“小人”则必须由“圣人”来告知。这样一来，“圣人”知“天意”则毋庸置疑。如果进一步深入讨论“圣人”何以知“天意”，即每个人的“己所当为”这个问题时，答案是显而易见的。

① 陈晓杰：《荻生徂徠の「天」—「天に法る」をめぐって》，第 99—122 頁。

如前所述，因为每个人的“天命”都是以其“性”为根基涵养而成的，荻生徂徕又主张“圣人能尽人之性”[①]，因此“圣人”当然能通晓“天命（意）”。

但是，接下来的这段引文可能会一反之前所有的结论，并且可以看出以往研究之所以主张“天意不可知”，实源于此。兹引如下：

> 盖尧舜之所以不敢轻视其下者，为天意不可知故也。……孔子之不轻弃天下，亦天意之不可知也。故圣人之恭，敬天之至也。[②]

乍一看，上述引文显然明言尧舜、孔子均不知“天意”，这样一来，是否意味着荻生徂徕陷入了理论困境之中呢？并非如此。为了加以说明，我们有必要再一次回到“卜筮”之说。在《钤录》中，荻生徂徕言及“卜筮”时说道：“鬼神、占筮、灾祥是圣人之一术，使愚之道也。言使愚而并非欺骗愚人，愚民乃愚，故而对其说道理无法使其消除疑虑。讲道理只会一味增其疑虑。故圣人以鬼神、占筮、灾祥之术统一愚民之心，消除其疑。”[③] 由此可见，在徂徕那里，由于“言语”教化是极其苍白无力的，若直接告知“愚民”其“天意”反而会一味地增加其疑虑。因此，需要一种传达“天意”的“术”或者“道具”。如此一来，“鬼神”“卜筮”就担任这样的重任而被“圣人”所使用。换言之，“圣人”自身是知道“天意”的，但是却不能直接通过“言语”告知“愚民”，因此制作了“卜筮”“鬼神”等充满神秘色彩的“物”来示之。

---

① 荻生徂徠：《弁名》，吉川幸次郎編：《日本思想大系・荻生徂徠》，第 239 頁。

② 荻生徂徠：《弁名》，吉川幸次郎編：《日本思想大系・荻生徂徠》，第 228 頁。

③ 荻生徂徠：《鈐録》，今中寛司等編：《荻生徂徠全集》第六卷，東京：河出書房，1976 年，第 443 頁。

> 故古多假鬼神以行之，卜筮稽疑。《易》曰“开物成务”，务成于不疑也。[①]

上述引文实际上也传达了相同的意趣。即“愚民”对于赋予自身的“天意”（“务”）并不自觉，由此则产生疑惑而导致失败。“圣人”考虑到这一点，因此假借“鬼神”“卜筮”来告知“愚民”“天意”，使之不疑。这样一来，“卜筮”“鬼神”可以说是一种传达“天意”的道具，“圣人”通过它来将自己所知的“天意”告知“愚民”。“卜筮”“鬼神”虽然是“使民之术”，但是实际上“圣人”是知道“天意”，只是通过“卜筮”来转达，所以当然不是在“欺骗愚民”。矛盾的是，“天意”对于“圣人”也封闭了通道。如果说“圣人”的一切行为都只是一种“政治表演”的话，那必然是在“欺骗愚民”。关于此点，田原嗣郎说道：“通过卜筮是无法知道天意的。但是如果不假装在卜筮中通过鬼神之言来知道天意的话，就无法使民心一致。这是先王之一术。在此种场合，没有必要知道天意，只要有统一民心的效果就可以了。”[②]

如此一来，“卜筮”“鬼神”作为向“愚民”传达“天意”的道具，若想使“愚民”对其传达的“天意”深信不疑的话，其自身的地位必须绝对化。换句话说，“卜筮”“鬼神”的超越性，是使“民”得以信任“天意”的最稳固的权威。因此，如果“圣人”知“天意”这件事被愚民知道了的话，“卜筮”“鬼神”的权威性将随之消失而不能得到“使民”的效果。关于这一点，下面引文充分传达了荻生徂徕的本意。

> 圣人以此洗心，退藏于密，吉凶与民同患，是言卜筮者

① 荻生徂徠：《萱园十筆》，西田太一郎編：《荻生徂徠全集》第十七卷，第338頁。

② 田原嗣郎：《徂徠学の世界》，第112頁。

也。……夫圣人岂无嘉谋嘉猷？然洗其心退藏于密，乃顺之于外曰：“是鬼神之命也。”[①]

由引文可知，“圣人”虽有“嘉谋嘉猷”，但是为了得到安民的效果，所以“洗其心”，即不泄露自己所知的“天意”，而与民一样“顺之于外”。换言之，“圣人”将自己的“嘉谋”作为“鬼神之命”来告知于民。由此可见，“圣人”之“智”将“天意”包含于其中也是当然的理论归结。

但是，“圣人”之“智”的范围是否仅限于“天意”而止步不前呢？前面也有所论及。在荻生徂徕这里，“天”被定位在“圣人”之上，但是与朱子将“天”等同于“理”“太极”，并通过“居敬穷理”等修养功夫最终达到与“理”同一的“知天”不同，荻生徂徕的“天”是不可知的。但是，“天”当真是不可知的吗？若真如此，对于“不可知”的“天”，“圣人”如何能“法天”？

“天”为何物？以往研究大都主张荻生徂徕的“天”主要乃是人格・宗教性质的“天”。[②] 他们之所以会主张“天”的人格性，论据在于荻生徂徕在《辨名》中明确说道“天之有心，岂不彰彰著明乎哉？故《书》曰：‘惟天无亲，克敬惟亲。’又曰：‘天道福善祸淫。’”[③]。但是，此种理解是否完全忠实于荻生徂徕原意还有待商榷。首先关于“天心”，荻生徂徕在《政谈》中有所论及：

总之天地之道理，老旧之物次第消失，崭新之物继而出现，此乃道理之常。……圣人知此道理，为了世之长久而立

---

① 荻生徂徕：《弁名》，吉川幸次郎编：《日本思想大系・荻生徂徠》，第 239 頁。

② 源了圓：《徂徠・春台における天の観念と鬼神観》，《神観念の比較文化論的研究》，第 361—417 頁。小島康敬：《徂徠学と反徂徠》，第 17 頁。

③ 荻生徂徕：《弁名》，吉川幸次郎编：《日本思想大系・荻生徂徠》，第 235 頁。

赏罚之法。在下之人而有才智者，使其安身立命。在上之人无实子者，使其灭亡，作恶事者，使其灭亡，此皆顺应天心使之灭亡。①

如此看来，荻生徂徕的“天心”实际上并非带有人格性质的“天之心”，而指的是“老旧之物次第消失，崭新之物继而出现”这样的自然规律，即文中所云“天地之道理”。同样的道理也适用于“天道福善祸淫”的解释上。对此，荻生徂徕明言：“天道岂可以一言尽乎？然古以福善祸淫论天道，而不及其他者，教之道为尔。”② 由此可见，“福善祸淫”并不带有必然性，而是为了教化民众而使用的一种手段，并不意味着真实的“天心”。换言之，与前述“卜筮”“鬼神”一样，“天心”（“人格性的天”）乃是教化“愚民”之“术”，不是真实存在的。这样看来，在形而上学意义上把握荻生徂徕的“天”是毫无依据的。实际上，抽象意义的“天”并非单独存在，关于此点，他在《辨名》中这样说道：

殊不知子夏、孟子，皆以在彼者为天，以至于是者为命。其实则命是天之所命。天与命岂可歧乎？③

“天”始终是以“天命”的形式呈现，单纯的形而上的“天”在荻生徂徕那里是不被承认的。前述“卜筮”问题从侧面再次证明这一观点。荻生徂徕在解释“卜筮”为何能亘古不变的问题时说道：“大氐民之为事，疑沮于天之不可知者，人情为尔。故卜筮祷请，亘万古而不能废者，亦人情为尔④。”值得注意的是，为了向“愚民”传达“天命（意）”的“卜筮”在这里却是解决

① 荻生徂徠：《政談》，吉川幸次郎编：《日本思想大系・荻生徂徠》，第365—366頁。

② 荻生徂徠：《弁名》，吉川幸次郎编：《日本思想大系・荻生徂徠》，第236頁。

③ 荻生徂徠：《弁名》，吉川幸次郎编：《日本思想大系・荻生徂徠》，第236頁。

④ 荻生徂徠：《弁名》，吉川幸次郎编：《日本思想大系・荻生徂徠》，第239頁。

“天之不可知”的疑惑。若将这段引文与前述的“天意所在则不能知之，不知则疑”与“君子知天命而不动心……愚人则智所不见，乃生疑”加以比较很容易看出，在荻生徂徕思想里，“天”与“天命”（天意）实属同一概念。因此，知“天意”（天命）的“圣人”之“智”当然也覆盖“天”。

那么，荻生徂徕为何又要极力主张“天”的“不可知性”呢？关于这一点，井上厚史和木村纯二的意见极具启发性。

> “天”是否为不可知，这并非直接的问题，通过主张“天”的不可知性，荻生徂徕力图排除“理”学，这一点才重要。[①]

> 关于天的“不可知”的论述，在荻生徂徕说明自身思想方面并非必不可少，反而在排除异已思想方面发挥着作用。[②]

二人均主张荻生徂徕是为了排除朱子学而提出“天”的“不可知性”，的确有此可能。但是，与上述“卜筮”“鬼神之命”相联系，笔者认为还有一个重要原因。我们通过前面讨论已得知，“圣人”实际上是知道“天意”，但是为了得到安民的效果而故作不知。与此相同，这里所说的“天”也并非不可知，只是荻生徂徕为了赋予“法天”的“圣人”以及“圣人之道”以绝对的权威性，不得不将“天”推向彼岸而使其具备神秘色彩。“奉天道以行之，所以神其教也。如三代天子出一政、兴一事，亦皆祀祖宗配之天”[③]。这句话充分印证了此观点。若此种解释成立的话，荻生徂徕思想中超越“圣人”的形而上的“天”则失去了其妥当根据，剩下的仅仅是被“圣人”所通晓的“天命”（天意）以及

① 井上厚史：《徂徠の言語観と「天命」の問題について》，《日本思想史学》，1990年第22期，第98—107頁。

② 木村純二：《荻生徂徠における天について》，《人文社会论丛》（人文科学篇），2010年第23期，第1—21頁。

③ 荻生徂徠：《弁名》，吉川幸次郎編：《日本思想大系・荻生徂徠》，第220頁。

“自然天”而已。

四、结语

综上所述，在荻生徂徕那里“天”一方面作为与“命”“意”结合在一起的“天命”或“天意”而存在，另一方面则是作为“天地之道”的“自然天”而存在。因为“圣人”通晓“人性”，以“人性”为根基滋养而成的“天命”当然内在于“圣人”之“智”的范围内。“天命”又与“天意”甚至与“天”拥有相同的内涵，即它们都表示每个人“己所当为”。通晓“人性”的“圣人”当然也能“知天”，在此以往的“不可知”的“天”也失去了理论依据。关于后者的“自然天”，因为“圣人”能够“穷理”，则“自然天”也自然被“圣人”所知晓。那么，荻生徂徕为何要极力提倡“天”的“不可知性”呢？其原因主要有两个：一是为了排除朱子学，二是为了将其“圣人”以及“圣人之道”更加绝对化。“圣人”之“智”实际上到达“天”的层面，如此一来，“法天”也并不难解。

第九章　佐藤一斋与朱子学

——《论语》诠释的解意发微

朱熹《论语集注》在近世日本被广为传播、广为研读，[①]“占据此一时期《论语》讲释的主流”[②]。其意义并不止于为日本儒学者提供了一种《论语》注本，同时也为之展示一种不同于汉魏古注的经典阐释路径，对日本《论语》诠释产生深刻影响。幕末时期硕儒佐藤一斋之《论语》诠释，即是在朱注有效传播与深度浸润之下而生成的一个代表性案例。佐藤一斋《论语栏外书》呈现出鲜明而且深刻的朱学底色，实质上是在充分咀嚼与吸收朱熹《集注》及其解经路径的基础上，展开与朱注朱学的对话，并作出一定的补益与发明。

“宋儒解经即解味，欲通过经典之味成就自身精神生命”[③]。与之相应，佐藤一斋之解《论语》，既重解义，也重解意，即在充分把握文本既存客观之义的基础上，倾注身心去揣摩和推解言外之意与文外之味。若将其置于《论语》学史以及中日儒学、朱子学关系史视域中，则可见出佐藤一斋对宋学解经传统的承绍，更可见出其在继承《论语》朱学的基础上，努力作出较为精细而

---

① 参见张士杰：《学术思潮与日本近代论语学》，北京：北京语言大学出版社，2015年，第34—37页。

② 张士杰：《近世日本〈论语〉学述要》，《东北亚外语研究》，2019年第3期，第14—19页。

③ 贡华南：《从解义到解味——兼论宋儒的思想方法》，《文史哲》，2017年第5期，第150—162页。

且深入的意义探寻与揭示。而且，考虑到佐藤一斋于幕末明初思想界之巨大影响，[①] 则作为其思想根底之儒学、学问主干之性理学，尤有细致考察之必要。

在此意义上，佐藤一斋的《论语》诠释无疑具有思想史与文化史的双重意义，可借以考察《论语》朱学对日本学术文化的有效辐射与深度影响，亦可用于审视明初时期日本儒学对《论语》元典及其重要注本的在地化阐释。本章从《论语栏外书》撷取数例以解析佐藤一斋《论语》诠释路线与实践之特质，并审视其对《论语》朱学的接受、修正与补益。

一、其人其学

佐藤一斋（1772—1859 年），名坦，字大道，俗称几久藏、舍藏，号一斋，又号爱日楼、老吾轩。佐藤一斋生于儒臣世家，其曾祖佐藤广义（号周轩）以儒业仕于美浓岩村藩主，位至“家老”（武家首臣），及其父佐藤信由（号文永），则为藩之重臣。佐藤一斋自幼受到良好教育，立志于圣贤之学。十九岁时，仕岩村藩，与藩主三子同学。二十岁游学大阪，从学于怀德堂第四代学主中井竹山。次年，入幕府官学“大学头”（按：“大学头”是江户幕府大学寮长官，历由林家世袭）林信敬门下。林信敬故后，林述斋（按：林信敬无嗣，幕府命岩村藩主三子过继为嗣，是为林述斋）继任“大学头”。佐藤一斋遂从学于林述斋，三十

① 佐藤一斋有“明治维新的摆渡人”之誉。其学广博，于宋明性理学之造诣为当时魁首，并以诗文名世，又兼通兵学，著述颇多；其《言志四录》多收警句，西乡隆盛曾抄录百余则以为座右之铭；其门下甚众，名世者有佐久间象山、吉村秋阳、竹村悔斋、林鹤梁、金子得所、大桥讷庵、池田草庵、中岛建宇、柳泽信兆、安积艮斋、渡边华山、中村正直等；其名亦播至我国，为毛泽东录于其早年读书笔记《讲堂录》，引以为立功、立德、立言三不朽之一范例。

四岁时被其擢升为林家塾长，五十四岁时任岩村藩儒臣。林述斋离世，佐藤一斋继之而任昌平黉教授，时年七十。八十八岁时，感风寒，稍愈即为门徒讲授《论语》，后病情加重，没于昌平黉舍。

佐藤一斋学问广博，而以儒为主，并以诗文名世，亦知兵学。其著述颇丰，《论语栏外书》之外，另有《言志四录》《近思录栏外书》《周易栏外书》《古本大学旁释补》《爱日楼文诗》等。其中，《言志四录》是佐藤一斋自四十二岁至八十岁的札记合集，分为《言志录》《言志后录》《言志晚录》《言志耋录》四种，所收语句多自儒学体悟得出，如“少而学，则壮而有为。壮而学，则老而不衰。老而学，则死而不朽。”“以真己克假己，天理也。以身我害心我，人欲也。”“知，是行之主宰，乾道也。行，是知之流行，坤道也。合以成体躯，则知行是二而一、一而二。”“意之诚否，须于梦寐中事验之。”[①] ……此书传播甚广，影响亦大，如西乡隆盛曾从中抄出 101 条以为座右之铭，井上哲次郎评之曰：“一斋之《言志四录》，于我邦人之语录中堪称白眉。”[②] 诗文有《爱日楼稿本》三十卷、《爱日楼文诗》四卷、《爱日楼文诗剩篇》一卷，有诗如：“斯文丧坠有谁寻，天地人心无古今。偶坐夜堂窥斗象，殊疑光彩照吾襟。落落乾坤人亦无，谁与自古是真儒。唯名与利多为累，一过此关才丈夫。”[③] 从中可见其志在儒学，但诗文成就亦不小。有赞誉曰：“其文章之巧，实海内一人也。”[④] 关于此，井上哲次郎有中肯分析与裁断：“当时有赖山阳、松崎谦堂等文章大家，故难称海内一人。然宽政以后为有数之文

① 井上哲次郎：《日本陽明学派之哲学》，第 370 頁。
② 井上哲次郎：《日本陽明学派之哲学》，第 370 頁。
③ 井上哲次郎：《日本陽明学派之哲学》，第 335 頁。
④ 井上哲次郎：《日本陽明学派之哲学》，第 335 頁。

章家则无疑也。”[1] 可见其诗文虽不及赖山阳、松崎慊堂，但亦不失为一时之杰。此外，遗稿中有写本《吴子副诠》一卷、《孙子副诠》一卷，可知其于兵学亦有涉猎。学殖之广，于斯可见一斑。不过，其学毕竟以儒为主，著述也多，涉及四书以及《易》《小学》《近思录》《传习录》《白鹿洞指示》等经典。

佐藤一斋之儒学有兼采朱王之象，而其《论语栏外书》中也有数处采纳王学之实。然而，就其《论语》诠释之根底而言，则无疑与程朱一脉相承，在解经路线以及为学精神上具有高度一致性，在注经解意的观点上也多有接受，并时有己见而补益朱注。

二、解意玩味

佐藤一斋之解《论语》，格外注重解意。所谓“意”，“志也。从心察言而知意也。从心从音”[2]。若就解经而言，则是通过文内言外之意推察语者之意与志。佐藤一斋最得要领处，便是对孔子与其弟子言行的心理、用意的揣摩与推解。这与程朱关于读经的主张一脉相承。清仿宋大字本《论语集注》中录有《读论语孟子法》一篇，程子主张“读书者当观圣人所以作经之意，与圣人所以用心……须将《论语》中诸弟子问处便作自己问，圣人答处便作今日耳闻”[3]，意即要在理解文义的基础上领会“圣人”言语作文之用意，及至以自己身心精神去揣摩品味。佐藤一斋亦能在把握文本既存客观之义的基础上，倾注身心精神去揣摩和推解言外之意与文外之味，而且能在微言大义上有所发明。

观诸《论语栏外书》可知，佐藤一斋注重在解读文本客观既

---

① 井上哲次郎：《日本陽明学派之哲学》，第 335 頁。

② 许慎撰，陶生魁点校：《说文解字》，北京：中华书局，2020 年，第 337 页。

③ 朱熹：《四书章句集注》，第 44 页。

存之义的基础上，运思于推敲隐于文内和附于言外的意味，包括孔子与其弟子答问时的情景、心理、用意等，借以深入解读，用心体贴孔学要义。观其见解之所从来，则除精读覃思《论语》本文之外，尤其注重对朱注的借鉴、辨正与发挥，甚或可以说是启发于斯，而又能别开生面。例如，从“子在，回何敢死”推解颜回之知孔子必不死，信夫子之道必不丧。又如，从子贡问夷齐事的用意，申论人伦与社稷之轻重。佐藤一斋能于细微处捕捉蛛丝马迹，并作深入探析，在事实上继承和发展了朱注。

（一）答问之心理

佐藤一斋努力捕捉《论语》问答间的细节，借以推解语者心理，探究文内意味，从而加深或拓宽其内蕴意义的理解。例如，《先进》篇中“子畏于匡，颜渊后”章，佐藤一斋注意到颜渊答语中存在对孔子必定不死的推测，并就此点作出一番推演。其文为：

> 孔颜相失，应俱不知存没。而颜子曰“子在”，何也？余思夫子之自信与颜子之信于夫子，一也。夫子曰：“匡人其如予何？”颜子曰：“子在”。盖并以天道卜之，信其不死也。不然，夫子既以颜子为死矣，而颜子独何缘识夫子之为必不死哉？胡氏乃谓：捐生赴斗、请讨复仇，故当决无此事。即或有之，亦乌能遽得上告天子，下告方伯邪？颜子恐无是不中人情处置。①

可见，佐藤一斋对朱注所引胡氏观点持反对意见，并以“子在”为线索，推究颜渊回答孔子时的心理。

关于颜回答语的深层心理，佐藤一斋与朱熹都作了推测。不

---

① 佐藤一斎：《論語欄外書》，関儀一郎編：《日本名家四書註釈全書》論語部1，東京：東洋図書刊行会，1922年，第63頁。

过，二者关注的焦点不同，所得结论也因之而异。朱熹的关注焦点似在“回何敢死”，故引用胡氏一段论议，以明师弟恩义之深厚，并以之推测颜回之不敢赴死的心理。一斋关注的焦点是“子在”，并以此推解颜回答语的心理在于对夫子之知与信，以及对夫子之道所怀之信。

佐藤一斋对“子在”的关注是敏锐的。其所谓“应俱不知存没”的推断符合逻辑，而颜回之回答“子在”则似有蹊跷。因为在与孔子重逢之前，颜回理应不知孔子之生死，势必无法作出如此明了确切的回答。之所以答曰“子在”，不知是否有事实上的蛛丝马迹以为依据，抑或仅仅是凭空推测，文中显然无从知晓。但从孔子所言“吾以女为死矣”作反向推测的话，则颜回应该同样不大可能掌握关于孔子安危行踪的明确信息。不过，就“子在”的语气而言，颜回的推测中明显怀着笃定的心情。加之“回何敢死”的强烈语气，可知颜回推定孔子必然未死。在颜回的答语中，与其说饱含师徒恩义之类情绪，不如说存在一种颇具理性的态度。这种心理若非出于证据确凿的事实判定，则必然源于颜回对孔子必定不死的笃信。

至于颜回为何如此笃信，佐藤一斋也作出了推测，即其所谓“以天道卜之”。其中“卜之”“天道”皆非凭空臆断之语，而理应是出于对《论语》和孔学的深刻理解。“卜之”并无明确的直接证据，或仅一猜测而已。不过，猜测亦可能出于某种依据。虽不明确，也不直接相关，但存在某种若有若无的心理上或是道理上的关联性。此处，佐藤一斋的猜测或许是根据“危邦不入，乱邦不居”之类的记载，因而推想孔子行事之谨慎，并代替颜回作出“夫子必不死”的推测。在这个意义上，佐藤一斋之所谓“卜之”的实质意义应是“知之”，即知孔子之为人行事，从而知其必不涉险，信其必能免于危难。而且，“天道”一词和推测根据之间存在明确而且切实的关联。佐藤一斋之所据，应当是《子罕》篇中“子畏于匡。曰：‘文王既没，文不在兹乎？天之将丧斯文也，后死者不得与于斯文也；天之未丧斯文也，匡人其如予何？’”。此章之旨在于孔子自信斯文在兹，亦信天道之不丧斯文。佐藤一斋理应是将此二事联系起来，以推测颜回所言“子在，回何敢死”的心理，从而疏通文本内部的义理结构。这种推测与疏通，在意义逻辑上是讲得通的，而且有助于深化对此章的理解。

佐藤一斋此一见解与朱注有异，但其间关联明确而且紧密，甚或可以说佐藤一斋之“所得”受益于朱注的启发。之所以这样说，原因主要有二：一是于细微处着眼，二是进而推想心理。朱熹着眼于“回何敢死”，佐藤一斋从旁揪住“子在”；朱注因此而阐发孔颜师弟之情深，佐藤一斋则由斯而思索颜回之知夫子、信夫子、信夫子之道，并申论孔子之自信。可以说，佐藤一斋此处之解意，有助于深入理解原文，而且符合于孔学要义。就其与朱注之关系而言，则是受朱注启发，而又另辟蹊径，探微发明。

（二）行为之用意

一斋注意分析问答时的情景，以辅助解释《论语》本义。例如《卫灵公》篇中“子张问行”一章，他关注“子张书诸绅”的细节，并分析子张当时心理，以衬托孔子教诲内容之重要。兹引其文如次：

> 忠信笃敬，即是敬，即是诚意。参前倚衡，则思诚之功也。
>
> 书绅。子张盖佩服之切，不暇俟退后简记之，即时且书诸绅耳。说者或谓，子张欲触目警心，故常书诸绅，则误。
>
> 当时门弟子之闻教，盖皆退后简记之，犹后世有语录。

> 《家语》云："子张既闻孔子斯言，遂退而记之。"《家语》虽不可信，而理则必当然。书绅亦此类，盖急急笔记，不俟退后耳。[①]

从施墨占比来看，佐藤一斋对于"子张书诸绅"这一行为细节的重视程度较高，似乎超过子张与孔子问答的内容本身。事实上，历代注家多未忽视此一细节，并对其心理作出推断，如皇侃认为"子张闻孔子之言可重，故书题于己衣之大带，欲日夜在录不忘也"[②]；邢昺认为"子张以孔子之言书之绅带意其佩服无忽忘也"[③]；朱熹认为"书之欲其不忘也"[④]。此三种注释都指出"书诸绅"的目的与作用在于备忘，而皇疏与邢疏则言及子张闻教的心理。当代也有学者认为子张"书诸绅"并非简单笔录孔子之言，而是以谨慎态度制作"绅带铭"，将"言忠信，行笃敬"作为警句。[⑤] 佐藤一斋或是受到皇疏、邢疏的启发，因而对子张的行为和心理作出分析。他认为，孔门弟子有"退后简记之"的习惯，而"子张书诸绅"的情形并不常见，当为"急急笔记"，其心理在于"佩服之切"，因而"不暇俟退后简记之"。可见，佐藤一斋将此一不常见行为的发生原因归于"佩服之切"的心理，实际上相当于反衬子张所闻教诲的重要性。显然，佐藤一斋分析文本中的细节，并以之辅助解读原文本义，实际上关注重心仍然在于解经。

佐藤一斋着墨分析"子张书诸绅"这一行为细节背后的"佩

① 佐藤一斎：《論語欄外書》，第 85 頁。

② 皇侃撰，高尚榘校点：《论语义疏》，北京：中华书局，2013 年，第 396 页。

③ 邢昺：《论语注疏》，阮元校勘：《十三经注疏》（全二册，影印版）下，上海：上海古籍出版社，1997，第 2517 页上。

④ 朱熹：《四书章句集注》，第 162 页。

⑤ 刘全志：《〈论语〉"子张书诸绅"的本义与文化依据》，《孔子研究》，2014 年第 4 期，第 56—59 页；刘全志：《〈论语〉子张"书诸绅"与箴诫传统》，《学术界》，2018 年第 11 期，第 110—119 页。

服之切”的心理，意在强调孔子所教之“言忠信，行笃敬”，但又将此一教诲扼要概括为敬与诚意，即其所谓“忠信笃敬，即是敬，即是诚意”[①]。这是关乎一斋之学与朱、王关系的一个紧要节点。“敬”与“诚意”，是宋明儒学的要目。朱学、王学皆重诚意，但关于敬的主张则大相径庭。程朱重视敬，“二程提出敬字，举为心地工夫之总头脑，总归聚处，而朱子承袭之”[②]，朱熹主张“敬之一字，真圣门之纲领，存养之要法”[③]。与之不同，王阳明以诚意为纲要，却不以“敬”为必须，如其所言“以诚意为主，即不须添‘敬’字，所以提出个诚意来说，正是学问的大头脑处”[④]，乃至似有排斥、摒弃之意。佐藤一斋并举“敬”与“诚意”，显然是沿袭程朱一脉，而与王学主张不相符合。

（三）疑惑之焦点

佐藤一斋属意于透过文本表层语义和掌故，借助对语者用意的剖析，用功于对文本内部义理结构的解析与章旨要谛的揭示与阐明，其间亦颇有切中肯綮之见解。例如，《述而》篇子贡问夷齐事，佐藤一斋并未纠结于蒯聩和卫辄之争的事实本身，也不纠缠于是非的辨别与裁判，而是绕过事件本身之是非，专就人伦社稷之轻重作出辨析，从而阐明孔门学说大旨。佐藤一斋之能如此，系于其对冉有子贡之疑所作的追究与寻思，也得益于对朱注的熟读与怀疑。此处摘录其文，以观详细。文如次：

> 此章，余尝有一说，今节录于此。曰：说者谓，卫辄据国拒父，夷齐逊国而逃。夫子以夷齐为贤，故知其不与辄

① 佐藤一斎：《論語欄外書》，第 85 頁。
② 钱穆：《朱子新学案》（第一册），北京：九州出版社，2011 年，第 115 页。
③ 钱穆：《朱子新学案》（第一册），第 108 页。
④ 钱穆：《阳明学述要》，北京：九州出版社，2011 年，第 63 页。

也。则吾未谓然。冉有子贡之疑，盖在人伦社稷之轻重，而不在彼逊此拒之是非。人皆以夷齐为贤，以辄为不孝。子贡则盖谓，国君以社稷为重。夷齐之逊，虽如重人伦，而微仲子，则统几乎绝，其如社稷何。卫辄之拒，迹类不孝，然亦非得已。蒯聩绝于庙，而辄既承重。聩入则国必乱，故其拒之，盖为社稷也。虽然，天下莫重于人伦，人君莫重于社稷。不得两全，孰取孰舍。是则，虽颖悟如子贡，而未能无惑。及举夷齐问之，夫子仍归重人伦。既贤而复仁之，如曰仁者人也，亲亲为大。治国亦仁之推也，宁取人伦而舍社稷可也。子贡于是知其不与于辄也。不然，则逊与拒之是非既已明白，何必待折中而后始知之。孟子尝答瞽瞍杀人之问曰，舜视弃天下，犹弃敝蹝也，窃负而逃，遵海滨而处，终身䜣然乐而忘天下。信斯言也。人伦果重于社稷矣。①

可见，佐藤一斋关注的焦点，并非事件本身，也非是非判断，而是伏藏于事件背后的义理，即推解冉有、子贡之疑及其发问心理，并以此揭示是非判断的所以然。

在所以然的问题上，佐藤一斋与朱熹观点不同。朱熹认为："夫子告之如此，则其不为卫君可知矣。盖伯夷以父命为尊，叔齐以天伦为重。其逊国也，皆求所以合乎天理之正，而即乎人心之安。"② 这实际上是依据天理之说阐释孔子所作是非判断的原因，即以"天理之正"作为价值判断的原则。佐藤一斋对朱熹以天理释夷齐事置之不理，但将关注的焦点置于子贡之问的心理与用意上。他认为，夷齐之逊和卫辄之拒的是非本身是显而易见的，不应是冉有、子贡的疑惑所在。

---

① 佐藤一斎：《論語欄外書》，第42頁。

② 朱熹：《四书章句集注》，第97页。

冉有、子贡所怀疑惑的焦点在于人伦与社稷的轻重之辨。冉有以卫辄之事问子贡，而子贡以夷齐之事问孔子。子贡之问表明卫辄事与夷齐事之间具有某种对应关系。朱注以天理之说阐明夷齐之贤与卫辄之非，是将二者视作是非之相对立。佐藤一斋则在二者之间捏出相通之处，即人伦与社稷的取舍。夷齐逊国是重人伦而轻社稷，卫辄拒父是轻人伦而重社稷。二种行为的相异指向对人伦与社稷的不同趋向与取舍，但问题的实质则同归于一，即人伦社稷之孰轻孰重。冉有之问子贡“夫子为卫君乎”，子贡之问夫子“伯夷、叔齐何人也”“怨乎”，如此疑问的实质都在于此，即人伦社稷的轻重之辨。子贡根据孔子之以夷齐为贤、为仁、无怨，而知孔子主张在于“归重人伦”，并由此推断冉有之问的答案应在于“宁取人伦而舍社稷可也”。显然，冉有之问以及隐含于此问之中的冉有、子贡的疑惑，至此则涣然而解。如此，孔门学说关于人伦社稷轻重之辨的结论亦随之而水落石出。

可见，佐藤一斋围绕冉有、子贡的疑惑心理以及发问用意，对此章本有之意义作出深入探究。关于冉有与子贡之疑问以及孔子之回答，佐藤一斋并不纠缠于是非之判，而是将关注焦点引向事实判断背后的价值判断，且在价值判断层面上抛开天理之说，专门阐论孔门之重人伦，从而将此一问题由朱熹所申论的基于天理之说的价值判断，回转至孔门问答的本身。就此章之诠释而言，朱熹引而申之于天理之正，佐藤一斋则将解经重心转向人伦之重。不过，佐藤一斋虽然在观点上与朱熹存在分歧，但其解经路线之实践则确实受到宋学的影响。此一例中，他不以事实本身是非为重，而专务孔学大义之理会。其解经稍脱离于实学之政事考量，观点也不同于朱注，但其用心于文本义理之揭示，则是在解经路线上恰与朱子学如出一辙。

综观诸例，可知佐藤一斋之解经尤重解意。如其所言“本注恐被考据累倒”[①] 一般，他认为朱熹之于训诂考据有过度之嫌。这也说明，佐藤一斋主张在训诂的基础上更进一步深入理会文中意味，而不拘泥于训诂而致影响对元典的深入理解。亦即，不能囿于解义而碍于解意，须从解义走向解意，并在解义与解意结合融通的基础上，实现对孔学要旨的正确把握和解释。实际上，佐藤一斋并不将经典视为纯然客观的知识承载之物，而是用身心精神去感知和领会其中意味。在此种意义上，《论语》之于一斋，已非外在于己之物，而是内在于身心，并与精神心意相交接。

三、阐义发微

作为《论语》的诠释性文本，《论语栏外书》的必要课题则是解义。就解经而言，义是“客观的、普遍的、公共的义理结构，可呈现于某个共同体，为某个共同体普遍接受，可说是普遍有效，亦可说其有可信性”[②]。

佐藤一斋之解义，既重视疏证字词本身的客观之义，也用力于推解蕴藏于文本内部的奥义。就其方法而言，首先是注重借鉴前人研究，在综合比对不同观点和梳理其间关系的基础上，注重对朱熹《论语集注》的仔细推究，并作出进一步的思考和引申，从而在接受朱注的基础上提出己见。观其见解之由来，可知佐藤一斋之解义不局限于元典的某章某节，而是注意内部疏证，通过与其他章节的疏通，厘清其间的意义关联，从而推解章旨文义。

---

① 佐藤一斋：《論語欄外書》，第 34 頁。

② 贡华南：《从解义到解味——兼论宋儒的思想方法》，《文史哲》，第 150—168 页。

（一）补益朱注

《论语》首篇《学而》包含和关涉学、习、悦、乐、君子等重要字词和儒学理念。佐藤一斋对“学”“说”“乐”的字义，以及悦与乐、悦乐与不愠之间的关系，作出比较精细、深入的辨析与阐论。其中既可见佐藤一斋解义元典的深度和特质，也可见其对朱注的咀嚼与吸收、修补与完善。

关于“学”字，佐藤一斋以觉、效为释，阐明二种释义的区别，进而在学与觉、效之间建立明确的逻辑关联。其文为：

> 学字，《说文》训觉，《尚书·大传》训效。文公虽训本伏生，而以觉有先后言之，则竟不遗许慎。余谓，觉是学之主意，效是学之工夫，两意相待，不可偏废。①

所谓“两意相待”，意指觉与效既相对立，又相关联。所谓“主意”，或近于意向、意志，因与工夫相对而言，故其所指应为目的、旨归之类。这与阳明后学王栋“以意为心之主的主意说”②并不相同。“觉是学之主意”应是就目的论而言的，“效是学之工夫”则显然属于工夫论、道德实践论范畴。在佐藤一斋看来，觉与效是学之一体两面，虽然分属于不同层面，但都在学的意义范畴之内。

此一观点与朱注既密切相关，又存在分歧。朱熹在“学”下注曰：“学之为言效也。人性皆善，而觉有先后，后觉者必效先觉之所为，乃可以明善而复其初也。”③ 佐藤一斋应是在充分咀嚼并吸收朱注的基础上，兼采“觉”“效”二义，但又认为朱注不够明白，有欠圆满。其中包含两个层面上的问题：其一，朱注关

---

① 佐藤一斎：《論語欄外書》，第 4 頁。

② 钱明：《王学主意说论要》，《浙江学刊》1989 年第 5 期，第 51—57 页。

③ 朱熹：《四书章句集注》，第 47 页。

于“觉”与“效”的取舍并不明朗，亦即：若训为“效”，则不必援引《说文》的“觉”义；若兼采“觉”义，则应明确注释“学”亦可训为“觉”。其二，朱注并未就“觉”与“效”，“学”与“觉”“效”二训之间关系作出明白的解释。因此，佐藤一斋以“余谓”一词开启自己不同于朱注的阐释，既明确表示兼采二义，又对其间的意义关联作出扼要说明，确立“觉”“效”之于“学”的地位和属性，从而使三者构成一个闭合的意义链条。此种阐释并非简单折中《尚书·大传》与《说文》的两种注释，而是在接受朱注的基础上作出补充性申论。以此，佐藤一斋弥合了朱注所遗留的逻辑缺口，在一定程度上为朱注关于“学”的注释作出修补性完善。

（二）朱注发疑

佐藤一斋研读《论语》是以《论语集注》为底本的，而又往往不因循朱注成说，能于细微处用心，作出较为深入的思考，阐发颇为独到的见解。例如，关于“说”“乐”“不愠”的字义注释，以及对此三种心理状态之关系的阐释，即可见其对文义和其中义理结构的探究之精、思辨之细，亦可见其对宋儒义理解经路线的承袭与自觉运用，以及其在解经实践中对朱注具体观点的质疑与发展。原文较长，此处摘录其要如次：

> 说，是中心感悦，与义理之悦我心同。感激至流涕，亦是说。注训喜意，似浅。……
>
> 注引程子曰：说在心，乐主发散在外。《大全》小注朱子曰：程子非以乐为在外也，以为积满乎中，而发越乎外耳。余案：程意不然，在外正与在心对。单言乐，有指在心者，颜子不改其乐是也。此乐字与说字对，则专指在外耳，故注主发散三字。

> 愠与说乐反。君子之学为己，人不知何干吾事。若于此愠，则前所云说乐亦假耳。必其不愠也，然后说乐始真矣。故不愠者，说乐之试金石也。依本注顺逆之说，不知之逆与朋来之顺对。余则谓，朋来之乐与学习之说对。至此节，验之逆境，以决其真假耳。[①]

佐藤一斋释“说”为“中心感悦”，认为“乐”之在外与“说”之在心相对，又将“不愠”比喻为检验“悦”“乐”的试金石。可见，佐藤一斋并不将此三者视为互不相关的孤立文辞，而是在相对关系中层层递进地把握其中意义。就上述引文来看，三者之间存在两种相对关系：一是“说”“乐”之对，二是“说”“乐”与“愠”之对。比照朱注，又可知二者之间存在一定的不同或曰分歧。

佐藤一斋在“说”与“乐”的相对关系中把握二字意义。在此一问题上，佐藤一斋与朱注主要有两点不同：一是关于“说”字的释义，二是“乐”之“在外”究竟是怎样的“在外”。关于“说”字，佐藤一斋不满足于朱熹“说，喜意也”[②] 的观点，指其“似浅”，认为“说”是内心深处的感悦，生发于对义理的感应、共鸣。实际上，这是对朱注的一种深化尝试，是在“说”的生成与作用层面上作出一个较为深入的描述性注释，并在“说”与义理之间建立逻辑关联。

关于“乐”字，佐藤一斋与朱熹的分歧在于，乐之在外是专对于悦之在心的本来在外，还是由内而外的动态发越。此一分歧产生于对程子观点的不同理解。朱熹在《四书章句集注》中引用程子观点“说在心，乐主发散在外”，另在《四书或问》中作了补充性申论，认为“乐”是生发于中而发越于外的。由“积满乎

---

① 佐藤一斎：《論語欄外書》，第 5、6 頁。

② 朱熹：《四书章句集注》，第 47 页。

中，而发越乎外”之言可以推知，朱熹认为乐有内外之别，但乐之内外并非质性不同的两种乐，而是处于心理动态变化的不同层面。与之不同，佐藤一斋从“说”“乐”关系的角度出发，认为此章之乐既然与悦相对，则应是纯然在外之乐。与之相对，则又有在心之乐，如颜回之乐。稍需说明的是，佐藤一斋所谓乐之在外，并非否认乐之作为一种心理活动的属性，而应是与悦相对而言的。“说”是“中心之感悦”，则“乐”之所在应是与之相对的“外”，亦即乐的发生和作用是在心理活动的浅表层面。

悦乐之对，是佐藤一斋诠释“说”“乐”的关键。二者既相对，又相依。“乐”之在外是相对于“说”之在心而言的，而“说”与义理之间逻辑关系的建立也应当是受到“乐”之于理学地位的触发。宋儒主张寻孔颜乐处，将“乐”置于非常重要的位置。佐藤一斋认为“说”“乐”相对，则二者应当具有同等重要性，于是将悦之生成认定为感召于义理，从而将“说”提升至义理层面。可以说，这是对宋儒以义理解经观念的接受与自觉运用。

佐藤一斋不赞同朱熹将“愠”与“乐”相对的观点，认为“愠”与“说”“乐”相对，并在学之为己为人的意义逻辑链条上，将愠或不愠作为判断“说”“乐”之真假的验金石。朱熹在“愠”字下论道：“愚谓及人而乐者顺而易，不知而不愠者逆而难，故惟成德者能之。”[①] 可知他将此章的第二节与第三节相对照，以顺境逆境之形象说法比附朋来之乐与不知之不愠，并申论唯有成德者方能不愠。佐藤一斋认为“乐”并不单独与“愠”相对，而是“乐”与“说”构成内外之对，作为一对的“说”“乐”又与“愠”相反。将“说”“乐”与“愠”相反相对之依据在于

① 朱熹：《四书章句集注》，第47页。

学，具体而言是学之为己为人。若是为己之学，则学是己之分内事，而“说”“乐”是内在修养工夫在情绪与心理上的自然发露；若是为人之学，则情绪、心理之发露、变动必受外在因素之左右，而牵绊于人之知与不知。反而言之，是否牵绊于外在之知与不知，是否因人之知与不知而愠或不愠，正可检验学之在内或是在外，即学之为己或是为人。在此一意义逻辑上，佐藤一斋认为愠与不愠正是悦乐之真假的验金石，若是人不知而不愠则悦乐为真，反之则伪。其实，所谓悦乐之真伪，其所指并不在于作为心理或情绪的悦乐本身，而在悦乐之所发动处，即学。如此，佐藤一斋之所谓“不愠者，说乐之试金石也”的真正意指，在于将不愠作为学之真假的试金石。学之真者，内在修养工夫相应，则理应不为外物所动，故不为人之不知而愠。学之假者，内在修养工夫不备，则势必为外物所动，故因人不知而愠。质言之，所谓学之真假的真正意义指向学之为己与为人。为己之学理应不为外在之知与不知所牵绊，而人不知之愠与不愠正可检验学之为己或是为人。在此一逻辑链条上，“说”“乐”与“愠”之相反相对正系于学之为己为人。若是学之为己，则人不知亦能不愠。若是学之为人，则人不知势必难以不愠。质言之，朱熹将“不愠”作为“成德者”之所然，并以“顺而易”“逆而难”解释“惟成德者能之”之所以然；佐藤一斋将“不愠”系于为己之学，认为“不愠”是为己之学者的所当然、所应然。显然，朱熹是在道德论层面上论成德，佐藤一斋是在工夫论层面上强调道德实践。

如上所述，佐藤一斋不仅用力于解明字词本身意义，而且用心于梳理其间的意义关联，并就其中义理结构作出较具思辨性的阐释。其见解之由来，则是从元典本文的细微处入手，抽绎端绪，申论阐发，但与朱注之学术关系亦是显然而且深刻的，大抵是以朱熹观点为注释基石，又引而申之，发而明之。其所见所得，与朱注既有类同，也有歧异，或是指误与补缺，或是修正与完善，但大体上可以判定是理学范畴之内的分歧与异见、申论与补益。此外，就其目的与作用而言，解义并非终极目的，而是解经之一手段，借以在更深层面上解读元典意义。

（三）程朱之间

佐藤一斋主张“专䌷绎正文”①，且就朱注而发疑，但其解经路径实属程朱一系，而其关于理学重要范畴的阐释无疑也是在义理之学框架中作出或具体或细微的思考。前文所述的悦乐之对、悦乐与不愠之对以及为学真假之辨、人伦社稷轻重之辨、颜回之知与信夫子以及夫子之道，诸如此类都是明确例证。另如，佐藤一斋之疏解“孝弟”即是在较强的哲学性思辨中，疏通孝悌与仁的关系，阐论孝悌之包摄禀受与工夫，其论议涉及性论、工夫论，又具有形上形下之辨的性质，是其对程朱解经路线的辨正与发展，也是探幽阐微以申论义理之典型一例。兹析论如次，以观其阐微《论语》之一二。

佐藤一斋关于“孝弟”的注释，对朱注既有继承，也有修正，尤为引人注意的是其对朱熹所引程颐“性中只有仁义礼智四者而已，曷尝有孝弟来”一句的怀疑。其论在“有子章”条目之下，文曰：

> 章内两孝弟，前以禀受言，后以工夫言。
>
> 道生，就用处言。谓种种条理，自此而发出。
>
> 外注程子曰：“性中只有仁义礼智四者而已，曷尝有孝弟来。”余尝疑之。仁是统名，孝弟是子目。故言仁则孝弟包在其中，而言孝弟则未尽于仁。至论性，则仁义礼智，亦

① 佐藤一斎：《論語欄外書》，第1頁。

> 皆表德性。只是一个降衷，无声无臭。未有仁义礼智之可名，况有孝弟乎。以其有此理言之，则不独仁义礼智，而众善万美皆不遗，况遗孝弟乎。程意以四德为性，而以孝弟为行。故曰："曷尝有孝弟"。余既以仁为性之表德，则孝弟亦表德，但为有统名与子目之别耳。鄙意如此，未敢质。①

佐藤一斋所怀疑问中有二层推理：第一，就孝悌与仁的关系而言，仁是统名，孝悌是子目，二者是包含与被包含的关系，因此若说性中有仁，则亦必然包含孝悌。第二，就性论范畴而言，仁是性之表德，则作为子目而被包括于其中的孝悌自然也是性之表德，因此若说性中无孝悌，则性中亦必然无仁。可见，一斋主张仁与孝悌具有同等属性，二者不同只在于统名与子目之分。如此，则不应将仁与孝悌二者分别划为性与行的范畴，而所谓"性中只有仁义礼智四者而已，曷尝有孝弟来"也是自相矛盾的。依据此二种推理，程说显然都不能成立。

关于程颐所谓"性中只有仁义礼智四者而已，曷尝有孝弟来"，近人也有质疑。牟宗三认为孝悌是"性分中之所固有者"，因而不赞同说性中无孝弟。此一辩难的焦点与佐藤一斋所怀疑问相似，但问题的实质则大异其趣。牟宗三"从中提炼出'性中无孝弟'这样一个命题，已脱离程颐的语境，成为具有独立意义的元论述……然而，无论是对孟子还是对程朱来说，性中有/无孝弟的问题都不在他们的义理脉络之内"②，因为"程颐不是在面对'孝弟是不是性分中之所固有者'这样的问题而做的回答。程颐

---

① 佐藤一斎：《論語欄外書》，第 6 頁。按：日本国会图书馆藏本扫描件中，"况遗孝弟"一句中"孝"字原作"孔"，旁有手写墨字改作"孝"。应是写本有误，刊本因之。此处依照文理，采用墨字手写"孝"字。

② 方旭东：《"性中无孝弟"——举例分析牟宗三中国哲学史研究的特点》，《孔子研究》，2019 年第 5 期，第 23—29 页。

与人的那段对话，双方旨在辨明仁与孝弟孰为根本”[①]。

佐藤一斋并不具有如牟宗三那般的哲学自觉，也未单独树立和解析一个性中有无孝悌的命题，而是努力寻求《论语》本文中“孝弟”的准确注释，并在此一宗旨之下思辨孝悌与仁的关系，又由此发现朱注所引程颐说法似有不妥，进而申论孝悌与性的关系。因此，那一段阐论是围绕如何注释“孝弟”而展开的，其主旨在于解经，逻辑起点在于孝悌与仁的关系。

孝悌与仁的关系，是问题的焦点所在。朱熹引用此句意在佐证“所谓孝弟，乃是为仁之本”[②]，即在孝悌与为仁之关系的层面上作注释。佐藤一斋的疑问也是从如何注释孝悌而生出的，且其推论的逻辑起点正在于孝悌与仁的关系。关于仁与孝悌的关系，朱注所引小程子文中论道：“谓行仁自孝弟始，孝弟是仁之一事。谓之行仁之本则可，谓是仁之本则不可。盖仁是性也，孝弟是用也，性中只有个仁、义、礼、智四者而已，曷尝有孝弟来。”[③] 所谓“孝弟是仁之一事”，意指孝悌是为仁、行仁之一事，而并不属于仁本身的范畴之内。可见，程伊川以体用关系辨仁与孝悌。仁属于性的范畴，是形而上者；孝悌是仁之一事，是形而下者，并不在性的范畴中。在程朱看来，孝悌是用，是事，是行，因此属于形而下范畴。

佐藤一斋认为此章中的两处“孝弟”并不相同，“前以禀受言，后以工夫言”[④]。后者即“孝弟也者，其为仁之本与”中的“孝弟”，属于工夫论范畴，是形而下者，这与伊川观点相吻合。不过，前者即“其为仁也，孝弟”中的“孝弟”，不属于工夫论

---

① 方旭东：《“性中无孝弟”——举例分析牟宗三中国哲学史研究的特点》，《孔子研究》，第22—29页。

② 朱熹：《四书章句集注》，第48页。

③ 朱熹：《四书章句集注》，第48页。

④ 佐藤一斎：《論語欄外書》，第6頁。

范畴，而是“以禀受言”的。关于“禀受”，二程有过论述，如“天之付与之谓命，禀之在我之谓性，见于事业之谓理”（《河南程氏遗书》卷六），又如“自理言之谓之天，自禀受言之谓之性，自存诸人言之谓之心”（《河南程氏遗书》卷二十二上）。若依此说，则佐藤一斋之“以禀受言”孝悌，便意味着将孝悌作为禀受之性而归入性的范畴。亦即，他认为孝悌不仅可以在工夫论层面把握，也可在性的范畴中讨论，即兼有形而下与形而上的意义。若以工夫言，则伊川说性中“曷尝有孝弟来”并无不妥；若以禀受言，则不能说性中无孝悌。显然，佐藤一斋与伊川相同之处是孝悌属于工夫论范畴，而分歧点在于孝悌是否兼具形而上的性质，是否属于性的范畴。

“以禀受言”孝悌，则孝悌便是禀受于天（或曰理）而在我者，即为禀受之性。禀受之性具有形而上的意义。关于此，朱熹说：“性只是理，万理之总名。此理亦只是天地间公共之理，禀得来，便为我所有。”[①] 可知，人物禀受天理，在我则为性，此一禀受之性是形而上者。依此说，则“以禀受言”之孝悌理应在性的范畴内，具有形而上意义。

不过，禀受之性并不是纯粹的形而上者。实际上，人物禀受之性总与形、气相合一，即是形而上与形而下的统合。关于此，朱熹有进一步阐论。如在论理气关系中讲道：“天地之间，有理有气。理也者，形而上之道也，生物之本也；气也者，形而下之器也，生物之具也。是以人物之生，必禀此理，然后有性，必禀此气，然后有形。”（《朱熹集》卷五十八《答黄道夫书》）可知，朱熹认为，人禀理以有性，禀气以成形，则人物禀受理与气而兼有性与形。理与气“不离不杂”，则性与形亦是如此，即人物是

---

① 钱穆：《朱子新学案》（第一册），第11页。

形而上之道与形而下之器相合一。依此说，则人的禀受之性理应兼具形而上与形而下的属性。

朱熹论禀受之性，又细分为天命之性与气质之性。他说："所谓天命之谓性者，是就人身中指出这个是天命之性，不杂气禀者而言尔。若才说性时，则便是夹气禀而言。所以说时，便已不是性也。"（《朱子语类》卷九十五）可知，朱熹认为人之性有天命之性，有气质之性。气质之性是天命之性在形气世界中的表现形态，既有形而上之天命之性，也有形而下之形气，即是理与气的结合结果。依此说法，以禀受言孝悌，则孝悌是天命之性（即理）在形气世界的表现形态。孝悌既是形而下之情，也是禀受而有之性，兼具形而上属性。

佐藤一斋之释"孝弟"的哲学依据，正在于此。孝悌既"以禀受言"，也"以工夫言"。以禀受言，则是禀受于天理之性，是形而上者，在性的范畴内。以工夫言，则是用，是行为，是修养工夫，是道德实践，是形而下者。在工夫论范畴中，佐藤一斋与程颐、朱熹之释"孝弟"相吻合。不过，"以禀受言"之孝悌，则是《论语集注》此章注释"孝弟"时所未言及的，而且也对程伊川所谓"曷尝有孝弟来"构成否定。然而，这并不意味着佐藤一斋在根本上否定程朱的观点。相反，其怀疑的立论根基和哲学依据也正在于程朱学说，即二程关于禀受之性和朱熹关于禀受、气质之性的哲学思想。

就"孝弟"的疏解而言，佐藤一斋接受朱注关于工夫论的注释，又在禀受的层面或曰性论范畴中作出补充，从而使关于"孝弟"的注释更趋于完整。

在此意义上，佐藤一斋正是依据程朱之学而对朱注进行接受与修补。需要强调的是，佐藤一斋出于注释"孝弟"的需要而对朱注所作的辨正，正是在程朱学术体系之内，对具体观点加以辨析与修正。质言之，佐藤一斋虽主张“专紬绎正文”[①]，但并不拘泥于《论语》本身，而往往印证于朱注，在接受与承袭的基础之上，作出引申与阐发。其阐义发微，既有益于深入解读《论语》，也对朱注有所发扬与发展，丰富了《论语》的注释体系。

四、“栏外”之外

佐藤一斋之《论语》诠释及其与朱注、朱学之深刻关联，既是其个人学术趋向之一结穴，也是彼一时代学术风尚之标示，甚至亦可借以对日本儒学者之文化接受心理作一斑之窥。

（一）“阳朱阴王”的实质

佐藤一斋之学兼朱王，既是其个人为学趋向的表现，也是彼一时代学术风尚之投影。佐藤一斋身为幕府儒官，却又颇为倾心于阳明学，以致世有“阳朱阴王”“公朱私王”之议，亦为晚近学界视为阳明学者。如井上哲次郎将他收入《日本阳明派之哲学》，而在其《日本朱子学派之哲学》一书中仅于“第四篇宽政以后的朱子学派”下存目“第三章佐藤一斋”，并括注曰：“载于日本阳明学派之哲学第二篇第八章，故于兹略之。”[②] 与之相似，我国学者朱谦之将佐藤一斋收于其《日本的古学及阳明学》中，[③]而不录于《日本的朱子学》。此外，武内义雄持见较为折中，认为“一斋本心或在阳明，而其于圣堂讲义则为朱子学，盖将朱子学调和融合于阳明学”[④]。

---

① 佐藤一斎：《論語欄外書》，第1頁。
② 井上哲次郎：《日本朱子学派之哲学》，第541頁。
③ 朱谦之：《日本的古学及阳明学》，第287—331页。
④ 武内義雄：《儒教の精神》，東京：岩波書店，1939年，第210頁。

就佐藤一斋之《论语》诠释而言，阳明学亦占一定位置。在《论语栏外书》中，佐藤一斋多处言及“余姚”“王子”，又以“知行”“良知”解释。可知，佐藤一斋明确援引阳明学用以解释《论语》。诚然，《论语栏外书》属札记一类，是具有一定私人性的文字，但实际上也被“示诸一二友契”，因而在事实上被赋予了一定的公开性。由是亦可知，佐藤一斋并不隐晦自己对阳明学的关注与肯定。从师承上看，佐藤一斋游学大阪时，所师从的中井竹山便以兼学著名。佐藤一斋离开大阪时，获竹山赠诗，诗后所附之“仆而复兴”便是阳明之语。

就其师承、身份因素而言，佐藤一斋之治朱子学有着必然性与合理性。佐藤一斋学于幕府官学大学寮，师从大学头林信敬、林述斋，必然遵从幕府官学规定而将朱子之学作为研修主业。而且，佐藤一斋任岩村藩儒，也须遵守幕府关于朱子学一元化教学的规定。又为林家塾长，后任昌平黉教授，则更不待言。而且，正如本文所述，佐藤一斋之《论语》诠释与程朱在解经路线及为学精神上具有高度一致性，在注经解意的观点上也多有接受与修正。在此意义上，所谓阳阴公私之议，或许更宜被定性为一种感性的形象性描述，而非客观的学术性论断。

此外，佐藤一斋之兼修朱王也是当时学术风尚的一个映射。所谓“宽政异学之禁”（1790 年），虽然旨在强化朱子学在官学教学中的一元化权威地位，但也在事实上佐证了“异学”的流行以及其危及朱子学主流地位的实际情况。实际上，异学之禁的背景即是阳明学、古学派、折中学派等非朱子学派的流行与兴盛。不难想象，兼学应是当时学术背景中的重要现象。而且，此一现象当不仅限于民间书院，甚至波及官学藩校。在此一背景之中，佐藤一斋《论语栏外书》中多处引用王学观点、语词，无疑是自然而然的。

其实，就佐藤一斋之治《论语》而观之，朱子学与阳明学很难施以二元对立式的分割，也很难作出非此即彼的臆断或者是阴阳私公之类结论。而且，若将佐藤一斋之《论语》诠释置于中日儒学学术交流史视域之中，则正可印证一个有趣的学术文化现象——“历时性传播与共时性接受相叠合的文化影响景观。中国儒学史上历时性积淀下来的阐释传统，共时性地铺陈在日本儒学者的学术世界里”[①]。所谓“阳朱阴王”“公朱私王”，实质上即是此一历时性与共时性相叠合之学术文化现象的形象说法。

（二）朱注次生注本

佐藤一斋《论语栏外书》具有复杂的文本属性，既是《论语》元典的注释性文本，也是朱熹《论语集注》的次生性再诠释文本。

审名可以定位。“论语栏外书”的书名中隐含着其与朱注之间的微妙关系。就字面而言，所谓“论语栏外书”当为札记于《论语》栏外余白的读书心得之类文字。不过，佐藤一斋札记心得的底本并非《论语》，而是朱熹的《论语集注》。严格说来，此所谓“栏外”并非《论语》的栏外，而是《论语集注》的栏外。就形式而言，若名之为“论语集注栏外书”则更为恰切。然而，佐藤一斋的札记终究还是指向《论语》本文的。因此，就撰者意图和解经实践而言，此一“论语”理应兼摄二种意义，既指作为元典的《论语》，也包摄作为《论语》注本的《论语集注》。

朱熹《论语集注》是近世日本知识层阅读《论语》的主流注本。一方面，德川幕府推尊朱子之学，官学藩校奉行朱学一元化教学的方针，学校教学必然依据朱注。另一方面，朱注也是市井

① 张士杰：《辨朱与求原的逻辑：中井履轩〈论语〉诠释路径及其与朱学之关系》，《齐鲁学刊》，第16—24页。

民间《论语》阅读的重要读本。即便是朱学的反对派，也因批判之需而必要对朱注加以精读深究。至如折中学派，糅合朱学与古学，则亦不能不在较大程度上充分读取和吸收朱注。例如，佐藤一斋之师中井竹山，其胞弟中井履轩作《论语逢原》，旨在追寻元典本义，而其“求原藉由辨朱而展开”[①]，这也正可从另一侧面佐证朱注之流行。实际上，《论语》在江户时期的传播与阅读，在相当程度上是以《论语集注》为媒介的。如此，佐藤一斋《论语栏外书》之具有作为“论语集注栏外书”的属性，既有其为学取向和官方身份因素的作用，也折射出当时的学术风尚，是当时朱注《论语》传播形态与影响情况的一个如实映现。

就撰者意图而言，《论语栏外书》的基本属性当然是《论语》元典的诠释性文本。不过，从《论语栏外书》的形式及其生成来看，因其所作诠释并非直接以元典原文为底本，而是藉由《论语集注》而为的，故又另具特殊属性，即是衍生自朱注的次生文本。而且，从诠释的对象文本来看，《论语》原文固然是其直接对象物，但《论语集注》作为间接对象物之存在及其重要作用更是无可否认的，因此亦当将《论语栏外书》视为《论语集注》的衍生文本，即《论语》原文本的再诠释性亚文本。在此两种意义上，《论语栏外书》相应地具有二重属性：一是《论语》的诠释性文本，二是衍生于《论语集注》的再诠释性亚文本。质言之，或可称之为《论语集注》的次生注本。

作为衍生于《论语集注》的再诠释性次生文本，《论语栏外书》的诠释对象并非如佐藤一斋所谓的“专紬绎正文”[②] 那样仅仅限定于《论语》原文，也包括作为《论语》亚文本的《论语集

① 张士杰：《辨朱与求原的逻辑：中井履轩〈论语〉诠释路径及其与朱学之关系》，《齐鲁学刊》，第16—24页。

② 佐藤一斎：《論語欄外書》，第1頁。

注》，抑或者可以说是以《论语集注》形态呈现的“论语”。因之，其关注的问题、思辨的焦点同时也包括《论语集注》所作的诠释，涉及其中所依据的文献材料、所采纳的注家观点、朱熹本人所作的注释与阐释，以及对朱注中两存其说之类情况作出裁断等。

就佐藤一斋的解经实践而言，《论语集注》并不只是一种参照性注本，其作用亦不止于比照“所得”之异同。实际上，佐藤一斋之所得往往源于朱注，是由朱注衍生、推演、发展而来的。可以说，他是在批判性继承朱注的基础之上提出已见的。

质言之，佐藤一斋《论语栏外书》具有二重文本属性，其一是《论语》元典的诠释性文本，其二是《论语集注》的次生文本。作为《论语》的诠释性文本，《论语栏外书》的宗旨在于疏解元典。作为《论语集注》的衍生文本，其解经实践又与《论语》朱学之间存在明确而且深刻的学术关联。此种复杂的文本属性，既映射着当时日本儒学的学术风尚，也关乎佐藤一斋《论语》诠释的路线、特质与成绩，而且折射出其接受朱子学的程度与深度。

（三）朱注对等意识

《论语栏外书》的二重文本属性及其与《论语集注》之间的学术关联，也折射出佐藤一斋的撰述心理。其复杂心理在卷首短文中有集中的表现，其文曰：

> 余读《论》《孟》，专紬绎正文。每有所得，蝇书之乌丝栏外。积年之久，纸无余白，不得不别存焉。但以其说与本注时有异同，故不敢辄示人，恐生疑惑也。虽然，其同也，非苟同；而异也，亦非求异。则示诸一二友契，何太不可。乃今誊录之，题曰“栏外书”。仍是巾笥中物，乌敢公

然问世。[①]

此段文字中言及三种文本，其一是作为“正文”的《论语》原文，其二是作为“本注”的朱熹《论语集注》，其三是集录“所得”的《论语栏外书》。三者关联紧密，但地位和属性并不相同。若以佐藤一斋的视点来看，则“正文”是“所得”的源头所在，是“所得”与“本注”共同的元文本；“本注”是“所得”的参照文本，并且与“所得”同样是《论语》元文本的注释文本。

显然，佐藤一斋的朱注对等意识和矛盾心理跃然纸上。首先，佐藤一斋有意强调其“栏外书”的元文本是《论语》元典，而非《论语集注》。在他看来，“所得”是元典本文的诠释文本，与“本注”具有相同属性和同等地位。其次，佐藤一斋开宗强调“专紬绎正文”，其间可见宋学重义理阐发之解经路线的影响痕迹，但也表明撰者似在有意无意之间避开“本注”，撇开作为介质文本的朱熹《论语集注》。再者，一斋自觉地对照“本注”，以比较异同，而又宣称“同也，非苟同；而异也，亦非求异”，似在强调其“所得”具有独立于“本注”的品性。

可知，佐藤一斋怀有复杂的心理态度。一方面，以《论语》元典的注本自居，而怀有较为浓厚的朱注对等意识；另一方面，肯定和承认朱注之作为《论语》主流注本的地位和事实，驱使其将之作为检视“所得”是非的基准性参照。实际上，《论语集注》之于《论语栏外书》的重要性不言而喻，而佐藤一斋之刻意强调二者之“异”，反而折射出其深层意识之中的“同”。此一“异”恰恰是植基于“同”之上的“异”。异同之间，也正是二者深刻而显明之学术关联的如实投影。

---

① 佐藤一斎：《論語欄外書》，第1頁。

五、结语

朱熹《论语集注》具有二重文本属性，既是元典的解释性注本，也是旨在为程朱一派理学张本而具有相对独立性的阐释性著作。其中蕴蓄着可以古为今用、中为外用的普遍性意义，并向周边辐射，深度浸润和深刻影响着日本儒学者的《论语》诠释路径与实践。佐藤一斋之《论语》诠释即是中国经学阐释传统在日本的有效传播与深刻影响的一个代表性案例，而其中亦呈现出他个人的解经理念、彼一时代的学术风尚以及蕴蓄着本土文化意识的学术特质。

从解经路径与实践来看，佐藤一斋《论语栏外书》与朱熹《论语集注》之间存在明确而深刻的学术关联。佐藤一斋接受并实践程朱关于“读《论语》《孟子》之法”的主张，注重于经典原文的细节处揣摩师徒答问的心理，推察疑问的焦点和解答的深意，以及行为细节中所蕴藏的孔门教学要旨，从而为解读元典另辟蹊径，在某种意义上拓展了《论语》的诠释空间。而且，佐藤一斋宗朱而不迷信，能作出不同于朱注的独立思考和可以言之成说的见解，对朱注作出一定意义上的补益和推进，丰富了《论语》朱学的诠释世界。

就其与朱注之关系而言，佐藤一斋是在朱学朱注的辐射中作出对《论语》的再阐释，《论语栏外书》的基本属性无疑是《论语集注》的再阐释性次生注本。“论语栏外书”虽然名之以“论语”，但其札记的底本实质上是《论语集注》。而且，佐藤一斋所主张的“专细绎正文”，有意将“所得”置于等同于“本注”的地位，则明确反射出一种对等意识——在作为《论语》注本的意义上具有等同于朱注的定位。又且，佐藤一斋强调与朱注“有异同”，且同非苟同、异非立异，又明确呈现一种背向朱注的离心力倾向——特别强调其与朱注的不同，同时将《论语栏外书》定性为《论语》元典的注本。实质上，这种对等意识和离心倾向，恰恰反向证明其作为朱注次生文本的质地。从《论语》诠释维度上说，是以追寻原文本义为宗。然而，若从文化接受心理上讲，则显然存在本土文化意识的作用。

申而论之，这种对等意识和离心倾向，既是其儒典阐释深层逻辑的表现，也呈现出其中国文化观以及中国文化接受心理的特质——崇仰与焦虑。

作为中国文化的接受国，日本在接受中国文化影响与享用文化传播的惠泽的同时，也往往容易产生“影响的焦虑”，在文化心理上倾向于将本国文化与中国文化做个比较，颇有意于争取一个对等的地位，甚至产生更胜一筹的心理预期。此种心理在历史上早有先例。例如，日本奈良时代推古天皇朝摄政圣德太子向隋炀帝递交的国书开头所谓“日出处天子致书日没处天子”便已表露出求得对等地位的心理端倪。又如，古义学大儒伊藤仁斋对“子欲居九夷”“乘桴浮于海”二章作出有意误读和强制阐释，以推演日本较诸中国更适宜于孔子之道的传播和发扬，呈现出一种实质为“文化接受优胜观”的本土文化心理①。佐藤一斋以儒为业，虽不至于自认为等同于孔子，但自命其“所得”与朱注处于同等地位，恐怕正是出于此种心理。佐藤一斋《谩言诗》中有“斯文丧坠有谁寻……殊疑光彩照吾襟”句，可见其颇自负为斯文在兹。此外，至若“凡士民之入门者盖三千人”② 之说，虽可旁证佐藤一斋门下兴盛，但三千之数实难考证，当为虚张夸大之

① 张士杰：《〈论语〉诠释与本土契合性：儒学在近世日本的可普遍化路向与逻辑》，《文史哲》，2023 年第 3 期，第 136—151 页。

② 井上哲次郎：《日本陽明学派之哲学》，第 330 頁。

辞，或为比附于孔门之盛的心理作用使然，且折射出幕末明初时期日本知识层的一种特别的中国文化观。

崇仰与焦虑，或许正是日本儒学者面对中国文化的一种普遍心态。

第十章　横井小楠与朱子学

——《中庸》思想的运用与阐发

1853年，美国太平洋舰队司令佩里带领四艘舰船打开了日本国门，维继二百六十余年的和平时代被打破，日本在所谓的“黑船来袭”的时代冲击下被迫打开了国门。事实上，在这一时期之前，日本就极为警惕来自外部，尤其是来自西方殖民者的冲击。这样的冲击不仅关乎日本的国家安全、经济利益，更关乎日本的政治体制，包括作为国家根基的儒学思想。换言之，到了幕府末期，作为传统根基的儒学是否可以应对来自外部的挑战，尤其是作为官学（十九世纪末期的“宽正异学之禁”）的朱子学。因此不管是在朱子学内部，还是在整个儒学体系下的日本学问，皆不得不为这样的“危机”而开始行动起来，以期获得拯救自我的思想源泉。

围棋何其变，颜面一不同。
人事率如此，变态诚无穷。
何以应无穷，灵活方寸中。
果知君子学，总在格知功。[①]

这是日本江户末期著名政治思想家横井小楠（1809—1869年）感怀而发的一首五言汉诗。横井小楠出生于肥后藩的一个下级武士家庭，青年时期与几位志同道合的朋友组建肥后“实学

① 野口宗親：《横井小楠漢詩文全釈》，東京：創流出版株式会社，2011年，第144頁。

党"，猛烈地批判当时的藩校"时习馆"的学风，积极提倡为学之道必须在"日用事实上致知力行"[①]。由于才华横溢，横井小楠还曾获得福井藩藩主松平春岳的青睐，被聘为政治顾问，面对"黑船来袭""西力东进"的复杂纷繁的国际局势，他撰写了诸多政治论策、建言，强烈反对战争，力推和平通商、殖产兴业，并提出以"仁义"之道来引领世界的国策。

横井的这首五言诗虽作于1853年美国的"黑船来袭"之前，但是在该诗的字里行间我们不难发现横井小楠对于世界局势的变幻莫测已经有了清醒的认识，而且从"何以应无穷，灵活方寸中"的表述中我们也可以清晰地读解出他希望通过中庸式的处理事务方式来应对千变万化的时局。

想要贯彻中庸思想绝非轻而易举之事。即便是孔子也曾感慨："中庸其至矣乎，民鲜能久矣。"其次，包括中庸思想在内的中国儒家思想文化对于日本人而言是不折不扣的"舶来品"，想要让一个日本人正确理解、接受中庸思想，并且将其付诸实际行动可谓难上加难。回想起19世纪中叶至20世纪中期日本从"大喜"（由一个毫不起眼的小国，成功跻身世界强国之林）再到"大悲"（专横跋扈的日本帝国最终被打败）的深刻教训，不禁让人痛感舍弃中庸思想所带来的灾难性后果。

面对着影响地区和平与稳定的极端事件，即使我们无法将它们彻彻底底地剔除，也应当将它们限制于最小程度。为了真正实现这一目标，我们需要某种思想、理念作为行动指南，而中国的传统文化价值观——中庸思想显然极为符合这个重要角色的需求。

事实上，近代以前中庸思想已经超越时空，对日本近世末期的知识分子横井小楠起到了举足轻重的影响，使其能在处理国际

---

① 山崎正董：《横井小楠遺稿》，東京：大和学芸図書，1977年，第945頁。

关系过程中合理地运用并且坚决地贯彻了中庸式的思维模式。通过对横井小楠中庸思想的考察，不仅可以明确作为中国传统文化价值观的中庸思想在外交领域的重要性和必要性，而且也为日本乃至其他国家在今后处理国际事务中提供有价值的借鉴，为最终实现共同安全、综合安全、合作安全以及可持续安全而努力。

一、中庸思想的诠释

从孔子所言“白刃可蹈也，中庸不可能也”中，我们不难感受到践行中庸思想难度之大。那么究竟何谓中庸思想呢？若要充分理解横井小楠的中庸思想，须对中庸思想的内涵进行必要的阐释。

以下列举儒家经典文本，尤其针对四书，即《论语》《孟子》《大学》《中庸》中与中庸思想相关的部分进行考察。

[1] 子贡问：“师与商也，孰贤？”子曰：“师也过，商也不及。”曰：“然则师愈与？”子曰：“过犹不及。”

[2] 子曰：“不得中行而与之，必也狂狷乎！狂者进取，狷者有所不为也。”

[3] 孟子曰：“杨子取为我，拔一毛而利天下，不为也。墨子兼爱。摩顶放踵利天下，为之。子莫执中，执中为近之，执中无权，犹执一也。”

[4] 君子中庸，小人反中庸。君子之中庸也，君子而时中。小人之中庸也，小人而无忌惮也。

[5] 执其两端，用其中于民，其斯以为舜乎？

[6] 君子和而不同。

[7] 喜怒哀乐之未发谓之中，发而皆中节谓之和。中也者，天下之大本也。和也者，天下之大道也。至中和，天地

位焉，万物育焉。

［8］率性之谓道，修道之谓教。道也者，不可须臾离也。可离，非道也。

［9］诚者，天之道也。诚之者，人之道也。诚者不勉而中，不思而得，从容中道，圣人也。诚之者，择善而固执之者也。

依据第［1］［2］项的表述，我们首先可以确认：能够贯彻中庸之道的人，无论在气质、作风还是德行方面都不偏向于诸如“过度”“不足”“狂”“狷”等对立因素的任何一端，能够恰到好处地把握自己的言行，以此实现一种均衡的状态。其次，中庸并非一个独立的概念，它有赖于“过”与“不及”这类相对事物的关系性而存在。

那么机械性地选取两极端事物的中间状态，是否就算中庸了呢？答案显然是否定的。正如第［3］［4］［5］项所描述的那样，子莫虽然看似能够抓住“利己”与“兼爱”的中间部分，但其实仍然没有把握住中庸思想的真谛。因为真正的中庸有别于所谓的“中间路线”，它并不是单纯地、机械地选择两个极端的中间，而是能够根据多样、复杂的变化状况，像秤砣一般适度、合理地调节自己的思想和行动。儒家所倡导的君子不但能够做到“温而厉，威而不猛”，同时又可以出色地维持“素其位而行，不愿乎其外。素富贵行乎富贵，素贫贱行乎贫贱，素夷狄行乎夷狄，素患难行乎患难”的“时中”状态。换言之，状况性的思考和条件性的思考是中庸思想的重要组成部分。“时有万变，事有万殊而中无定体”，“当此时则此为中，于彼时则非中矣”的论述亦是有力的旁证。同样作为统治阶级，必须在着力追求“正德”的道德性的同时，时刻不忘“利用厚生”的实用性，从而使百姓安居乐业、国泰民安。

依据第［6］［7］项所表达的内涵而言，中庸思想与“和”“中和”有着千丝万缕的联系。在古代中国，思想家们就已经拥有了朴素的辩证观，他们认为世界万物莫不有对，而“和实生物，同则不继”。对此，张岱年在《中国唯物论史》中曾指出：“和”是两个对立面的统一。“他”和与他相对立的另一个“他”，处于“平”的状态，“平”指统一。“以他平他”，亦即对立面的统一。而“同”是将两个以上相同的东西相加在一起，亦即是非对立的相同的东西的总和。史伯认为，只有对立面的统一才能产生新的物；而相同的物的总和是不能产生新的物的。这就是史伯所说的“和实生物，同则不继”。①

在儒家思想中，所谓“中和”，其实就是指存在于人体或是宇宙间的阴阳调和状态。在此必须特别强调：中庸思想所倡导的“和”，是建立在承认两者的不同之上的，即在客观地认识到两者的不同和对立之后所采取的统一、调和政策。因此，中和、中庸思想与利用权力、权威一味地压制对方，甚至强制性地将对方吸收、同化于自我的内部的强权政治有着天壤之别。这也再次印证了中庸思想有助于消除霸权主义，对于如何化解意识形态与宗教的对立，国家主权与领土完整的争端以及东洋文明和西洋文明之间的冲突大有裨益。

如上所述，中庸思想为了适应不断变化发展的时代、社会的需要，其本身自然无法固定不变。然而中庸思想的这种特点并不意味着毫无原则的随波逐流，或者消极随性的放任自由。前述例文［8］就足以证明这个道理。因为具备中庸思想的人，无论外部环境如何变化，正如“道也者，不可须臾离也”反映的那样，对于森罗万象中唯一不变之“道”的信念是决不会动摇的，“道”

① 张岱年等：《中国唯物论史》，郑州：河南人民出版社，1994年，第14—15页。

是他们在状况式思考与条件式思考时所必须遵循的原则。《中庸》正是以天人贯穿式的“天命之谓性，率性之谓道”起始，以例文[9]“诚者，天之道也。诚之者，人之道也”而展开，以“上天之载，无声无臭”而终结，把上天欲行之事设定为人类行为之目标，天人关系的统一与和谐始终是《中庸》的终极追求。

二、横井小楠中庸思想的渊源

作为一位拥有非凡儒学造诣的思想家，中国的儒家经典自然而然地成为了横井小楠获得中庸思想的重要源泉。以下根据山崎正董所编著的《横井小楠遗稿篇》（大和学艺图书出版，1980年），整理出了嘉永二年（1849年）至明治元年（1868年）近20年间横井小楠所阅读的书籍目录（表1）。

表1　横井小楠之读书目录

年　代	书籍名
嘉永二年（1849年）	《小学》《陈选句读》《近思录》《四书》《语类》《永乐大全》《自省录》《退野语》等
嘉永三年（1850年）	《开闭国的诸藩意见书》《春秋胡传》《中庸》《史传》《征西将军之御事迹》等
嘉永四年（1851年）	《常陆带》《程易二话》等
嘉永五年（1852年）	《论志二篇》《西洋翻译兵书》《集义和书》《集义外书》等
嘉永六年（1853年）	《大学或问》《明道》《论语》《近思录》《大学》《小学》等
安政二年（1855年）	《四时轩记》《大学》《中庸》等
安政三年（1856年）	《海国图志》《海国图志通解》等
安政五年（1858年）	《集义和书》等

续表

年代	书籍名
安政六年（1859年）	《英国史》等
万延元年（1860年）	《孟子》等
文久二年（1862年）	《大学》《论语》等
庆应二年（1866年）	《万国公法》等
庆应三年（1867年）	《熊泽书》等
明治元年（1868年）	《四书》《诗经》《书经》等

从中我们不难发现横井小楠从四十多岁开始至晚年，除了研读四书五经之外，还一直在努力学习江户初期的儒学思想家熊泽蕃山的著作，例如《集义和书》《集义外书》《大学或问》等。横井小楠曾高度评价道："如日本的神武帝、日本武尊、天智帝一般，更有武家成侯的织田信长治理天下的心胸、成此大事者唯有熊泽了介一人而已，此人所能治之国之规模甚为远大，曾有幸闻此人一言，若闻其他前辈之言，则从无如此多之感慨。"[①] 足见其对熊泽蕃山之景仰之情。

其实，熊泽蕃山留给横井小楠的思想遗产除了"诚实的工夫"和"实践致知"这两点之外，更重要的是近乎于中庸思想的"时处位"式的思维模式。"时"便是指时代或者时势，"处"便是意味着场所或地域，"位"则是指身份乃至地位。"时处位"的思考方式是指按照实际情况选择最为适宜的方法。熊泽蕃山认为，在解决现实社会的各种矛盾之时，无视"人情事变"直接硬套先贤理论的做法是不明智的，也是不可取的。他清晰地意识到"博学有德然不顾人情事变者，不堪为政，心不变通唯余害矣"[②]

① 山崎正董：《横井小楠伝記篇》，東京：大和学芸図書，1977年，第380頁。

② 後藤陽一、友枝龍太郎校注：《日本思想史大系・熊沢蕃山》，東京：岩波書店，1971年，第10頁。

以及“为人君者，顺应时处位，可得安康，天下清平，无为而治”[①] 的道理。

对熊泽蕃山而言，其师中江藤树如同君父：“吾受教于先师，其恩同君父。”然而即便如此，他却敢于不受其师学说的束缚而创立自己独特的学说。在遭受中江藤树门下其他弟子的强烈非难之际，熊泽蕃山又根据“时所位”理论进行了反驳：

> 我从先师处学到的是实义。当学术言行尚未成熟之时，自应当依据“时所位”假以时日顺应时节不断变通。我对于后之学人，亦认为他们应当弥补我学问之不足，改正我言行之错误。
>
> 在大道的实义方面我与先师毫无分歧。我与后人亦如此。要通过变通才能知晓常人所无法知晓的智慧。[②]

在熊泽蕃山看来，中江藤树学说的精髓在于变通，如果重视“时所位”的方法论则学问之道将无法成立。正因如此，熊泽蕃山继承了其师的遗志，并强调不应拘泥于先师中江藤树的学说，而是运用“时所位”思维方式使中江藤树的学说不断得到深化。可以说熊泽蕃山的学问观便是在顺应时势、不断变通的基础上逐步形成的。学术上熊泽蕃山貌似倾心于阳明学，然而在阅读了《集义和书》之后，我们便能发现情况未必如此。其言道：

> 我既不取朱子，亦不取阳明，唯取古之圣人之智。自道统而言，朱熹与阳明二人一也。他们的学问都是时代的产物。……朱熹当时为了针砭时弊，注重求“理”解“惑”，而没有发掘自省慎独的重要性。王阳明同样是针砭时弊，注意自省慎独，却忽略了求“理”解“惑”。[③]

---

① 後藤陽一、友枝龍太郎校注：《日本思想史大系·熊沢蕃山》，第 177 頁。

② 後藤陽一、友枝龍太郎校注：《日本思想史大系·熊沢蕃山》，第 54 頁。

③ 後藤陽一、友枝龍太郎校注：《日本思想史大系·熊沢蕃山》，第 141 頁。

这里值得关注的是熊泽蕃山在评价朱子学和阳明学之时，并不是以“现在”的视点去看待问题的，而是结合当时的时代背景，对朱、王二人的主张做了一个相对性的评价。朱熹为了批评佛教学说的“空”，运用了“理”的概念，说明了宇宙本质的实在性。朱熹认为，这个“理”是天地万物所有事物都遵循的，人伦日用自然也是同样如此。因此，在熊泽蕃山眼中朱熹不厌其烦地反复谈论“穷理”学说，是出于适应宋代当时的社会需要而作的考量，毋庸置疑这是一种“实学”。同样，在鼓吹不穷尽事物之“理”就成不了圣人的极端“穷理说”横行的状况下，王守仁提出了“我心即理”，通过提倡“致良知”指明了“存天理”的可能性。熊泽蕃山认为王守仁的主张同样是为了矫正时弊而发，毫无疑问这同样可以被誉为“实学”。

就此，熊泽蕃山排除了固定原理主义以及一边倒式的极端主义思维，利用了中庸式的思维通过“朱王兼修”，超越了中江藤树从而形成了中庸式的学术风格。

精心研读熊泽蕃山的著作并对其极力推崇的横井小楠很好地继承、发扬并贯彻了他的这种“时所位”思想。横井小楠生活的日本正处于“西力东渐”的大潮中，持续了二百余年的德川幕府统治行将就木。1853 年美国海军上将佩里的不请自来，在幕府末期的日本社会上掀起了巨大的波澜。当时民间流行起“上喜撰惊醒太平梦，喝上四杯夙夜难眠”这样的狂歌。上喜撰是高级茶叶的商标名，其日语发音恰好与蒸汽船的发音相似。这首狂歌生动而形象地表现了黑船来袭对于幕府末期日本社会所造成的巨大冲击。

事实上，最初逼迫日本开国的并非美国。在此之前，俄国和英国也屡次要求日本开国通商。但是当时幕府的官员们重复着“明年回复”或者“贵国的通商文件并不齐全”之类的官僚术语，将开国问题搁置起来。然而对于拥有绝对军事优势的美国人佩里而言，幕府的这种应对伎俩显然不起任何作用。佩里的舰队未经许可就侵入了东京湾，并以放空炮的形式对江户进行了军事、武力威胁。

深感“洋夷”来袭危机的横井小楠，合理地运用“时中”，因地制宜地洞察、把握和应对了当时的复杂局势。

三、中庸思想在政治领域的实践

（一）状况式、条件式的思维模式

在横井小楠的著作中经常出现“势”这一词，还喜爱使用“气运”一词。他曾强调：“天地之气运与万国之形势无法人为阻隔，日本若以私意锁国，或心存私意开国通商的话，都无法得到长治久安。当今日本应乘天地之气运随万国之事情，以公共之道经纶天下。”[①] 无论是“势”还是“气运”都可以理解为因事物进展而自然形成的某种状态。对“势”“气运”的重视，充分体现了横井小楠对于不断变化的现实社会的关注。因为“势”“气运”绝非一成不变，所以横井小楠大力提倡尊重世界变化的趋势，不悖于它应有的状态。

嘉永六年（1853 年），继美国的黑船来袭之后，俄国方面也携国书进入长崎港强烈要求开国。幕府为了应付此事，派川路圣谟等人前往交涉。得知消息的横井小楠立刻写了《夷虏应接大意》呈送于友人川路，其开头部分这样写道：

> 在应对亚墨利加·鲁西亚的使节时只需贯彻和遵循天地

① 山口宗之等：《日本思想大系·渡辺崋山　高野長英　佐久間象山　横井小楠　橋本左内》，東京：岩波書店，1971 年，第 441 頁。

仁义之大道。如果不遵循仁义之大道，议和将损害国体，对抗将自取毁灭。我国对待外夷的国是方针是根据有道和无道的原则。对于有道之国允许通信，对于无道之国坚决抵制。倘若不分有道无道的原则将所有一切都拒之门外的话，那就违背了天地公共之实理，失信义于万国。[①]

由此可见，横井小楠并非一成不变地看待开国与否这个问题，他认为应当根据不同状况一一加以判断。正如“应时随势得其宜的道理才是真道理”所言，横井小楠在政治和社会等领域的见解，都是针对某个具体问题所开的处方，脱离具体情况的对策在他眼里只是纸上谈兵，毫无意义。从这一角度看，横井小楠的思想和“君子时中”是一脉相通的。

（二）“和而不同”的西洋认识

横井小楠对于西洋诸国的认识可以用“和而不同”四字概括，这一立场充分体现在他的“锁国论”中。众所周知，引入“锁国”这个词的是江户时代的荷兰学家志筑忠雄。他将德国人坎贝尔所著《列国奇观》中的一个章节翻译为“锁国论”。坎贝尔在该书中从五个方面论述了禁止日本本国民众与外国人交流和交易，才是幕府统治的最佳策略。对于幕府的“锁国”政策，坎贝尔认为：

锁国政策虽然没有顾及造物主制定的规则，违背了人类社会的法则，但是在当时幕府采取这样的政策具有一定的合理性。主要是因为日本处于难以通航的地理位置，虽然人口众多，但是国内的物产丰富，金属铸造技术发达，而且日本人的胆略勇气都出类拔萃。更重要的一点是进入江户时代

① 山口宗之等：《日本思想大系·渡辺崋山　高野長英　佐久間象山　横井小楠　橋本左内》，第11頁。

后，随着政治体制和法制的确立和完善，日本国内实现了天下安泰，这足以证明当时的日本统治者是圣贤明君。[①]

横井小楠最初接触到坎贝尔的“锁国论”是在天保十年（1839年）于江户游学之际。他在读完“锁国论”后，立刻写下了题为“读锁国论”的感想文，大致内容如下：

> 天下之势不唯我有眼者能知之，彼泰西人既知之。乃如检夫尔锁国论，窥我山海之险绝，见我士气之刚锐。知我土地所产之百物自足而极服我锁国卓越之见也。盖泰西诸州大抵襟带相接犹我七道，不得不交互为生。是彼之我所以同球而殊地也。故在彼开通为道，在我闭锁为道。[②]

从这段话中我们不难发现当时的横井小楠依然是个不折不扣的攘夷论者，对于和外国通信、通商持有保守的态度。但是“同球而殊地”的叙述表明他已经具备了将日本和西洋同时置于地球对等分析的视野。正如“在彼开通为道，在我闭锁为道”所述，在他看来，西洋的开国政策和日本的闭锁政策都符合各自原则。因此西洋与日本之间，并不存在优劣高低之分，相互尊重是不可欠缺的，这意味着以往所谓的“华夷观念”在横井小楠这里发生了巨大的变化。在以往的“华夷观念”中，正如“夷狄之有君，不如诸夏之亡也”所形容的那样，认为只要是夷狄那就全然没有仁义礼智，夷狄的身份存在本身就受到了否定。反观横井小楠的见解明显与之不同，他认为即使西方是不尊奉儒教的夷狄国家，也不能完全否认西方国家中就没有“道”的存在。这足以体现其“和而不同”的精神。

坚持“和而不同”原则的横井小楠，在分析国际局势的时

---

① エンジェルバード・ケンプェル：『ケンプェル江戸参府纪行（下卷）』，東京：丸善雄松堂，1928年，第529頁。

② 山崎止董：《横井小楠遺稿》，第693頁。

候，拥有了开阔的视野。他强调在地球上，除中国、日本等亚洲诸国以外，还有美国、英国、俄国等西洋诸国，这些国家与日本、中国相比只是所处地域不同而已，相互之间并不存在优劣高低。这样便形成了和以前“华夷天下观”所不同的世界体系。换而言之，横井小楠的世界观从原来的以中国为中心的一元世界观转化为包含西洋诸国在内的多元化、多极化的世界观，而实现这一转换的原因，源自他所奉行的“君子和而不同”之理念。

“状况式”的思维模式外加“和而不同”包容态度，使横井小楠在应对和处理变幻莫测的国际风云时，显得十分灵活机动，游刃有余。然而横井小楠绝非见风使舵的“墙头草”。在他状况式的思维判断中，始终贯穿着某种原则，这就是上文所提到的“道”。那么，对于横井小楠而言，“道”又为何物呢？

（三）道不可须臾离也

文久三年（1863 年），在尊王攘夷运动的大潮中，横井小楠精心策划了“举藩上洛”。所谓“举藩上洛”，就是指福井藩的所有藩士怀着不成功便成仁的决心奔赴京都参与英、法、美、荷四国公使与朝廷以及幕府要人的谈判计划。横井小楠认为朝廷和幕府官员必须通过“公论”的方式，首先认真听取西洋人的主张，然后根据有道无道的原则来决定是否开国。倘若朝廷和幕府无视西洋诸国合理的要求，不仅会使“有道之国”的美名荡然无存，还会招致世界各国的舆论抨击和军事打击。此处，横井小楠的主张与《夷虏应接大意》中“凡天地之间只有道理。以道理喻人，即便是夷狄禽兽也不得不服”[①] 陈述完全一致。换而言之，所有

① 山崎正董：《横井小楠遺稿》，第 435—436 頁。

的灵活应对的方法必须以“道理”“大义”作为前提条件。在横井小楠眼中，“大义”应该是超越地域、民族、时代而普遍存在的。他所认同的“大义”具体而言是指尧舜孔子之道。横井小楠在写给留学美国的两个外甥的书信中这样说道：“对于富国强兵器械之事，世界各国都在倾尽全力，可谓盛况空前。然而谈及大道，显而易见世上除了尧舜孔子之道以外，别无其他。”[①] 此可知横井小楠确信“三代之道”才是“公共的天理”，认为只有通过普及和实现“三代之道”整个世界才能最终实现和平与繁荣。

另外，给予横井小楠宾师礼遇的村田氏寿在《关西巡回记》中记录横井小楠曾经说过的一段话：

> 道乃天地之道，没有我国与外国之分。有道之处即便是夷狄之地，也应称之为中国。倘若无道，无论是我国还是中国都将被贬为夷狄。没有国家一开始就可以被称为中国或夷狄。国学家们的见解大有偏颇。美国对于日本的国情有着深刻的洞察，先使日本觉醒，然后逐渐使日本开放门户。就日本而言，首先必须兴起仁义之道，成为强国。当然有强国则必有弱国，日本在明确仁义之道之后，方可成为世界各国的守护者。[②]

综上所述，我们可以将横井小楠的国际政治思想归结为以下两点：

第一，横井小楠排斥以往存在于东亚地区的上下垂直式“华夷”关系，利用了中庸思想中“和而不同”的特色，强调了世界各国的平等性。众所周知，近代以前的东亚地区存在着“华夷有别”的认识，“华”的礼仪、道德以同心圆状向四方周边普及，

① 山崎正董：《横井小楠遺稿》，第508頁。
② 山崎正董：《横井小楠伝》上卷，東京：明立社，2006年，第290頁。

从而将地处偏远的“夷”吸纳到“华”的内部，使其成为与“华”相同的国家，或者成为“华”的一部分。就这种思想本身而言，通过武力来实现权力支配的意识非常淡薄，但是相对于“夷”占据绝对优势的“华”，虽然不对朝贡之国实行绝对的政治支配，但是册封与朝贡双方的关系其实是一种垂直上下型的君臣关系。然而如果依照横井小楠鼓吹的“道是天地之道”的说法，就不存在上下式的高低差异。“华夷彼此无差别，皆同人类”等表述标志着他已经将“华”的优越性进行了相对化处理。在道理面前，“华”和“夷”摆脱了以往垂直式的上下关系，发展成水平式的平等关系。

第二，横井小楠以“道”为媒介，寻求东洋与西洋、日本与外国之间的共通元素。就横井小楠而言，“道”的核心在于“仁”。《沼山对话》中，他明确地表示：“道乃天地之道，乃我胸臆中之所具，归根结底乃仁一字。”[①] 可见，“仁”正是“道”的核心要素，而且横井小楠所言的“仁”中至少包含三个元素。

1. 道德：杜绝相互杀戮，保持相互友爱的和平状态。

2. 政治：推进全民公议，尊重民意。

3. 经济：优先考虑民众的幸福利益。

横井小楠对于中庸思想的实践，不仅反映在外交事务领域，在他的诗歌等文学作品中亦有着显著的体现。真正的儒学家创作诗歌的本意在于借诗言志，即把诗歌等文学作品与人心的波荡，与社会、世态，特别是国家政治状况联系起来，因此这类诗歌作品既饱含自然审美的情趣，同时又不乏哲理审美的高度。以下从文学的角度，通过小楠所创作的诗歌进一步考察他的中庸思想。

---

① 山口宗之等：《日本思想大系·渡辺崋山　高野長英　佐久間象山　横井小楠　橋本左内》，第 508—509 頁。

四、中庸思想在诗歌作品中的展现

孟子曾批评子莫由于缺乏“权道”思想，所以只是单纯地取了杨朱的“利己”和墨子“兼爱”的中间部分，并没有真正做到因地因时制宜。下面这首诗很好地反映了横井小楠反对子莫式的“机械性”“形式性”的纯粹居中做法。

既非众与正，天理何处求。

一生和同意，忽乘子莫舟。①

在该诗的前两句中，横井小楠首先指出了众言方（俗论）与（正论）方清议各执一端，相持不下，无论哪方，都将无法获得天理。同时暗示了公议、公论的方法才是获得天理的行之有效的途径。横井小楠特别提倡发挥学校在公论方面的作用。从《学校问答书》中，不难发现横井小楠所构想的学校不仅需要起到教书育人的作用，同时学校还必须为不同身份、年龄、地位的人提供互相讨论政治之利弊以及切磋学问的机会，在学校里没有贵贱、老少之分。对于各式各样的意见，人们究竟该以怎样的态度去面对呢？后两句“一生和同意，忽乘子莫舟”表明了他的基本立场：如果想要对各方意见来个折中主义，不得罪甲方，也不为难乙方，这种行为方式类似于子莫一般，同样属于偏执一端，无法实现中庸。

作为一名武士，振兴士道、报效国家是横井小楠毕生的使命。然而，当时的士道却偏执于一端，没有实现文与武的均衡，根本没法实现治国平天下的宏伟目标。小楠感慨道：

磨去磨来日本魂，欲酬列世国家恩。

---

① 野口宗親：《横井小楠漢詩文全釈》，第234頁。

分明文武一途事，分作两轮真俗言。[1]

该诗的第一句和第二句不仅反映了横井小楠报国的决心，而且确认了精神是为国家而存在的。要实现治理国家，使民众安居乐业，对于统治阶层而言，首先必须修身。因此《中庸》强调“修身则道立”，而修身的前提条件在于“知斯三者（智、仁、勇）”。然而，当时的武士往往偏武而轻文，忽视了智、仁、勇三者的协调关系。因而此诗的后半部分着力强调文、武关系的均衡发展。其实1860年横井小楠撰写的《国是三论》特别设有“士道”一章，表明了“文中有武，武中含文”，文武不分家的道理。事实上，《尚书·大禹谟》中就有“帝德广运，乃圣乃神，乃武乃文”的表述，横井小楠提倡文武一途，既表达了他对尧舜等圣人的敬仰和赞美，也衬托了他想在日本社会重现唐虞治世的壮志凌云。

对于横井小楠而言，真正的智、仁、勇三者都包含在“善道”之中，选择了“善道”便等同于选择了中庸之道。他曾挥毫题写：

智唯在择善，择善即执中。
何以执其中，方寸一字公。[2]

在横井小楠看来，若想实现“允执厥中”，必须时时刻刻恪守“公”字，并且在行动上应当不断追求“公共之天理”，即仁义之大道。而恪守“公”的有效途径是通过“心虚即见天”的方式。以下两首诗便是很好的佐证。

是彼又非此，是非一方偏。
姑置是非心，心虚即见天。[3]

---

① 野口宗親：《横井小楠漢詩文全釈》，第154頁。
② 野口宗親：《横井小楠漢詩文全釈》，第232頁。
③ 野口宗親：《横井小楠漢詩文全釈》，第235頁。

心虚即见天，天理万物和。
纷纷闲是非，一笑付逝波。①

“心虚”代表着戒慎惶恐和慎独，其结果则可以使人内心的“诚”真实无妄地展现出来。“诚”是中庸思想的核心之一。正如“诚者，天之道也。诚之者，人之道也。诚者，不勉而中，不思而得，从容中道，圣人也。诚之者，择善而固执之者也”所述，天道和人道都无法脱离“诚”字。依照横井小楠的理解，“诚”已经超越了一种单纯的精神状态，它始终在转换和完成事物，从而使包括人在内的万物处于和谐状态。横井小楠更是提出了以“至诚恻怛”之心来维护日本与世界诸国的和平共存，实现唐虞三代的“公共之道”。与此同时，他也明确地意识到天道之“诚”源于自然，人道之“诚”离不开个体的努力，通过学习圣人之道来加强自身修养，提升生命境界，实现经世济民，利用厚生。

不流功利不流禅，大丈夫心希圣贤。
尽得终生艰苦力，欲披云雾看青天。②

此诗完美揭示了横井小楠以中庸思想为行动指南，坚持学习圣人之道并躬身力行的决心。“尽得终生艰苦力，欲披云雾看青天”也是其一波三折的人生经历的真实写照。作为肥后藩藩校的佼佼者，横井小楠曾经有幸被派到江户游学，然而在藤田东湖举行的酒会上，他借着酒兴公开批判起幕府的政策。如此一来，他便被责令强制回乡，最终还落得一个禁闭反省的下场。然而生性好强的他并没有自暴自弃，反而利用居家禁闭之闲，苦心钻研学问，并与几位志同道合的朋友组成了实学党。此后，虽然实学党在与藩校时习馆的政治斗争中败下阵来，但是横井小楠却声名鹊起，不久获得了福井藩藩主松平春岳的青睐并被聘为政治顾问。

① 野口宗親：《横井小楠漢詩文全釈》，第236頁。
② 野口宗親：《横井小楠漢詩文全釈》，第130頁。

尔后，松平春岳成为幕府政事总裁，横井小楠便顺理成章地加入幕府决策层中。由此可见，横井小楠每次遇到挫折都没有一蹶不振，反而是鼓起勇气选择了积极地应对，勇敢地接受挑战。这些事实也折射出横井小楠想要实现仁义大道的伟大决心和坚强毅力。

五、结语

综上所述，处于传统与近代交替漩涡中的横井小楠，努力地运用中庸思想来探寻拯救时局的处方。他积极主张和平通商，强调各国间的平等互惠、共存共荣。这种中庸思想的贯彻，源自其对儒家之“道”的普遍性与合理性的坚定信念，“唐虞三代”的理想成为贯穿其政治理论、诗文创作以及教育实践的主要脉络。因此即便横井小楠提倡向西方学习，也并不意味他主张要将日本西方化，而是力图使日本更接近“道”，从而实现儒学化。

有句话叫“亚洲是一个整体”，这里所谓的“整体”并不意味着集权主义、霸权主义，而是在承认多样性、差异性的基础上探寻蕴含在多样思想、多元文化内部的共通元素。对于生活在21世纪的人们而言，构建一个多民族、多文化的市民社会才是唯一的选择。从中庸思想中我们不仅能够获取超越不同时代、社会、文化的普遍原理和方法，同时中庸思想的确立可以缓解世界各国间对立关系，将国与国之间的存在状态由“竞争模式”转变为“共存模式”。横井小楠对于中庸思想的准确的认知以及坚决的执行，再次体现了中国传统文化的宝贵价值以及巨大影响，同时也为时不时地发表过激言论，在维护世界和平以及地区稳定道路上渐行渐远的某些日本右翼政客敲响了警钟。

第三编　日本朱子学的话语批评

本编以“日本朱子学的话语批评”为标题，选择江户时代至明治时期的朱子学派的认识与批评为对象，聚焦以实学·真儒·正统为核心的朱子学的表象与位相，以礼文、礼器、礼意为对象的朱子家礼实践，以《六谕衍义》异本为例的近世日本教育传承，以话语批评为关键来进行的“日本儒学史”的建构与虚构，以朱子学的话语批评来重构中国形象，即通过一系列“副文本”的方式来就朱子学展开后现代式的探究，由此一探朱子学的话语批评所折射出来的记忆留存与历史回响。

第十一章　江户时代朱子学的表象与位相

——以实理·真儒·正统为核心

日本学者吉田公平曾经指出：面对西学东渐的知识困境，提倡“致良知”的阳明学在日本对抗西方的过程中发挥出了显著的历史作用。尤其是到了明治后期，随着三宅雪岭《王阳明》(1893 年)、高濑武次郎《日本之阳明学》（1898 年)、井上哲次郎《日本阳明学派之哲学》（1900 年）等一系列著作的出版，乃至《阳明学》杂志的刊行（1894 年)，阳明学取代朱子学一跃占据了东亚学术的主导性地位。[①] 历史上，朱子学曾经影响了整个日本的江户时代，并与阳明学处于对立的地位。那么，它是否就此完全退出历史舞台，成了时代的落伍者？就此而言，我认为有必要探讨朱子学在日本尤其是江户时代的演绎，也就是本论尝试构筑起来的作为“实理之学”“真儒之学”“正统之学”的朱子学的位相，由此来探索其在日本江户时代的影响与价值之所在，同时也可以为如今确立朱子学的历史定位提供一个更为客观、公正的立场。

一、作为“实理之学”的朱子学

围绕江户时代日本朱子学的萌生，藤原惺窝可谓是其中一个

① 吉田公平：《陽明学研究史》，岡田武彦：《陽明学の世界》，台北：明德出版社，1986 年，第 467 頁。

不可忽略的重要人物。黄遵宪《日本国志》云："自藤原肃始为程朱学"，并注云："时海内丧乱，日寻干戈，文教扫地，而惺窝独唱道学之说。……自惺窝惠奉朱学，林罗山、那波活所皆出其门，于是乎朱学大兴。"[①] 由此可见，正是藤原惺窝开启了江户朱子学的滥觞。

藤原惺窝早年削发为僧，而后悟其非，皈依朱子学。因此，如何脱离时代流行的禅学，树立儒学自身的轨迹，也就成为其必须克服的最大课题。那么，藤原惺窝究竟是如何解决这一问题的？首先我们可以通过其弟子林罗山的记载来论证。根据林罗山《惺窝先生行状》的叙述："先生以为我久从事于释氏，然有疑于心。读圣贤书信而不疑。道果在兹，岂人伦外哉！释氏既绝仁种又灭义理，是所以为异端也。"[②] 也就是说，佛教绝仁种，灭义理，故而为异端；儒学推崇人伦义理，故而为正统。对此，林罗山还予以进一步解释，即《谕三人》一文所阐述的："浮屠氏毕竟以山河大地为假，人伦为虚妄，遂绝灭义理，有罪于我道。故曰：'事君必忠，事亲必孝。'彼去君臣弃父子以求道，我未闻君父之外别有所谓道也。故曰：'吾道非彼所谓道也。'"[③] 也就是说，我道——儒学之道、彼道——浮屠之道，二者截然不同，儒学之道乃是强调忠君孝亲之义理，注重君臣父子之人伦的道学正统。正因为如此，藤原惺窝强调指出："朱夫子者，继往圣，开来学，得道统之传也。"[④]

藤原惺窝或者林罗山所突出的义理人伦，实质上正落在了一个"实"字。这样一个实理，藤原惺窝在探讨《五事之难》之中

① 黄遵宪：《日本国志》卷三十二，陈铮主编：《黄遵宪集》，第 2344 页。
② 林羅山：《惺窩先生行状》，《日本思想大系·藤原惺窩　林羅山》，第 224 頁。
③ 京都史跡会编：《林羅山文集》，第 671—672 頁。
④ 藤原惺窩：《答林秀才書》，《日本思想大系·藤原惺窩　林羅山》，第 98 頁。

解释指出："夫天道者理也，此理在天未赋予物曰天道，此理具于人心未应于事曰性，性亦理也。盖仁义礼智之性与夫元亨利贞之天道，异名而其实一也。凡人顺理则天道在其中，而天人如一者也。徇欲则人欲胜其德，而天是天人是人也。"① 也就是说，这样一个实理就是天道、性理。只要是人，皆必须依循这一天道或者实理，这就突出了朱子学作为"实理之学"的关键之所在。事实上，《朱子语类》就曾强调："吾儒万理皆实，释氏万理皆虚"，"佛氏偏处只是虚其理，理是实理，他却虚了"。因此，朱子学要强调实理，不可如佛教一般"空豁豁地更无一物"②。不言而喻，这一"实理"把握亦是根植于朱子学的性理之说，其目的亦在于批判佛教之虚妄。

林罗山继承了藤原惺窝批判佛教的思想，并延续了其"实理"之说。他指出："夫儒也实、佛也虚，定虚实之惑，滔滔者天下皆是。……《传》曰：'攻乎异端，斯害也已。'程子曰：'佛书如淫声美色，能易惑人。'朱子曰：'寂灭之说，离而无实。'……呜呼彼所谓道者非道也，吾所谓道者道也。道也与非道也无他，实与虚也，公与私也。"③ 不仅如此，林罗山还认为："夫道者教人伦而已。伦理之外，何别有道？彼云出世间，云游方外，然则舍人伦而求虚无寂灭，实是无此理。"④ 如果说藤原惺窝还只是突出人伦义理之"实"的话，林罗山则在这一基础上进一步强调了"天下"观念，强调了"教人伦"即"人伦之教"的问题，亦强调了"公与私"的问题。换言之，朱子学之所以成为必要，不仅在于它超越佛教之学、注重实理，同时也在于它有益

---

① 藤原惺窩：《統惺窩文集》（第1卷），《日本思想大系·藤原惺窩　林羅山》，第92頁。

② 朱谦之：《日本的朱子学》，第523页。

③ 京都史跡会編：《林羅山文集》，第33頁。

④ 林羅山：《雑着·釈老》，《日本思想大系·藤原惺窩　林羅山》，第233頁。

于日本的“公与私”的人伦教化，乃至“天下”框架下的日本的自我认识。

林罗山尊崇朱子学，尤为强调程朱的“持敬”之说，[①] 但是并没有将之绝对化，更没有将朱子学视为不可动摇的存在。事实上，无论是藤原惺窝还是林罗山，都不是“纯粹”的朱子学者。林罗山曾撰写《神祇宝典序》云：“夫本朝者神灵之所挺生而复栖舍也，故推称神国。其号神器，守其大宝则曰神皇，其征伐则曰神兵，其所由行，则曰神道。”[②] 突出了日本作为神国、秉承神道的性格，提示了日本的自我认识——“神道・神国”的印象。不仅如此，林罗山还提到本朝神道即是王道，王道即是儒道，二者“理一而已矣。……呜呼，王道一变至于神道，神道一变至于道，道吾所谓儒道也，非所谓外道也，外道也者，佛道也。佛者，充塞乎仁义之路，悲哉天下之久无夫道也”[③]。在此，林罗山将朱子学与日本神道进行了“嫁接”，指出二者实则为一体之学，佛教之学反而成为“外道”，且阻塞了仁义之路。[④] 这样一来，原本是外来之学的朱子学也就不再是外来的，而是日本神道的一个“转型”而已。就这样，朱子学成为日本论证自身存在“根源性”的一种工具。

二、作为“真儒之学”的朱子学

林罗山提出的“神道与儒道”“公与私”“儒道与外道”之

① 朱谦之：《日本的朱子学》，第 189 页。

② 京都史跡会編：《林羅山文集》，第 558 頁。

③ 京都史跡会編：《林羅山文集》，第 804—805 頁。

④ 围绕神道与朱子学的问题，参考吴光辉：《日本神道理论依据的文化论思考——以近世神道的展开为线索》，崔世广编：《神道与日本文化》，北京：中国社会科学出版社，2012 年，第 272—280 页。

辩，开启了江户时代的朱子学论争，为后世儒学者“纯化”自身立场提供了启示。最为重要的一点就是，林罗山并不追求朱子学的一脉相承，而是兼顾阳明学，谋求调和，尊崇朱子而并不埋没于朱子的“格套”之中。[①] 这一观念亦深刻影响了日本后世学者，尤其是到了江户时代中期，围绕朱子学的学术论争就是以这一批儒学者的自我认识——“真儒”之辩为中心而展开。

海西学派巨擘贝原益轩的人生求学之“转向”，可谓是一大典型事例。根据贝好古编撰的《益轩先生年谱》记载：“先生素崇浮屠，日诵佛教，常念佛号，每月当佛日，则素食，拜佛堂。仲兄告之以浮屠之非，一旦悟其过，而终身不好佛，自是始知圣人之道可尊而深信之”。“先生尝好陆王，且玩读王阳明之书数岁，有朱陆兼用之意。今年始读《学蔀通辩》，遂悟陆氏之非，尽弃其旧学，纯如也。……由是益信濂、洛、关、闽之正学，直欲诉洙泗之流，专心致志，昼夜力学不懈，至忘寝食”。[②] 由此可见，贝原益轩经历了自佛教转为圣人之道，自陆王心学转为程朱之学的“转向”，由此而得到了“可尊而深信之”的、“纯如”的“正学”。在经历了这样的“转向”之后，贝原益轩树立起了自身作为一个朱子学者的形象。

不过，最为关键的是，贝原益轩在树立自身作为朱子学者的形象的同时，亦对于朱子的形象进行了重新的诠释与描述。贝原益轩曾提到自己无比崇拜朱子：“尊之如神明，信之如耆龟。”[③] 他认为：“后之学者，讲习于经义，讨论于道理，而所以为学者，

---

① 朱谦之：《日本的朱子学》，第186—187页。

② 井上哲次郎：《日本朱子学派之哲学》，转引自朱谦之：《日本的朱子学》，第247—248页。

③ 貝原益軒：《自娯集》，《益軒全集》卷三，東京：《益軒全集》刊行部，1910—1911年，第227頁。

皆是依于朱子开导之功，故古今天下之学者，无不以朱子为阶梯。”① 而且，贝原益轩还站在整个儒学历史演绎的立场指出：“孔子之后，传圣人之教，而学到至处者，特孟子一人而已矣。……孟子之后，周程张及司马，并是圣贤，有功乎斯道之人，而程朱之所传，最得其正。其学术，亦比之诸儒，特广大精详，可为后学之模范。……孔孟之后，惟此二子，诚可以为知道之人，学者之所当为宗师也。”② 不仅如此，贝原益轩还强调：“朱子诚是真儒，可谓振古豪杰也。”③ 在此，贝原益轩突出了朱子为“知道之人”“振古豪杰”“后学之模范”的个人形象，最为重要的一点，就是朱子乃是继承儒学“正统”、拥有广大精详的学术的“真儒”。

那么，是否只要纯粹地学习朱子学，就可以不偏不倚地成就“真儒”之道？事实上，贝原益轩在突出朱子的“真儒”之道的同时，亦强调了儒学者首先要还原“学者”的身份，必须要“虚其心，平其气，而精虑之，详择之，而信其可信，疑其可疑，则可也”④。正是站在这一立场，贝原益轩批判后来之儒者：“大抵后儒之论朱子，其失有二焉，其一，以朱子为不足信，而贬议焉；其二，以朱子为圣人，而不可加焉。以朱子为不足信者，固是冤枉也；以朱子为圣人者，亦是阿其所好也。此二者不知朱子之过也。”⑤ 换言之，直接质疑朱子学问而不求知道者，实为不解其学术之广大精详之人；一味崇信朱子而不知变通者，亦非通明之士之所为。贝原益轩反对不明妄疑者，亦反对曲学蒙蔽者：

① 貝原益軒：《自娯集》，《益軒全集》卷三，第256—257頁。

② 貝原益軒：《大疑録》（卷上），井上哲次郎等編：《日本倫理彙編》卷八，第210—211頁。

③ 貝原益軒：《自娯集》，《益軒全集》卷三，第256—257頁。

④ 貝原益軒：《大疑録》（卷上），《日本倫理彙編》卷八，第209頁。

⑤ 貝原益軒：《慎思録》（第5卷），《日本倫理彙編》卷八，第140頁。

“只信可信，疑可疑，是通明之士之所为，乃为学良法。”[①]

贝原益轩为什么在高度评价朱子学与朱子的同时，亦采取怀疑的态度呢？这一思想或者方法，应该说亦是来自朱子。贝原益轩曾引用朱子语录，提到：“古人曰：学者觉也。觉悟所不知也，故为学之道，在解疑开迷。是以学以能疑为明，以不能疑为不明。故朱子曰：大疑则可大进，小疑则可小进，不疑则不进。然疑有邪正，精思不得已而疑者正也，妄疑者凿也，不可为正。”[②]换而言之，贝原益轩实则是利用朱子的方法（即怀疑的方法）来质疑朱子、批判朱子学。

但是，这样的质疑或者批判如果不落到一个“实在”之处，就是纯粹的方法之诡辩。贝原益轩之所以质疑朱子、批判朱子学，根本的立足点在于如何认识与落实“学问之道”的问题。贝原指出：“学问之道，天下之公道。”[③]“故为学之道，惟以为善为事而已矣。”[④]“为学之道，以为仁为本，以忠信为主，以孝弟为先，以博文约礼为勤，以为君子为志。”[⑤]贝原益轩叙述自身“文学之事，无一所能，百事皆拙陋，不能及于人也远矣，惟恐有勤苦读书，恭默思道之二事以及人而已。”[⑥]就这样，他将“学问之道”落实在勤苦读书、恭默思道的觉悟之中。

这样一个自我评价亦带有批判时弊的内涵，正如贝原益轩所提到的：“满天下之事物众多，其理亦无穷，为学而得逐一通晓于其理，而无可疑，是人生一大快事，其乐可无穷。然今之学者，不专于究理之学，只为训诂章句之闲劳扰，而空过一生了，

---

① 貝原益軒：《大疑録》（卷上），《日本倫理彙編》卷八，第217頁。
② 朱谦之：《日本的朱子学》，第251页。
③ 貝原益軒：《大疑録》（卷上），《日本倫理彙編》卷八，第227頁。
④ 貝原益軒：《慎思録》（第5卷），《日本倫理彙編》卷八，第11頁。
⑤ 貝原益軒：《慎思録》（第5卷），《日本倫理彙編》卷八，第8頁。
⑥ 貝原益軒：《大疑録》（卷上），《日本倫理彙編》卷八，第232頁。

不亦误乎。”[1] 贝原益轩批判这一时期古学派沉迷于训诂章句的风气，突出了朱子学式的格物致知的实践。他所谓的“真儒”，其本意不在于学问的传承，亦不在于直接的怀疑，而是要将怀疑落实到具体化的实践中，落实到自我身份的觉悟上，最终归结于自身是否作为“真儒”而存在，也就是一个“身份认同”的问题。不言而喻，在这一过程中，朱子学成为日本学者怀疑往圣之学问，探求自我觉悟，寻找为学之道，乃至展开儒学批判、探究真儒本性的依据所在。

三、作为“正统之学”的朱子学

江户时代最为推崇朱子学的儒学者，或许莫过于山崎暗斋。按照其弟子佐藤直方所述：“读其书，尊其人，讲其学，博文之富，议论之实，识见之高，实非世儒之所及焉，盖我邦儒学正脉之首倡也。”[2] 不过，山崎暗斋到了晚年提倡垂加神道，更是借助以“敬”为核心的朱子学基本概念，来构筑垂加神道的基本教义，从而将儒学的“大义名分论”与神道的“忠君报国”思想结合在一起。山崎暗斋的这一“转向”尽管遭到了古学派荻生徂徕的批评：“暗斋其人始逃禅而归于儒，逃儒而又归于巫祝，其于圣人之道，实无所见可知矣。”[3] 但是，借助“大义名分论”来重述历史，提倡所谓“正统论”，却是江户时代末期朱子学派尤其是水户学派儒学者最为突出的、最具时代性的特征之一。

藤田幽谷被尊为后期水户学的元祖，代表作《正名论》开篇

---

① 貝原益軒：《慎思録》(第5卷)，《日本倫理彙編》卷八，第63頁。

② 佐藤直方：《韞蔵鷺》，《討論筆記》，第11—12頁。转引自朱谦之：《日本的朱子学》，第295页。

③ 朱谦之：《日本的朱子学》，第307页。

即提到："名分之于天下国家，不可不正且严，其犹天地之不可易欤。有天地然后有君臣，有君臣然后有上下，然后礼义有所措。苟君臣之分不正，而上下之分不严，则尊卑易位，贵贱失所，强凌弱，众暴寡，亡无日矣。故孔子曰：'必也正名乎。'"[①]不过，藤田幽谷强调的正名或者大义名分，并不是学问之道，而是落实为日本国体的本质："天朝天辟以来，皇统一姓，传之无穷，拥神器，握宝图，礼乐旧章率由不改，天皇之尊，宇内无二。"[②] 而后，根据这样的大义名分，藤田幽谷批判平安时代藤原氏的专权、镰仓室町幕府的霸道、丰臣秀吉挟天子以令诸侯、德川家康以干戈平定海内的雄图，也就是重新梳理了日本历史，突出了"正君臣之名，严上下之分"[③] 的观念。藤田幽谷还引用《通鉴序》，结合王霸之辩，宣称："日本自古君子礼义之国，礼莫大于分，分莫大于名，不可不慎也。"[④]

藤田幽谷之所以提倡"大义名分"，一方面是为了契合江户时代"士农工商"的社会秩序，一方面则是针对外来危机而作出的必然反应。所谓外来危机，具体而言，也就是"北虏"的来航。自19世纪以来，俄罗斯侵略千岛、英国商船来航浦贺，藤田幽谷预感到了巨大的政治危机，称之为"实天地之一大变"，[⑤]绝不是一时之祸。因此，他认为："古之欲强兵者，必先富其国"，"有为之君，居安思危，必作内政以寓军令，今有北虏之警，幕府屡尝下令，沿海之诸侯豫备不虞，此强兵之良机不可失

① 藤田幽谷：《藤田幽谷集》，《水戸学大系》（第4册），東京：水戸学大系刊行会，1942年，第342頁。

② 藤田幽谷：《正名論》，《水戸学全集》（第4册），東京：日东書院，1933年，第347頁。

③ 藤田幽谷：《正名論》，《水戸学全集》（第4册），第346頁。

④ 藤田幽谷：《正名論》，《水戸学全集》（第4册），第348頁。

⑤ 朱谦之：《日本的朱子学》，第478页。

也”。[①] 也就是要站在一个武士的立场，提倡富国强兵，加强国防，推行攘夷之策。

藤田幽谷的尊王攘夷说得益于朱子学的大义名分，亦是以此为根基来重述历史，维护日本国体。事实上，藤田幽谷对于朱子亦极为尊崇，他曾提到：“夫文公以豪杰之资，卓越之见，继千载之绝学，为百世之儒宗。”[②] 正是这样的崇拜，使藤田幽谷成为了朱子一般的人物，正如弟子会泽正志斋所认为的：“先生原于《春秋》尊王攘夷之义，尤谨于名分，君臣上下之际，华夷内外之辩，论之极详明。”[③] 尊王攘夷之说影响了后世，成为日本幕府末期社会变革的指导性思想之一。

在这一时期，朱子学究竟发挥了什么样的历史作用，或者说处于一个什么样的历史地位？与“实理之学”“真儒之学”不同，这一时期朱子学可以说代表了“道学正统”。藤田幽谷之子、水户学派后期代表之一的藤田东湖就指出：“夫神州之道，浮屠夺之，俗儒坏之，神道者流小之，古学者流殆明之而又从而晦之。”[④] 因此，他提倡“敬神、爱民、尚武”的神州之道。藤田东湖所谓的“神州”，并不是指中华，而是指日本，代表了江户时期日本的“小中华”思想。在此，作为外来的朱子学，成为引导日本奠定自身神国思想、神州之道的理论基石。

不仅如此，与藤田东湖借助朱子学进一步批判佛教不同，[⑤] 朱子学亦成为幕末志士批判西学的思想武器。以大桥讷庵《辟邪小言》的自序为例：“我大东之洲，神皇垂统，万古无革命。……其立国体维民心者，可谓正且大矣。奈何近世西洋学术之入也，

① 藤田幽谷：《一の説》，《水戸学全集》（第 4 册），第 285 頁。

② 藤田幽谷：《与赤水先生書》，转引自朱谦之：《日本的朱子学》，第 479 页。

③ 会沢正志斎：《及門遺範》，转引自朱谦之：《日本的朱子学》，第 474 页。

④ 藤田東湖：《藤田東湖全集》（第 1 卷），東京：章華社，1935 年，第 279 頁。

⑤ 朱谦之：《日本的朱子学》，第 510—511 页。

诐淫邪遁，作于其心，害于其政者，靡所不有，而耳食之徒，翕然雷同，如蝼蚁之附臭肉，如流水之趋溪壑，其毒焰之所底止，殆不可得而测焉。……朱文正公有云：‘邪说横流，大为吾道之害。’故不得不极而言之，信与否则在乎人焉。”[①] 在此，大桥讷庵借助朱子排斥“邪说横流”的警戒之语，突出了日本国体的正统意识，批判西洋学术“作心害政”。换言之，朱子学的历史作用不仅在于是归化统一日本的正统之学，同时也维护神皇国体、反对西洋学术。尽管朱子学不曾获得所谓“国学”的称谓，但是却发挥出宣扬日本国体、突出神国精神的潜在基石的重要价值。

四、结语

整个江户时代，朱子学在日本经历了一个多重性的形象变迁。江户年代初期，朱子学作为“实理之学”而被日本知识分子重视；到了中期，则演绎为“真儒之学”，成为日本知识分子确立身份的标志；到了末期，则是作为“正统之学”而被加以定位，以便于树立自身国体，对抗外来的文化冲击。审视江户时代朱子学的位相变迁可以看出，朱子学原本是一个外来的、中国的学问，但是不久被置于儒学与佛学的论争之下，而后经历了真儒之学与“俗儒之学”的论争，或者说经历了与日本的古学、国学的争辩，到了末期则是作为大义名分的国体之学，与非正统之学或者西洋学术相对抗。就在这样的对立、对抗的格局下，朱子学一步步地深入日本学问的内核，最终被转换为所谓的“日本朱子学”。在这一过程中，无论是朱子学积极的影响还是消极的影响，皆处在学术论争、学问对抗的前沿，且体现出作为“实理之学”

① 大橋訥庵：《闢邪小言》（安政四年版），東京：思誠塾，1857年，第1—3頁。

“真儒之学”“正统之学”的多样化特质，经历了一个不断呈现、不断更新的命运转折。正因为如此，我们或许也不得不提出一个疑问，即“朱子学究竟是什么”。或许我们会不断地追逐朱子学的体系化，并尝试赋予这一体系以合理的、历史的实证；或许我们会站在所谓“外部”的视野来谋求朱子学的价值或者意义的最大化，从而落入现今的以“国民国家”为存在形式的“陷阱”之中——犹如为了区别于中国朱子学而假设日本朱子学的存在，从而使朱子学以天下、人伦为关键的“广大精详”的思想被限定为“中国人”的学问，从而剥夺了它作为思想而超越国家、超越民族的重大意义；或许我们也会站在现代性的视角来重新挖掘它的现代价值与创新意义，回味历史，展望未来。但是不管如何，历史上的朱子学实质上超越了“国家”的藩篱，成为东亚的带有普遍意义的学问。[①] 我认为，这不仅使朱子学具有终极意义的历史定位，同时也是朱子学最为广大、最为精详的现代价值之所在。

① 就此而言，本文赞同“东亚朱子学”这一概念，并认为这一概念的意义不仅在于超越地域，更超越了西方的“国家”这一普遍观念，成为一体多元性的文化共识。“东亚朱子学”这一概念，可参考朱人求：《东亚朱子学的新视野》，北京：商务印书馆，2015年，第7—17页。

第十二章 《朱子家礼》实践视域下近世日本知识人的体认思想

——以礼文、礼器、礼意为对象

从出生到死亡，每逢迎接重大的人生阶段时都有相应的礼仪，冠昏丧祭是也。儒学是生活在人伦社会中的思想。反过来说，谈论儒学不能不谈人伦社会的秩序。《朱子家礼》正是一部基于儒学思想、为了维持人伦秩序之最重要的生命礼仪书。朱子集理学、经学之大成，在经学方面对礼特别重视。不但潜心研究古礼，编撰《仪礼经传通解》一书，（朱子生前未竟其功，由弟子黄幹、杨复先后补修完成）传述先王的礼制，还为了顺应时代的要求，奠定冠昏丧祭的具体规范，编著了《家礼》一书。此书虽以稿本的形式在朱子逝后出现，但经朱子之子朱在认定为乃父所著稿本无误。然而，由于此书非为定本，故此后遂有《家礼》非朱子所作之论争。延续至今，一般认为《家礼》一书虽非定本，然确为朱子所作无疑。①

其实，议论《家礼》是否为朱子所作的意义并不大，重点是《家礼》一书已经以《朱子家礼》或《文公家礼》（以下统称《家礼》）之名广为流传、普及于世。当然，明代丘浚的《文公家礼仪节》和《性理大全》本《家礼》扩大了《家礼》的普及与流传

---

① 吾妻重二先生详细考证《家礼》的版本及其变迁，证明《家礼》虽非成书但确为朱熹所著，对此笔者亦表示赞同。参考吾妻重二：《朱熹〈家礼〉の版本と思想に関する実証的研究》，《平成 12 年度—平成 14 年度科学研究費補助金（基盤研究（C）（2））研究成果報告書》，吹田，関西大学文学部，2003 年。

的事实更不容忽视。其流衍的范围不只限于中国各地，更及于东亚世界。所以，《家礼》是东亚各区域所共同拥有之礼仪实践文本，对这些区域的知识人阶层乃至一般民众的社会生活占有举足轻重的地位，可谓东亚世界共有的文化资产。

一、《家礼》在东亚世界的普及

在中国，《家礼》问世之后，为使人们能够更加理解《家礼》的内容，并且顺利地将其中的冠昏丧祭等礼仪付诸实践，出现了许许多多有关《家礼》的解说书。何淑宜统计元明清出版的家礼类书有近 90 种。[①] 其中，《性理大全》本《家礼》的杨复附注和丘濬的《文公家礼仪节》更是解说《家礼》的代表之作。《性理大全》本《家礼》和《文公家礼仪节》不仅在中国受到重视，也东传朝鲜和日本等地，成为理解和实践《家礼》的主要依据。

不过，在中国，早自南宋朱子编纂《家礼》之时，已出现异于儒家礼仪之佛、道教丧礼，并且在中国社会逐渐蔓延开来。就这个意义上来说，《家礼》一方面是为了确立冠昏丧祭的具体规范，另一方面也是为了对抗这些佛、道教丧礼所著之作。[②] 元明清以降，儒家知识人为了对抗民间盛行的佛、道教丧礼，根据《家礼》，并且通过儒礼与民间丧俗的互动，致力于儒家传统丧祭礼的提倡与普及。

但是，民间的丧俗和佛、道教丧礼对社会的影响深远，对于

---

① 何淑宜：《明代士绅与通俗文化——以丧葬礼俗为例的考察》，台北：台湾师范大学历史研究所，2000 年，第 156 页，重点关注卷末附录二《元明清三代出版之家礼类与丧葬类礼书一览》。

② 吾妻重二研究宋代士大夫复归古礼原则、构想家礼，并且尽可能排除当时的俗礼特别是佛教礼仪，以致力于家礼的实践。参考吾妻重二：《宋代の家廟と祖先祭祀》，小南一郎編：《中國の禮制と禮學》，京都：朋友書店，2001 年。

致力推行儒家礼制的知识人来说是一大挑战。事实上，有许多人，在面对传统儒礼和民间丧葬习俗之间的冲突（包括奢葬、佛道式丧礼、停葬、火葬等现象与问题）时，常陷入两难，甚至选择妥协、随俗从众。相对于此，有部分地方士绅秉持对儒家礼仪的坚持，力图反省丧葬礼制、改革丧俗以达到移风易俗、推行儒礼的目的。[①] 进入17世纪以后，渗透社会的佛道教丧礼对民间丧葬习俗的影响更加广泛，士大夫或知识人欲实施儒教传统的丧祭礼已面临了极大的困境。[②]

《家礼》东传至朝鲜据传是在14世纪，其中的重要关系人物则是郑梦周。郑梦周精研朱子学，并曾往来元朝。《高丽史·郑梦周传》载："时俗丧祭专尚桑门法，梦周始令士庶仿《家礼》立家庙奉先祀。"除了郑梦周之外，亦有一些儒者奖励推行《家礼》，朝廷亦制定有关大夫、士、庶人立庙及祭礼相关的法令。

不过，《家礼》在朝鲜真正扎根是在李朝时代。李朝初期极力推行《家礼》的礼制，两班社会完全遵行《家礼》的礼式；对于庶民，政府则编纂《三纲行实》《孝行录》等书。韩国学者卢仁淑整理李朝初期推行《家礼》的特色有：（一）设立家庙，以奉先祀；（二）王室率先实行《家礼》；（三）《家礼》及相关礼书类之刊行；（四）太宗三年（1403年）令初入仕者并试《家礼》，将《家礼》列入科试；（五）李朝在法律上采用《大明律》，与《家礼》相辅相成。[③]

《家礼》在李朝政府主导性的推行之下，迅速地普及于朝鲜社会。在学术界，除了性理学大为兴盛之外，礼学也与其并行发

---

① 何淑宜：《明代士绅与通俗文化——以丧葬礼俗为例的考察》，第156页。

② 张寿安：《十七世纪中国儒学思想与大众文化间的冲突：以丧祭礼俗为例的探讨》，《汉学研究》11—2号，1993年，第69—80页。

③ 卢仁淑：《朱子家礼与韩国之礼学》，北京：人民文学出版社，2000年，第110—127页。

展。另一方面，两班等知识阶层构成的党派——朝鲜中期为止分为东、西、南、北四派，后期则有老、少、南、北四派——围绕着王室的服丧问题，掀起了“礼讼”——显宗时，由西人和南人因赵大妃的服丧问题所掀起的两次礼论之争，历时三十四年。党派之间也以礼讼为契机爆发激烈的党争，引起极多的弊端。

不过，李朝学者对《家礼》的研究和礼学的发展不容小觑，如礼学一代宗师沙溪金长生著有《家礼》注释书《家礼辑览》和《丧礼备要》等书，确立了礼学的研究方向。李朝的礼学不仅家礼式之四礼研究颇盛，亦有相当多关于丧祭礼类的著作，礼学在李朝的蓬勃发展可见一斑。

再看日本，《家礼》传入日本盖可上推至室町时代，根据足利学校《足利文库目录》享和二年（1802 年）抄本的记载，1506 年邻近的武州（武藏）将唐本的《家礼》（散本）送给足利学校。吾妻重二考察指出，该唐本《家礼》是收录了朱子弟子杨复的附注以及刘垓孙的增注的《纂图集注文公家礼》（编于南宋时代），但是该书在当时并未受到关注。① 该书开始受到重视，并由儒者据以实行丧祭礼，则是在进入江户时代以后。此外，德川幕府实施“寺请制度”② 之宗教政策，强制个人必须归属佛教特定的宗派和寺院。寺请制度极为重要的一点是，所有的丧葬和追祭法事皆由各户、各人所归属的菩提寺包办。

值此，近世日本虽然尊崇儒家思想，在思想的开展上也大放异彩，然而在有关儒家思想重要的礼仪实践上却面临了相当大的

① 吾妻重二：《近世儒教の祭祀儀礼と木主・位牌——朱熹〈家礼〉の一展開》，吾妻重二主編、黃俊傑副主編：《東アジア世界と儒教：国際シンポジウム》，東京：東方書店，2005 年，第 195—196 頁。

② 或称为“檀家制度”。此是幕府为禁止天主教等所施行的制度，由各地的菩提寺开示“宗旨人别改”来证明个人非禁教信徒。此制始于 17 世纪前期，确立于 17 世纪后半期。因此，在制度上每个人都是佛教徒，归属于特定宗派和菩提寺。

考验。尤其在实践儒礼中的核心——丧祭礼时，更遭遇莫大的阻碍。如前所述，丧葬礼仪由菩提寺包办执行，包括火葬等葬仪亦随之普遍传播。这对崇尚孝敬思想的儒者来说，更是痛心疾首的问题。

由于《家礼》是日常礼法实践之权威性的典范，故江户时期儒者对丧祭礼仪的讨论便集中于此，并力求在社会生活当中具体地加以实践。

二、近世日本儒者对《家礼》的实践

在人生重大的阶段，依照《家礼》实施相应的礼仪，并借此达到齐家的目的。如此，家齐乃至族合，人伦秩序良善，则国家天下平，这不啻儒家所期待之理想人伦社会。

近世日本儒者莫不以上述的理想为前提，认真地看待人的生命礼仪。他们以《家礼》为典范，在社会生活中谋求最合适的丧祭礼仪并付诸实践。在冠婚礼仪方面，冠礼有传统的元服之礼，婚礼则有“小笠原流”“伊势流”等流派的武家礼法。[①] 近世日本并非没有儒者对冠婚礼方面的讨论，但的确不是议论的重点所在。浅见䌹斋的弟子若林强斋道：“如冠昏二礼，今俗所行已无大害，且有遽难议者，则不复赘说。”[②] 这句话可以说是对这个倾向所做的最佳说明。

儒者透过生命礼仪以实践孝等儒家思想，可以说是一种在生命中体认思想的生活方式，他们在论礼、行礼时皆围绕着礼仪的

---

① 关于日本的冠婚礼与《家礼》的关系，参考近藤啟吾：《四禮の研究——冠婚葬祭儀禮の沿革と意義》，京都：臨川書店，2003 年。

② 若林強斎：《家礼訓蒙疏後》（写于 1723 年），京都大学附属图书馆藏《家礼訓蒙疏》1870 年（明治三年）补刻活字本，第 3a 頁。另外，若林強斎著有《家礼冠昏師説》一书，近藤啟吾：《四禮の研究——冠婚葬祭儀禮の沿革と意義》收录了本书的翻刻。

三大原则：礼文、礼器、礼意。以下详论之。

三、礼文：近世日本知识人努力建立礼制与实践礼仪

近世日本的德川幕府是武家政权，在政治上实行幕藩体制，幕府分封领地给大名，由各藩的大名支配藩内领民，以贯彻武家政治。初代将军德川家康崇尚儒学，延揽重用林罗山。17 世纪后半叶第四代将军德川家纲实施以儒学为中心的教育政策、实行文治政治，对此后日本儒学的兴盛有推波助澜之功。但是，近世日本的儒学并没有制度化，没有科举考试，除了上位者主动延揽，学者没有参与政治和仕宦的途径。亦即，近世日本社会并不期待儒家知识人担负起学而优则仕、进而淑世的责任。德川幕府虽然以文书、法令等施行“文书行政”，发展出一套严谨的行政规范，但是并没有制定礼乐制度、推行儒礼。

新井白石受到第六代将军德川家宣的信任，得以参与幕政，曾推动改订幕府的根本大法“武家诸法度”，以及正“将军”名为“国王”、修改对朝鲜通信使的接待等对外的礼仪制度，力图辅佐将军制礼作乐，史上对此时期的政治有“正德之治”之誉。不过，因德川家宣在位仅三年即早逝，继任的第七代将军德川家继和第八代将军德川吉宗虽维持新井白石的部分改革，但不喜所谓的“将军国王化政策”，不久即将其废弃，恢复旧制。新井白石辅佐将军制礼作乐、推行“王礼”的理想终归失败。但是，近世日本仍不乏积极推行礼制、实践儒礼之人。

水户藩主德川光圀重用明遗民朱舜水，根据明代礼制积极推行儒礼。这在整个近世日本，可以说是个异数。但此举对近世日本儒者在实践儒礼上，不啻是打了一剂强心针。不容否认，水户藩上自藩主下至藩士，与一般市井的知识人，不管在阶级还是实

行礼仪的条件等方面是有相当差异存在的，但是一般儒者在实践儒礼时，确实有了参照的对象。

在理解《家礼》以及实际实行丧祭礼仪时，因日本的社会结构、法令制度、身份地位以及风土民情与中国有很大的差异，所以会有许多不同于《家礼》礼文的情形。试分论如下：

（一）对《家礼》礼文的变更

《家礼》对礼文通常仅作原则性的规范，对具体的仪式并没有太多细部的规定与叙述。这也是后世为什么会出版那么多注释《家礼》的书籍，以及为《家礼》礼文增补许多详细解说和规定的丘濬《文公家礼仪节》成为实用礼仪手册的主要原因。

近世日本儒者在理解朱子《家礼》时对丘濬《文公家礼仪节》多所参考，据此以编纂合乎实践条件的礼书。但是，《文公家礼仪节》的内容不见得都适用于日本社会，有些仪文甚至会显得多余或繁琐。例如：浅见䌹斋虽肯定丘氏之书“不为无益”，却认为它“颇伤烦屑”，不如直接就朱子《家礼》本文本注、参以《语类》之朱子礼说以理解礼文，并缘日本之俗以行礼为愈。[①] 浅见䌹斋等崎门学者特别重视丧礼中的“治葬”，认为此仪特别重要，不宜与“闻丧、奔丧”并列一章，而有更动《家礼》礼文记载的情形。例如：若林强斋在《家礼训蒙疏》中即遵从浅见䌹斋的说法，将“治葬”单独列为一章，凸显其重要性。另外，怀德堂中井甃庵的《丧祭私说》[②] 设“治葬”一章，详细叙述治葬之仪，也是特重此仪的一种表现。

① 浅見絅斎校訂：《家禮》刊本，京都大学附属図書館所蔵，卷末。

② 《喪祭私説附幽人先生服忌図》（抄写年不明），大阪大学附属図書館懐徳堂文庫藏抄本。

（二）服忌

近世日本称服丧为“服忌”，幕府并颁布“服忌令”，规定服忌期限和服忌期间应该回避的事项。① 服忌令对于父母死后的服忌规定是“忌五十日，服十三月”。这样的规定无法满足儒家为父母服丧三年的观念，因此普遍都有“心丧三年”的主张。浅见䌹斋说：“（服丧）随风俗而为之，若不得行则实以心丧之体服足三年。”② 会泽正志斋则说：“心丧者，元师弟朋友间之礼，亲丧无心丧之事。然当礼制衰废之世，非心丧，难尽悲慕之情。”③

在儒者的眼里，礼制衰废的近世日本，心丧是尽“悲慕之情”的妥协方式。但是，换个角度来看，这毋宁是日本儒者欲积极行礼的变通之法。对于五十日服忌之后即恢复正常生活，服丧之礼徒具形式、有名无实的情况更是感到忧心。因此，藤田幽谷著有《二连异称》④、中井履轩著有《服忌图》⑤，此等皆是儒家学者力挽狂澜之作。

（三）墓祭

墓祭之仪不见于礼经，三代以前无墓祭，至秦朝始有此制，“寝殿于墓侧”。汉唐以降沿袭之，民间遂有此俗。《家礼》也认为“先正皆言墓祭不害义理”，从俗将墓祭纳入祭礼之中。近世

---

① 林由纪子：《近世服忌令の研究——幕藩制国家の喪と穢》，大阪：清文堂，1998年。

② 浅見絅斎：《家禮师説・喪礼》，引自東京大学文学部所藏文政七年（1824年）橘惟一抄本（狩野亨吉藏原本复写制本），无页码。以下《家礼师説》文字皆引自该抄本，不另标注。

③ 会沢正志斎：《心丧略説・総論》，引自东京财团法人前田育德会尊经阁文库藏会沢正志斎：《泮林好音》（内附《時務策》《銃陣論》《心喪略説》《居喪大意》）抄本，抄写年份不明，无页码，原和文。

④ 藤田幽谷：《二連異称》，《幽谷全集》，東京：吉田弥平发行，1935年。

⑤ 中井履轩：《服忌図》，大阪大学附属図書館懐德堂文庫藏鈔本《喪祭私説附幽人先生服忌図》。

日本知识人虽然肯定朱子从俗制礼的作法，但是对日本风俗所无的墓祭依旧持以保留态度。浅见䌹斋认为祭祀的对象照理应是祠堂的神主，所以不宜再行墓祭。即使有心欲行此仪，墓地狭窄，诸多不便。其实，近世日本除了拥有大规模墓地如水户藩者得以在墓域内行墓祭之仪外，① 其余一般人的墓地皆置于佛寺之内，空间窄狭，学者即使欲行墓祭，亦不得行。怀德堂中井竹山即很直率地认为，墓祭既然不可行，“不如废之为愈也”②。

（四）祠室

《家礼·通礼》卷首有祠堂之制，曰：“君子将营宫室，先立祠堂于正寝之东。为四龛以奉先世神主。”野中兼山据说是近世日本最早建立祠堂、奉祀祖先的人之一。兼山崇尚朱子学，与山崎暗斋过从甚密。野中兼山母亲逝世时，山崎暗斋特地赴土佐（今四国高知县）协助他治丧、行儒葬之礼，并为文《秋田夫人圹志》《夫人秋田氏墓表铭》以及《归全山记》等，记录此葬仪。此前，野中兼山于庆安三年（1650年）兴建祠堂以祭祀祖先，翌年其母逝世，以《家礼》葬之，并行三年之丧。时任土佐藩家老（大名之重臣，统管藩政）的野中兼山，大力推行藩政改革，并下令禁止藩内火葬。野中兼山有心实践朱子之学，建立祠堂以祭祖先，可谓开儒者风气之先。《野中兼山关系文书》载曰：“先是本邦未闻有营家庙者，良继（案：即野中兼山）初建祠堂，日烧香参神，亹亹不倦。其忌日、时祭、朔望节序拜谒之，奠供之，

① 朱舜水曾上呈德川光圀《墓祭议》（收入朱谦之整理：《朱舜水集》）一文，提到诸侯之礼虽“久已无传”，但认为“诸侯坟茔有寝，有寝必有祭，自可类推”，建议可行墓祭。朱舜水对于德川光圀接受他的建议，将行墓祭一事感到高兴，曰：“上公华札于廿五日午刻拜读，知于来月朔日墓祭，以此为士大夫作倡，甚喜。”可知水户藩确实曾实行墓祭之仪。参见吾妻重二：《水戸徳川家と儒教儀礼：祭礼を中心に》，《アジア文化交流研究》，2008年，第228頁。

② 中井竹山：《喪祭私説·祭礼》，大阪大学附属図書館懐徳堂文庫藏鈔本，无页码。以下《喪祭私説》的文字皆引自该抄本，不另标注。

悉从古礼，以为恒。方其时祭，延族人及知旧，设馔饮福，自余考用礼文，大抵皆此类也。”[①]

水户藩德川光圀在父亲逝后即下令兴建祠堂、以祀先父。吾妻重二的研究指出，水户藩这一祭祀祖先的建筑一开始称为“御祠堂”，后来水户藩儒士安积觉根据朱舜水认为的诸侯之庙不宜称“祠堂”，建议应改称“庙”，故之后改名为“御庙”。[②] 吾妻重二调查得知，至今水户德川家灵庙仍延续着儒式的祖先祭祀，位于瑞龙山的墓地亦不让佛教僧侣入内。[③]

但是，近世日本一般儒者受限于住宅的空间，并非都能依《家礼》建构祠堂，改而于家宅中设“祠室”以祭祀祖先，如京都的浅见䌹斋、若林强斋等崎门学者和大坂怀德堂诸儒。例如，中井甃庵《丧祭私说·通礼》“祠室”项下注曰：“朱子以庙制不见于经，且士庶有不得焉者，特以祠堂名之。今以其从简不别构，姑以祠室称焉。”

从上面的墓祭和这里的祠室可以清楚地看到，近世日本儒者在实行儒家礼仪时，不仅需要因时制宜，还要考虑环境、空间的因素，因地制宜。

（五）葬仪记录

近世日本儒者有将葬仪始末记录下来，以此作为后世行礼轨范的情形。林鹅峰依《家礼》实行其母荒川氏的葬仪，并将其记录而撰成的《泣血余滴》[④] 一书，即是代表性的例子。另外，水

---

① 吾妻重二：《家禮文獻集成：日本篇一》，吹田：関西大学出版部，2010年，第249頁。

② 吾妻重二：《水戸德川家と儒教儀礼：祭礼を中心に》，第221、228頁。

③ 吾妻重二：《水戸德川家と儒教儀礼：祭礼を中心に》，第243頁，注5。

④ 林春斎：《泣血余滴》，京都大学附属図書館藏，万治二年（1659年）京都大森安右卫门刊本。此书亦收入长沢规矩也编：《影印日本随筆集成》12，東京：汲古書院，1979年。

户藩有德川家的葬仪记录《慎终日录》[①] 以及家臣的葬仪纪录《伊藤兼山葬仪》(《丧祭仪略》附录)。在大坂怀德堂则有中井家历代葬仪记录《中井家历代襄事录》[②]。其中,《泣血余滴》不仅止于林家的私人文书,还付梓出版,成为实践儒礼的重要参考。我们不仅可以从这些记录看到日本儒者如何摸索和实行葬仪,更可以将这些葬仪记录看作儒者努力在日本社会建构礼制的最有力的见证。

四、礼器:近世日本知识人从礼缘俗以制礼器

(一)神主

近世日本知识人一般认为《家礼》的神主式是程朱先贤象天地四时所立之制,具有普遍性和合理性,在制作神主时也尽可能依照《家礼》所规定的材质(栗木)和尺寸为之。当然,这是理想之制,有能力制作神主者则照此为之;一时无法制作神主者则可以"纸牌"代之,这方面不管是崎门学者还是怀德堂诸儒都有类似的见解,甚至有取佛教"位牌",将书写主面、陷中纸片贴于其上的主张。[③]

但是在神主上的文字内容方面,日本儒者则主张应该不同于

---

① 《慎终日录》抄本藏于茨城县立历史馆。笔者使用的是古文书研究会的翻刻本《史料翻刻〈慎終日録〉(威公)》,《水戸史学》57,2002年。

② 《中井家歷代襄事録》,大阪大学附属図書館懐徳堂文庫藏抄本,部分翻刻于《懐徳》54号,1985年;57号,1988年。

③ 中井竹山引述三宅万年(石庵,1665—1730年)为"穷乡士庶有志者,欲新立祠室奉神主"所设之制曰:"先生(按:指三宅石庵)又有一制,不必别作神主,唯用世俗所谓位牌,大与神主准者代之,裁纸如陷中、主面,书法若前。题毕,糊陷中纸面,贴主面纸背,随糊其四隅,以贴牌面,盖虑或有水火盗贼,而身老人寡,势不能尽迁者,就剥主面,奉而避之,万无失坠。是其制,与俗不异,人家易行,并足以存不虞之戒。"(《喪祭私説》)

《家礼》的神主书式，而应依日本的称谓习惯来题写。例如，对于《家礼》的粉面书式“（父则曰）考某官封谥府君神主”，“（母则曰）妣某封某氏神主”，其下左旁“孝子某奉祀”，若林强斋认为：“只书氏号即可。无号则书假名亦可。”[①] 中井竹山更清楚地指出：“我邦士流生已无封爵，乃追赠之典固所不与，今乃省属及主祀之名不书，则虽易世，不用改题。事简而心亦安焉。祖先之称，用府君孺人，[②] 在我邦士庶，不免僭逾。近儒有以家君室君称之者，甚得允当。”（《丧祭私说》）认为主面应题“某谥号家（室）君神主”。对于《家礼》的陷中书式“（父则曰）故某官某公讳某字某第几神主”，“（母则曰）故某封某氏讳某字某第儿神主”，强斋认为：“陷中具书姓氏假名实名。若有斋号庵号，则题于姓氏之下。姓不明，则仅书氏。”[③] 中井竹山亦认为：“凡不问尊卑男女，皆书曰：姓某讳某神主。”（《丧祭私说》）

（二）卧棺、坐棺

相对于《家礼·丧礼》“初终”“治棺”条所见中国社会普遍使用的“卧棺”，近世日本社会一般习惯使用“坐棺”（死者以坐姿入殓的桶形木棺）。现在日本几乎都改为卧棺（日文称“寝棺”），但是据说至明治十年（1877 年）左右，一般都使用坐棺。[④] 对于儒者来说，

---

① 若林強斎：《家礼训蒙疏》卷三《喪礼》，京都大学附属図書館藏明治三年（1870 年）补刻活字本，第 16b 頁。

② 根据《泣血余滴》，林鹅峰母荒川氏神主的粉面题为“显妣顺淑孺人荒川氏神主”。

③ 若林強斎：《家礼训蒙疏》，卷三《喪禮》，第 16b 頁。

④ 此經敵助：《明治人のお葬式》，東京：現代書館，2001 年，第 14 页。另外，以坐棺入殓死者时，通常会以绳索绑缚颈部至膝盖，此绳名为“极乐绳”“不净绳”等，由近亲者行绑缚之务。坐棺较卧棺不占空间，可以有效利用墓地。在日本，早年卧棺通常用于事故死、溺死等无法屈身入殓者，或是较富裕的家庭。但是在第二次世界大战前后，卧棺已逐渐取代坐棺，成为如今日本普遍的形式。详见新谷尚紀、關澤まゆみ編：《民俗小事典：死と葬送》“坐棺”条，東京：吉川弘文館，2005 年，第 88 页。

卧棺是“本棺”，能力可及者依礼使用卧棺，近世日本礼书中所绘制的棺图也都是卧棺图。例如：林鹅峰《泣血余滴》和水户藩《丧祭仪略》中皆为卧棺之图，尺寸亦同为“长五尺五寸”，“前高一尺六寸、横一尺六寸”，“后高一尺三寸、横一尺三寸”，“厚二寸五分”。

但是，正如浅见䌹斋《家礼师说·丧礼》所言：“（卧棺）不行于风俗之故，骇人听闻总也未安，不得已而使用坐棺”，在不得已的情况下只能从俗使用坐棺。中井甃庵更直接道出日本儒者不得不从俗的事实，他说：“按古者卧棺之制，今不复存，意其制重大，不便移动。家贫人寡者，不易遽致。且我邦坟墓寄在佛寺，不得广占地，故从俗就简，以坐棺代之。”其坐棺之制“方直，厚一寸三分，高三尺，竖二尺一寸，横一尺九寸”。（《丧祭私说·丧礼》“初终”“治棺”条）不过，这只是概数，真正的坐棺尺寸仍以死者的体型为准。例如：体弱多病而早逝的中井竹山之子中井蕉园，其坐棺尺寸为“高二尺九寸，横一尺七寸，长一尺九寸，厚一寸五分”。（《蕉园先生文明先生襄事录》）而体型较为壮硕的中井竹山，坐棺尺寸稍大，为“高三尺，横二尺，长二尺三寸，厚一寸六分”。（《竹山先生文惠先生襄事录》）

除此之外，其他与丧葬祭祀有关的礼器，近世日本儒者也都尽量从礼俗来制作，务求不违礼又能兼顾习俗，达到实际行礼的目的，例如，崎门学者以纸牌代替“魂帛”，怀德堂中井家以墓标代替“铭旌”等。

五、礼意：近世日本儒者追求儒家礼乐文明

从以上论述可以看到近世日本儒者不管在礼文还是礼器方面，都秉持着“从礼缘俗”的原则，并在有限的条件下实际行礼，以符合《家礼》的礼意。尤其是力求忠实地实践朱子之学的崎门学者主张完全根据《家礼》和朱子的礼说，并极力从既存的习俗中想方设法、因地制宜，以遂行家礼，合乎“程朱之旨”。

其他儒者虽然同样以朱子《家礼》为宗，但仍参考丘濬《文公家礼仪节》等后儒的注释，参互斟酌，以实行丧祭礼。

我们可以说，积极论述《家礼》、实践《家礼》的思想，即等同在生命中体认朱子学式的礼及其精神。但是，并非所有近世日本儒者都认真看待《家礼》的问题。这一点，与他们是否将《家礼》视为其思想实践的重心以及其学问观、人生观息息相关。例如，贝原益轩虽然肯定《家礼》的价值和重要性，但不积极地论述它，而将精力投注在学问的大众化，著述有关书法、饮食、吃茶的礼法书（《书礼口诀》《食礼口诀》《茶礼口诀》，合称为"三礼口诀"），积极建立庶民生活方面的礼仪。贝原益轩将汉文学术语言转换成日本民众的日常语言，出版《和俗童子训》《大和俗训》《养生训》等（明治时期被整理、统称为"益轩十训"）众多启蒙教化书籍。辻本雅史认为，贝原益轩这样的工作使儒学"教说"化，或是说使儒学成为教化的言说，而渗透到社会之中。[①]

荻生徂徕非常强调先王所树立之礼乐刑政的重要性，他说："道者统名也。举礼乐刑政凡先王所建者，合而命之也。非离礼乐刑政别有所谓道者也。"[②] 尤其重视礼，说："礼之为体也，蟠于天地，极乎细微，物为之则，曲为之制，而道莫不在焉。"[③] 对

---

① 有关贝原益轩将学问大众化方面的讨论，可参考辻本雅史：《"学术"的成立：益轩的道德论和学问论》及《贝原益轩和出版媒体：〈大学新疏〉的编纂和出版的努力》，此二文皆收入辻本雅史著，張崑將、田世民译：《日本德川时代的教育思想与媒体》，台北：台湾大学出版中心，2005 年。

② 荻生徂徠：《辨道》3，西田太一郎等校注：《日本思想大系·荻生徂徠》，東京：岩波書店，1973 年，第 201 頁。

③ 荻生徂徠：《辨名》上《礼三則》，收入《日本思想大系·荻生徂徠》，第 219 頁。另外，有关荻生徂徕的礼论，可参看韩东育：《日本近世新法家研究》（北京：中华书局，2003 年）第二章《徂徕的"脱儒"命题与方法论》。该书认为荻生徂徕学的"祖型"来自荀子，在礼的方面也是一样，指出"早期徂徕学中的'礼'，并非孔孟程朱之礼，而是渗入一定'法'内涵的'礼'。这样说，是因为荻生徂徕学所依托的社会规范，不是总括内外之'礼'，而是以外部基准为第一要义的、作为儒法间纽带和桥梁的荀子之'礼'。"（第 95 页）

于《家礼》，早年仍信奉朱子学时的荻生徂徕所持的态度，与批判朱子学、树立荻生徂徕学后的他截然不同。第一任妻子因病去世时，时值不惑的荻生徂徕根据朱子《家礼》安葬之。十年后，再婚仅二年的继室也离世，此时已与朱子学分道扬镳的他根据《礼记》，以马鬣封之墓将其安葬。[①] 在与安积澹泊往复书简论及《家礼》时，荻生徂徕曾批判程伊川的神主制不合古代礼制，有僭越之嫌，他说："又如《家礼》神主制，长尺有二寸，象十二月。凡礼用十二，唯天子为然。祭四代，唯诸侯为然。伊川乃用诸庶人，岂非僭邪？"[②] 此外，《汉书》所载之神主有六孔[③]相通以"栖神"，而伊川的神主仅有二孔，且不通于表面。荻生徂徕认为这体现伊川等宋儒内心根本不相信鬼神的存在。[④]

在荻生徂徕给安积澹泊最后一封书简中，他从制礼、传礼、行礼这三个层次申论。对于制礼和传礼，他说："制礼焉者，三

① 田尻佑一郎：《叢書・日本の思想家 15：荻生徂徠》，東京：明德出版社，2008 年，第 36 頁。

② 荻生徂徕：《复安澹泊》第三书，《徂徠集》，《日本思想大系・荻生徂徠》，第 538 頁。

③ 吾妻重二曾分析和复原中国古代至宋代的木主形状，指出汉代的木主有立方体、前方后圆型、直方体（长方六面体）三种，其中立方体和直方体于四方皆有孔相通；而六孔相通的木主则见于唐《开元礼》中的直方体木主（圆顶长方六面体）。而且唐代的木主还影响了朝鲜和日本，例如 15 世纪的李朝礼典《国朝五礼仪》中的木主、近世日本荻生徂徕之弟荻生北溪（叔达）的木主都是仿唐代木主的圆顶长方六面体。参见吾妻重二：《木主について——朱子学まで》，收入《福井文雅博士古稀记念论集：アジア文化の思想と仪礼》，東京：春秋社，2005 年。

④ 田尻佑一郎：《音楽・神主と徂徠学：薮慎庵・安积澹泊との往复书简をめぐって》，東北大学：《日本思想史研究》，第 14 号，1982 年，第 24 頁。《叢書・日本の思想家 15：荻生徂徠》，第 286—287 頁。此外，吾妻重二认为荻生徂徕批判《家礼》的木主乃是出自他个人古学的立场，其实实际普及的不是荻生徂徕说的"古礼"，而是朱子学的礼。他指出，《家礼》的木主影响了禅宗而有元代禅宗清规中"位牌"的出现。并且，日本的佛教位牌也受其影响，至今"圆顶平板型"的位牌还广泛使用于日本。参见吾妻重二：《近世儒教の祭祀仪礼と木主・位牌——朱熹〈家礼〉の一展开》，吾妻重二、黄俊傑編：《東アジア世界と儒教》，東京：東方書店，2005 年。

代圣人是也。虞夏让，商周继，所因虽同，其文质损益，岂凡人所能与知哉？传礼焉者，仲尼之徒是也。”至于行礼，荻生徂徕表示古之行礼者“虽仲尼之圣，亦皆详问而固守之。凡戴记诸书所载，所以钦时王之制也”。然而，后世之行礼者却不是如此。他说：“后世之制礼，其人非圣人，不达礼乐之原，一切苟且，徒为观美，顾其智不周物，而礼始有所不足。故世之行礼者，于其无时王之制者，则不得已，遥取先王之礼，以己意斟酌以行之。如温公朱子是也。既已斟酌，岂责其必合先王之礼乎？……夫斟酌者何，求合人情也。”[①] 至此，荻生徂徕批判宋儒的火力已明显减弱，认为今日行礼只要合乎“人情”，就不违背圣人制礼的目的。最后，在制礼和传礼方面荻生徂徕虽仍批判程朱“拟圣人”“乱古制”之非，但在行礼这个层次上，则认可程朱的作法，他说：“若以行礼言之，程朱之礼亦可也。世俗之礼亦可。特以己心斟酌先王之礼亦可。夫先王之礼，既不可全行于今，则人人以己心所安断之可也。”[②]

总而言之，近世日本儒者对于朱子《家礼》的看法、接受程度虽不尽相同，但都无法否认其向世人揭示行礼典范的价值，而且对于儒家传统礼仪都心向往之并勉力践行。

六、神道的丧祭礼

此外，值得一提的是，近世日本除了儒者之外，也有一些人想要排除佛教葬祭仪式、建立自成体系葬祭礼仪，如信奉日本神

① 荻生徂徕：《复安澹泊》第六書，《徂徕集》，《日本思想大系・荻生徂徕》，第540頁。

② 荻生徂徕：《复安澹泊》第六書，《徂徕集》，《日本思想大系・荻生徂徕》，第541頁。

道的人以及神社的神职人员。现代日本已发展成一套完整葬祭礼仪的“神葬祭”其实并非自古以来固有，而是在江户时代受到《家礼》的影响、逐渐发展出自己独特的仪式，真正的普及则是在明治维新以后。在江户时代，由于幕府实行寺请制度，即使是神社神职人员也很难依照神道式实行葬仪。[①] 崇尚儒学、笃信神道，逝后受封为“土津灵神”的保科正之死前曾遗言以神道式下葬。他的遗愿得到尊重，其葬仪排除一切佛教仪式，并在山崎暗斋和神道家吉川惟足的指导下举行。不过，虽然意在实行神道式葬仪，整体而言正之的葬仪仍多半采用朱子《家礼》，葬仪次第中可见“小敛”“大敛”“大轝”“殡”“三物”“棺”“椁”“坟”“虞”“卒哭”等语。[②] 不过，近藤启吾也指出，神道式的礼仪“神礼”比起葬埋之礼更显著地呈现在其后的祭祀上，根据《见祢山祭志》《土津神社祭礼式》等记载，祭仪皆以吉田（神道）家的祭法举行。[③]

江户旗本之子、崎门学者迹部良显曾从佐藤直方、浅见䌹斋等人学习儒学，之后志于神道，从正亲町公通、玉木正英等人钻研垂加神道，并致力整理、出版山崎暗斋的诸多著作，是垂加神道在江户普及的中心人物。迹部良显撰就《神道丧祭家礼》，[④] 略述“葬器之法”“入棺之式”“出棺行列”等仪。通观全篇，可以

① 即使得到“寺社奉行”（幕府职称，掌管佛寺、神社相关之人事、杂务和诉讼）和吉田神道之吉田家的许可，神职人员可以离檀（解除寺院和檀家的关系），执行神葬祭者也仅限于家长，或是已经隐居的家长或嫡子。幕府末期始开放神职家之兄弟、侄甥等亲属执行神葬祭。参见阪本是丸：《近代の神葬祭の歴史と墓地の問題》，小野和辉监修，礼典研究会编：《神葬祭総合大事典》，東京：雄山閣出版，2000年，第120頁。

② 近藤啟吾：《保科正之の葬仪》，《儒葬と神葬》，東京：国書刊行会，1990年，第52頁。

③ 近藤啟吾：《儒葬と神葬》，第52頁。

④ 见近藤啟吾：《儒葬と神葬》卷末附録《神道喪祭家禮》，第264—275頁。

看出他想脱离《家礼》的框架、建立日本固有丧祭礼仪的意图。例如他不使用《家礼》的用语而改以和语（日语）名之。[①]

到了幕末维新期，石见国的浜田、津和野（今岛根县内）两藩的神道家和神职人员陆续推动“离檀神葬”的运动，也获得一部分的实现。到了明治元年（1868年），政府发布法令，允许全国的神职人员包括其家族均可执行神葬祭。明治五年，明治政府废止“神祇省”并新设“教部省”，统辖教导职（担任教化政策之职，由神官、僧侣出任），总管神道、佛教教义，以及社寺、陵墓等相关事务。同年，以教导职东西部管长近卫忠房、千家尊福的名义公开出版《葬祭略式》，作为一般执行神葬祭的规准书。不过，该书内容简略，仅记述实施时大致的必要事项，为了增补其内容的不足，以后陆续出现许多神葬祭的解说书和指导书。[②]

总之，尽管神葬祭在发展的过程中，掺杂、摄取了神社旧传古仪、儒家礼仪和地方习俗，与儒家丧祭仪也有一些相异之处，[③]不能单纯视其为《家礼》丧祭仪的翻版；但是，原本缺乏完整礼仪体系的神葬祭，在发展的过程中从《家礼》汲取养分以丰富其内容，则是不争的事实。

七、结语

如上所述，朱子《家礼》不仅在中国是礼仪实践的典范，亦广泛传播至东亚世界，成为儒者乃至一般人日常实行冠婚丧祭礼

① 近藤啟吾：《儒葬と神葬》，第114頁。

② 近藤啟吾：《儒葬と神葬》，第194頁。

③ 例如，《葬祭略式》载“灵迁”之仪：“丧主面向柩前，置灵主于面前，再拜拍手，告将迁其灵于灵主。”“灵主”亦称灵玺，即儒礼的神主、佛礼的位牌。这里于入殓后即将神灵迁入灵主的仪式，明显有别于儒礼初设灵座、置魂帛，在出棺下葬后始题神主、埋魂帛的仪式。参考近藤啟吾：《儒葬と神葬》，第198頁。

仪的重要范本。在近世的日本，虽非所有儒者都实践《家礼》，但只要是儒者，一定程度上都会认同这部书的价值。而且，许多儒家知识人不仅学习朱子学，更希望根据《家礼》来执行至亲死后的礼仪大事。他们将生死的问题视为切身的思想课题，并且真挚地接受朱子学的《家礼》。这不仅代表他们在社会生活中实践了朱子学，也可说是“以生命体现朱子学”的思想姿态。

第十三章　教育传承视域下儒学在日本的接受

——以《六谕衍义》异本为例

1397年，明太祖朱元璋命户部实行“木铎之制”，即每乡每里设置木铎，选年老或残疾不能理事之人每月六次巡于道路，反复宣唱“孝顺父母、尊敬长上、和睦乡里、教训子孙、各安生理、毋作非为”六条道德训诫，也称为六谕，对明时社会教化产生了较大影响。进入清朝，六谕道德训诫发展成“圣谕十六条”、《圣谕广训》万言书。随着明清朝廷对六谕道德训诫的推广，民间产生诸多解释六谕的文本，明末清初儒学者范鋐所著《六谕衍义》就是其中之一。

18世纪，《六谕衍义》经儒学者程顺则翻刻后传入日本。当时日本朱子学在德川幕府的推崇下被推为官学，成为官方意识形态。由儒学者编撰、具有儒学道德教化意义的《六谕衍义》也因此受到幕府第八代将军德川吉宗的重视。德川吉宗下令由儒学者荻生徂徕与室鸠巢分别对《六谕衍义》加以训点（读汉文时注在汉字旁边和下方的日文字母及标点符号）与和解（用日语解说），该书的和解本甚至成为寺子屋（又称“寺小屋”）的教材，广为流播。日本学者中山久四郎将《六谕衍义》列入“清朝人撰写的德教修养相关著述”中，认为该书是其中“流布最广，被最多人诵读”[①] 的一本；高桥昌彦也在其论文中统计在日本《六谕衍义》

① 中山久四郎：《六諭衍義に関する研究》，東京：岡書院，1929年，第389頁。

异本（广义，意为不同版本）有79种之多①，可见其在日本流播广泛，而《六谕衍义》目前在国内却已散佚。《六谕衍义》翻刻本所载范鋐序言“忆余自成童居里时，亦得随宗族长者厕于宣讲之列”②，说明圣谕宣讲多以宗族为单位进行，体现了六谕与家族的紧密联系。在国内，陈时龙通过对明清时期士绅代表性家训版本的分析，揭示了族规家训在对六谕的阐释中表现出其宗族法规的特性③。张祎琛④、陈延斌⑤等学者的论文则简要提及了在中国的部分圣谕异本与家训的融合。在日本，酒井忠夫在其著作《中国善书的研究》中概括了六谕深入中国乡约与家训的情况。那么，六谕是否对当时以朱子学为官学的日本家庭教育产生了影响？通过何种文本、以何种形式被应用于日本家庭教育？呈现出怎样的特点？鉴于目前学界罕有对上述问题的深入探讨，本章拟利用《六谕衍义》及其异本等文献资料，对上述问题作进一步考察与分析，旨在深化对六谕的研究，以期进一步理解日本江户时期基层社会生活史与家庭伦理道德思想，加深对教育传承视域下儒学在日本的接受情况的认识。

一、《六谕衍义》异本“家传户诵”的传播特征

18世纪初，《六谕衍义》传入日本后，德川吉宗即命令儒学

---

① 高橋昌彦：《江戸時代後期における〈六諭衍義大意〉の多様化》，《福岡大学日本語日本文学会》，2013年第23期，第10—20頁。

② 范鋐：《六谕衍义》，冲绳：冲绳县立图书馆藏本，1708年，第6页。

③ 陈时龙：《论六谕和明清族规家训论》，《安徽史学》，2017年第6期，第137—144页。

④ 张祎琛：《清代善书的刊刻与传播》，上海：复旦大学历史系博士论文，2010年。

⑤ 陈延斌：《试论明清家训的发展及其教化实践》，《齐鲁学刊》，2003年第1期，第115—180页。

者荻生徂徕、室鸠巢分别对其加以训点与和解，1721年与1722年，训点本《官刻六谕衍义》与和解本《官刻六谕衍义大意》（以下简称《大意》）先后出版。室鸠巢在和解该书时云："与其书写无益的东西教授儿童，不如编写这些圣人伦理的材料以用于教导儿童"[①]，遂将其缩减为四十页左右的小册子，供孩童学习。1722年6月，《大意》刊刻之初，德川吉宗就将其赐予手习师匠（寺子屋负责教授习字的教师）马场春水、师川勘助、荒木容谷、星野伊织等十人，作为日本初等教育机构——寺子屋的教科书使用。[②] 而在1711年，江户幕府在对手习师匠下达的御触书（朝廷的布告）中论述道："不唯书道，教授孩童正风俗、守礼仪、知忠孝亦十分紧要。能识字后，自然能知晓书中所云……"[③] 可见江户时期寺子屋不仅教授书法，还让孩童学习规正风俗、忠孝礼义。由此推断，《大意》在寺子屋中不仅是孩童练习书法的教科书，也是道德教育教科书。另外，幕府老中（江户幕府负责统领全国政务的职名）水野忠邦（1794—1851年）在1843—1844年间对62名手习师匠进行了四次表彰，并赐予其《大意》，希望他们广为传播[④]。如此，随着幕府对寺子屋教育方面的介入与表彰政策的推行，《大意》逐渐在寺子屋中普及。随着印刷业的发展，幕府大量印刷《大意》，以低廉的价格售予寺子屋，作为道德教育书籍在寺子屋中广泛应用。通过表彰寺子屋师匠以及大量刊印《大意》，幕府将其所提倡的以六谕思想为代表的儒家思想推至庶民阶层，鼓励寺子屋进行伦理道德教育，而这也推动了日本民间《六谕衍义》异本的多样化。

---

① 海後勝雄、広岡亮蔵：《近代教育史1》，東京：誠文堂新光社，1979年，第322頁。

② 乙竹岩造：《日本庶民教育史》上卷，京都：臨川書店，1970年，第661頁。

③ 文部省：《日本教育史資料》第十九冊，京都：臨川書店，1969年，第10頁。

④ 文部省：《日本教育史資料》第七冊，京都：臨川書店，1969年，第85頁。

在明末清初儒学者范鋐著《六谕衍义》序言中有如下叙述：

> 余恐穷乡僻壤，长幼男妇，竟不知有此等纪纲法度，余因是急思编刻《六谕衍义》，各附律例于左。余之立意，惟以去薄从厚、型仁讲义为本，聊以代木铎老人。庶颓风可挽，以补其不及，务使家喻户晓，人人长厚以去其浇漓。其中词简而意实深，言近而义甚远，旁引曲喻援古证今所关于风教者，岂浅鲜哉。……[①]

换言之，范鋐编撰《六谕衍义》的目的在于唯恐穷乡僻壤的民众不知朝廷的纲纪法度而普及律例，使六谕道德教化能家喻户晓，以改善社会风气。《六谕衍义》在日本的异本亦承袭这一特性。例如：在山口藩校明伦馆中，1847 年，藩主毛利敬亲（1837—1869 年）为教化百姓出版了明伦馆本《六谕衍义大意》，明伦馆的祭酒（掌管学生考试与奠祭先圣先师的官职）山县祯（1781—1866 年）在《重刻六谕衍义大意题辞》中论述道：

> 此书之行益广及荒陬遐境，可以家传而户诵，其于助教化所补亦非小矣。吾公自袭封以来，宵衣旰食，万精政治。振纪纲而崇教化……以此书之于民俗，尤切于教谕也，欲先施诸封内，以使乡间长民者遍劝谕冥愚焉。因刊之于国中，以资于颁布。[②]

在这一题辞中首先明确了《六谕衍义》可以家传户诵的特性，并言明该书在当时流播广泛，甚至传播到极为偏僻之地，而该书的流播对于当时的社会教化也大有裨益。山口藩藩主毛利敬亲自袭封以来便重振纲纪，大兴教化，而因为《六谕衍义》适用于庶民教化，于是颁布《重刻六谕衍义大意》。

---

① 范鋐：《六谕衍义》，第 14 页。

② 阿部泰記：《日本における聖諭宣講の受容》，《山口大学文学会志》，2015 年第 65 期，第 1—19 页。

又如在1844年版《首书画入六谕衍义大意》日野家本（第三小节将详论此书）序言中亦言明该书在当时被“家家购求、户户诵读”：

……若夫经籍史传非苟识字者难通于其意也，而如此之书虽谓妇女幼童一过可得通晓其义焉，家家购求、户户诵读而因习之，渐自然有所熏陶者，则可不谓有益于世教乎？知乡之志，可以嘉耳，可以嘉耳……①

在该序言中，序言作者前权大纳言论述了家家户户购求、诵读此书的根本原因：此书不似经籍史传般深奥难懂，适用于妇女、幼童。而诵读该书亦将有益于社会教化。这体现了前权大纳言对胜田知乡编撰此书的认同与赞赏之意。

由此可见，《六谕衍义》经由江户时期儒学者的训点与和解，其异本在民间流播较为广泛，并且承袭了范鋐编撰《六谕衍义》的目的，使该书得以“家传户诵”，助力社会教化。

二、范鋐“教训子孙”思想在室鸠巢《六谕衍义大意》中的传承

我国自古重视家训的作用，特别从明初到清前期，是家训发展的“鼎盛时期”②。受“家国一体”观影响，明清两朝皇帝积极倡导家训，亲自编写家训以训诫皇室子孙。1397年，“教训子孙”训诫被明太祖纳入六谕道德训诫中。次年，《教民榜文》也收录此条。推行六谕道德训诫是明代乃至清代基层社会教化的核心要义，在明朝廷相关制度的推动下，六谕相关条约逐步融入乡约、

① 勝田知郷：《首書画入六諭衍義大意》，沖縄：沖縄県立図書館藏本，1843年，第8頁。

② 徐少锦：《中国家训史》，北京：人民出版社，2011年，第492页。

族规、家训中，因其契合家庭道德伦理，成为训诫子孙的重要内容。

在范鋐《六谕衍义》的“教训子孙”道德训诫中有如下论述：“凡人家接续宗祀、保守家业、扬名显亲、光前耀后，全靠在子孙身上，子孙贤则家道昌盛，子孙不贤则家道消败，这是眼前易见、人人知道的，无论大家小户，谁不知重子孙，谁不想子孙贤。”① 并且，在该道德训诫后附上劝诫世人教训子孙的诗句：“我劝世人训子孙，子孙成败关家门。良玉不琢不成器，若还骄养是病根。寝坐视听胎有教，箕裘弓冶武当绳。黄金万两有时尽，诗书一卷可常存。养子不教父之过，爱而勿劳岂是恩。世间不肖因姑息，我劝世人训子孙。”② 可见，子孙贤愚与家道紧密关联，体现了范鋐对教育子孙重要性的深刻认识。

江户初期儒学者室鸠巢和解的《大意》中亦承袭了这一观点。室鸠巢在对“教训子孙”的和解中论述：“凡世人皆重视子孙。子孙贤则家道昌盛，子孙不贤则家道衰败。若世人皆知，则无论大家小家，皆应祈求子孙之贤。”③ 并在该小节末尾原封不动地摘录了范鋐《六谕衍义》中关于“教训子孙”的诗句。因日本并非宗族社会，故此节中删除了关于宗族延续的论述。室鸠巢和解的《大意》虽然缩减了范鋐《六谕衍义》中的内容，但关于“教训子孙”重要性的论述以及小节末尾通俗易懂的诗句并未被删减，可见室鸠巢对范鋐所论述的重视教育子孙之道的高度认同。

同时，室鸠巢在《大意》跋文中也论述道：“于是特旨并书授臣直清，撮其大意，译以国语。遂付有司雕印，以行于四方，

① 范鋐：《六谕衍义》，第 67 页。
② 范鋐：《六谕衍义》，第 74 页。
③ 中村幸彦：《近世町人思想》，東京：岩波書店，1976 年，第 371 頁。

代遒铎之令。”[①] 阐述了幕府下令由室鸠巢和解此书，并将该书广泛颁行于国内，以替代以往的颁布政令之法；希望地方官员能承袭朝廷的德意，让民众朝夕追念先辈，通过六谕道德训诫的传播，培育子孙以承先人之志，则可以置刑法而不用，以德治世，对庶民教化裨益良多的为政思想。由此不难看出室鸠巢对六谕在训诫子孙、化民成俗方面发挥效用的认同与赞赏。如此，起源于范鋐《六谕衍义》中的“教训子孙”思想在室鸠巢的《大意》中得以传承。

三、六谕对日本江户时期家庭教育的影响

以家训教子这一中国传统文化也是“日本在吸收中国文化过程中积极借鉴和模仿的内容之一”[②]。步入江户时期，社会趋于安定，随着庶民文化力量的不断壮大、寺子屋数量的不断上升，有关家庭启蒙教育的书籍亦随之增多。

中村三近子是江户时期颇有名气的往来物[③]作家，名一苍、平吾，别号三近堂，通称勘介，是江户时期京都儒学者。1695 至 1729 年，中村三近子撰写了《用文章指南大全》《象的贡献》《四民往来》等通俗教育书籍，体现了他对庶民教育的关心。1731 年，他以范鋐《六谕衍义》以及室鸠巢《大意》为参考文本，创作《六谕衍义小意》。该书分为天、地、人三卷三册，每册分别收录两条道德训诫，但其行文并不拘泥于《六谕衍义》与《大意》中的一字一句，被日本学者和田充弘评价为“极富

① 石川謙、石川松太郎：《往来物大系》第三十五卷，東京：大空社，1993 年，第 40 頁。

② 李卓：《日本家训研究》，天津：天津人民出版社，2006 年，第 1 页。

③ 泛指书法范本、儿童用教科书等教育书籍。

独创性”[①] 的异本。在《六谕衍义小意》人之卷中，有跋文曰：

《六谕衍义大意》行于世既历十年浸普扶桑化又不贻十室之邑也，为其书下学上达之道，庶民劝善惩恶之先务也。其谕权兴孝顺则所以明百行之基也，二标尊敬则所以晓忠君敬长，隆师养老也，三题和睦则所以淳睦姻任恤也，四列教训则所以潜心于六艺收其放心也，五安生理则所以示足已本分各俯焉修身也，六以非为之诫终则所以欲去皮渣滓徒善谨独归刑措之化也。……我有伯仲叔季之四子，共自拜六谕大意，且读暮谙拳拳服膺，造次颠沛未尝放手，略兴孝兴弟习惯有日邻六谕，三近子已遇子孙之多，今笔之小意而授家童冀辉大意于不朽，韫小意于蔽匮不敢喧云。[②]

在此跋文中，中村三近子首先肯定了室鸠巢《大意》劝善惩恶的教化作用。六谕道德训诫各有其作用，其中孝顺更是“百行之基”，“教训子孙”则子孙能潜心于其所学六艺，而不游心于其他。中村三近子有四子，皆拜读《大意》后将其铭记于心，即使生活困顿、流离失所，丝毫未尝倦怠，日日兴孝悌之礼已成习惯。中村三近子今编撰《小意》，将其授予子孙，希望其能映衬《大意》的光辉使其不朽，故藏《小意》于家中柜子而不将其明示。由此跋文不难看出，中村三近子及其四子对六谕有深深的认同感。他们在读毕《大意》后恳切地牢记不忘，并将六谕中的孝悌思想作为日用而常行。中村三近子以谦逊的心态撰写《小意》，希望其能继承《大意》的光辉，以教训子孙。

由石门心学者手岛堵庵注解的《六谕衍义大意和解》（1810年）中，菊坡安倍晴亲所撰跋文中亦论述道：“……本邦享保已

① 和田充弘：《〈六諭衍義小意〉考——中村三近子の教訓科往来物について》，《教育文化》，2008年第17期，第114—134頁。

② 中村三近子：《六諭衍義小意》，沖縄：沖縄県立図書館藏本，1731年，第33頁。

还六谕之书为政议所取，守令以令郡县下民以训子孙乃至更相倡随陶镕成化，今余所以采六谕之诗为导童之书者，欲使其劳于多而不知要者，得一言而行之于躬也……”[①] 即当时江户幕府采用六谕相关书籍教化民众，地方官员亦下令其管辖地的民众使用该书教育子孙，以期其能养成良好的道德品质。之后，该跋文中亦叙说了出版此书的目的是摘取《六谕衍义》中的诗句，将其作为教导孩童的书籍，以使其能在诸多教化类书籍中寻得训诫的要义并将其付诸实践。此外，在日本《往来物大系》中还收录有谦谦堂文库出版的《导童六谕训》，该书内容与《六谕衍义大意和解》一致，仅改其书名为《导童六谕训》，更进一步明确了该书教育子孙的特性。

在《六谕衍义》诸多异本中，被称为“流播最广泛、种类最多”“最有特色”[②] 的版本为《官许首书画入六谕衍义大意》（以下简称《首书画入大意》）。此版本为1843年京都的胜田知乡增订，其子胜田知直、其孙胜田知之校正的三卷本。该书首先翻刻了室鸠巢的《大意》，但删除了《大意》中原有的序跋以及每一节的诗句。在中、下卷的附录中，分别收录了《太平记》中“青砥藤纲”、《近世畸人传》的“僧铁眼”以及《续近世畸人传》中“佐川田昌俊”等传说、故事。此书日野家本的序文论述道：“近日胜田知乡刻之其家，间以图像加事历于栏上，且近古以来不论士民男女、贵贱、雅俗，其最有节操实德者九人国字作小传加以评语合刻以为附录，盖充其孙谋也。因介人请题言于余，余读而亦喜其大获我心矣。”[③] 该序言记录了作者胜田知乡为训诫子孙，

① 石川謙，石川松太郎：《往来物大系》第三十六卷，第14頁。

② 琉球新報社：《東恩納寛惇全集》第八卷，東京：第一書房，1980年，第47頁。

③ 勝田知郷：《官許首書画入六論衍義大意》附録中之卷，沖縄：沖縄県立図書館藏本，1843年，第4頁。

将当时道德高尚的九人事迹及其感悟作为该书附录的经过。在该书末尾还附有胜田知之谨志，记载如下：

> 以上九人事迹是祖父时常说予我们听，而由父亲记录下来的故事。以往盛行的《畸人传》为首，出现在各种书籍中，在其故事基础上增添一些论述，以《骏台杂话》或熊泽、白石先生为首，再附上诸名家的论述。如若诵读此书能裨益于劝善惩恶，则祖父、父亲之幸甚。[①]

换言之，该书附录中的“青砥藤纲”“僧铁眼”等道德品行高尚的九人事迹[②]是胜田家祖父一辈传下的故事，而作为祖父的胜田知乡之真意乃是希望子孙通过熟知先人的事迹，成为行善之人。由此可知，此书乃胜田家祖孙三代家传的版本。值得一提的是，《首书画入大意》小野藩版本中，在附录下卷案证之后，刊载了林燧的《鹤龟池碑记》碑帖（1844 年），此碑记载了近藤龟藏开鹤池、龟池的理由、名称由来以及近藤龟藏开垦灌溉事业与节俭的生活。碑文写道：

> 此碑乃是播州市场人近藤龟藏所建，龟藏，名知荣。……因市场村缺水，若遇旱灾，则束手无策，待秧苗枯槁而已矣。……龟藏遂开垦两处深潭，果然得清泉。……又，龟藏平日不忘勤俭朴素之道，以其为首，全家皆衣着朴素。另，其家又多藏书画……其中为了训诫后人珍藏有两幅书画……其一是一封书信……描写白手起家几代人的寒酸生活。其二乃是一幅画作，详细描绘祖先在彼时开垦基业，内外艰难的情景……汝等勿忘祖先之艰难，勿起骄奢之念而忘祖先

---

① 勝田知郷：《官許首書画人六諭衍義大意》附録中之卷，第 1 頁。

② 主要讲述了升任高官却依然简衣素食、大公无私、品德高尚的青砥藤纲以及将自己准备用于修行的经费施予难民的僧铁眼等公正、高尚、廉洁的人物事迹。

之恩泽。[①]

《首书画入大意》附载的近藤龟藏事迹被作为小野藩训诫后人的典范，其碑文体现了近藤家对家族后人训诫的良苦用心，希望家族后人谨记祖先的恩泽，不忘祖先的勤俭朴素、勿起骄奢之念。《小野市史》也记载了当时小野藩使用《大意》教化庶民的事例："豪商近藤家，维持家风，尊敬祖先，俭约为旨，为了治水灌溉，开垦池塘，特别编印自家的治水事业，插进胜田氏三册本，认为实践《六谕》。小野藩把近藤家献上的刻本分发于地方官吏，让藩校教头野之口正武回村教谕。"[②] 近藤家勤俭朴素的家风凸显了小野藩《首书画入大意》结合实地情况践行六谕思想的特征，《首书画入大意》的刻本也因受地方官吏的推崇，被用于庶民教化活动中。

另外，由水野正恭编撰，永乐屋东四郎于1855年出版的《六谕衍义大意抄》一书跋文中有如下记载：

> （吉宗将军）刻印此书，宣布让京都、江户、大阪等城市以及其他诸国的人拜读……又赐其深厚的恩惠，另外宣布让"寺子屋"（私塾）用此书好好教诫孩子……由此，无论贵贱，父母使随行过门、招亲、过继的男女，或去师家学书的小儿等，必须带一本去……这样下去，四海之内，普遍流布，亿兆人民，感戴其德，无不拜读此书，天下风俗，自成纯朴，忠臣节妇，家家辈出。[③]

该跋文说明了《大意》被作为寺子屋的教科书，此外，《大意》在民众中被广泛推广阅读，成为教化庶民、教诫孩童的必读书

---

① 阿部泰記：《日本における聖諭宣講の受容》，《山口大学文学会志》，2015年第65期，第1—19頁。

② 阿部泰記：《中日宣講聖諭的話語流動》，《興大中文学報》，2012年第33期，第93—130頁。

③ 阿部泰記：《中日宣講聖諭的話語流動》，第93—130頁。

籍。同时，该书最后的附页摘录了中国传统四大家训之一的司马光家训名句："积金以遗子孙，子孙未必能守；积书以遗子孙，子孙未必能读。不如积阴德于冥冥之中，以为子孙长久之计"①。可见此书作者熟知中国阴骘思想、家训文化以及对子孙教育的重视，体现了祖先为后人积阴德的美好愿景。

综上所述，江户时期的儒学者室鸠巢在和解《六谕衍义》之时已对六谕训诫子孙的作用表示了高度的认同。随即在幕府的一系列政策中，《大意》虽然多作为蒙学教科书应用于寺子屋教育，但在民间的六谕异本中，六谕已被广泛用于家庭教育，以训诫子孙须行善，以及祖先为后人积阴德的愿景，甚至根据家族的实际情况对六谕作出适应性扩展或改动，以使家族后人传承先祖美德。

四、结语

家庭训诫书作为传统文化的代表，是传统伦理道德文化的真实反映。在范鋐《六谕衍义》基础上创作的日本江户时期家庭训诫异本反映了日本社会对中国传统伦理道德文化的尊崇与学习，尊崇学习的基础是对中国文化的认同。

正如吴震所言："不像在明清中国，'六谕'构成了由上至下的一套宣讲传统，而在江户日本非但没有这种宣讲传统，而且'六谕'从来没有获得政令性的文献地位。"② 日本虽然并未实行推广六谕的强制性措施，但日本有识之士皆自发地将六谕引入家

① 加藤春道：《六諭衍義大意抄》，名古屋：日本愛知県文化会館蔵本，1855年，第28頁。

② 吴震：《中国善书思想在东亚的多元形态——从区域史的观点看》，《复旦学报》，2011年第5期，第49—59页。

庭教育中，代代相传。六谕因此“化身”为家庭伦理道德教化与民众的日常行为规范，潜入日本基层民众的生活世界，体现了六谕较强的渗透性。六谕也作为江户时期家庭教育的重要理念不断地被复制与流转，影响着当时日本基层社会家庭道德伦理秩序，体现了儒学移风易俗的力量，从中可感知六谕对近世日本治家文化浸润之深。

日本江户时期对六谕道德训诫广泛推行，将其作为教化庶民的举措，进一步融入日本有识之士的家庭教育中，成为其训诫子孙的思想养分，对江户时期家庭道德伦理的塑造产生了一定影响。同时，也反映了六谕道德训诫在日本江户时期家庭教育中的延续与传承，折射出当时的家庭教育对六谕道德训诫吸收与借鉴的轨迹。这一延续与传承的轨迹与六谕在明清时期的流播不同，日本有学识之士对诸多异本进行的适应性扩充或改动体现了《六谕衍义》异本“家传户诵”的传播特征，突显对“教训子孙”思想的传承，形成了六谕道德训诫在日本传播的特殊形式，使这一儒学思想在日本本土化。而明清圣谕中蕴含的先进家庭教育理念对于引导当今家庭教育仍有一定意义，其教育内容和方法在中日两国的运用对现代家庭教育仍有很强的启示作用。

第十四章　话语批评视野下“日本儒学史”的建构与虚构

——以井上哲次郎为中心

井上哲次郎（1853—1944 年）撰写的“儒学三部曲”，《日本阳明学派之哲学》（1900 年）、《日本古学派之哲学》（1902 年）、《日本朱子学派之哲学》（1905 年），是其基于特定的历史语境，编撰“东方哲学史”的具体实践，也是其针对西方文化的冲击而产生东方文化的自我觉悟，从而架构“日本儒学”的尝试。这种尝试是基于什么样的社会背景，内在逻辑是什么，为何从阳明学派入手而不是从朱子学派入手以及这种尝试是否成功，以下逐一分析。

审视学界对井上哲次郎（1853—1944 年）撰写的“儒学三部曲”的研究，其中具有代表性的，首先是中国学者卞崇道在《日本哲学与现代化》（2003 年）一书中，站在近代文化对话和交流的立场，借助井上哲次郎的自我标榜，指出：“日本哲学家井上哲次郎的‘日本儒学史研究’贯穿了一条与西方哲学对比的线索，并利用西方哲学的方法将日本思想史的研究提高到哲学史的高度，以此来阐释和批判日本儒学史，从而取长补短地融合了东西思想。”[①] 也就是说卞氏认为井上哲次郎成功地改造了日本思想史，实现了东方与西方的思想融合与文明对话。其次，从哲学史的视角，日本学者藤田正胜的《日本哲学史》（2018 年）认为

① 卞崇道：《日本哲学与现代化》，北京：人民出版社，2003 年，第 161—162 页。

“井上哲次郎在‘儒学三部曲’的叙述之中，完全按照西方哲学的学问方法进行分类，并对之加以比附、嫁接乃至融合，并借此来批判儒学”[①]。概而言之，上述研究的要点主要有两点，一是“贯穿了一条与西方哲学对比的线索”；二是“融合了东西思想”。

但是，针对第一个要点，细致对照井上哲次郎的文本，我们不得不指出，他在“儒学三部曲”中几乎不曾过多地提到西方哲学的概念。针对第二个要点，我们也禁不住提出两点疑问：一是井上哲次郎是否真正地实现了东西方思想的融合，究竟是“误读”还是“过度诠释”；二是井上哲次郎著述“儒学三部曲”的真正目的究竟何在。

我们试图回归历史语境，立足哲学文本，探究井上哲次郎自身究竟是如何看待以上问题，进而如何看待自身建构起来的所谓“日本儒学”，由此揭开他“日本儒学”的“解释学”的本来面目。

一、作为时代使命的“日本儒学”的撰写

井上哲次郎曾提到，大概在1880年他开始搜集中国哲学、印度哲学的研究资料，试图编撰“东方哲学史”。[②] 为什么决定编撰“东方哲学史”？应该说与这一时代的历史语境、“哲学”在日本的最初传播密不可分。最为关键的是，井上哲次郎提到试图编撰“东方哲学史”，是否象征着在井上哲次郎的心里，东方已存在着与西方一致的所谓“哲学”？

就这一时代的历史语境而言，正是日本经历了明治初期的“西方化”的文明开化之后，传统儒学即汉学开始获得关注的一

① 藤田正勝：《日本哲学史》，東京：昭和堂，2018年，第92頁。

② 井上哲次郎：《日本陽明学派之哲学》，序言第1頁。

个时期。这一时期最为突出的人物之一，就是明治维新以后最具社会影响力的启蒙思想家福泽谕吉。他大力提倡洋学教育，尤其是到了1885年3月，福泽谕吉发表了著名的《脱亚论》，指出：“我邦之国土虽处于亚细亚之东．其国民之精神已脱离亚洲之固陋，转为西洋之文明。……（中国、朝鲜）论及教育则必言儒教主义，学校教旨则称仁义礼智……毫无真理原则之知见……且傲然自大毫无自省之念。”[①] 在此，福泽谕吉对中国和朝鲜的批判落实在了儒学上，即儒学乃空谈之虚学，中国人更是“傲然自大”，丝毫没有“自省之念”。也就是说，福泽谕吉真正批判的对象，是日本学者盲目崇拜儒学的“奴隶心理”，从而谋求强调日本自身的独立性或者主体性。

不过，与福泽谕吉的模仿欧美、排斥东亚的西方文明一元论的思潮相对应的，则是警惕欧美、协同亚洲的国粹主义思想的登场。实学派儒学家元田永孚指出：“维新以来，俄而模仿欧美文明，教育方法亦用其规则，学科精密，生徒增多，全国面目一变。然皆外面之装饰，长于才思技能之动而我邦之精神魂性乏，道德义勇之根底薄，虽欲养成国家柱石之才而不复可得。”[②] 因此，元田永孚于1879年为天皇起草了《教育圣旨》，指出西式教育破坏了日本的秩序，形成了“唯洋风是竞”的流弊，故而建议“本祖宗之训典，专明仁义忠孝；道德之学，以孔子为主……使大中至正之教学布满天下”[③]。由此而推崇复兴儒教教育。元田永孚的主张得到明治天皇的赞同，不久就下旨指出：“教育之要，

① 石田雄编：《近代日本思想大系·福沢諭吉集》，東京：築摩書房，1975年，第511頁。

② 元田竹彦编：《元田永孚文書》第2卷，東京：元田文書研究会，1969年，第159頁。

③ 国立教育研究所编：《改訂近現代日本教育史》，東京：草木文化社，1990年，第63頁。

不只在知识才艺而已，而在明忠孝之道，知爱国之主义，重礼让，尚德行。”① 一扫明治维新以来的西化之风，基于“日本儒学”的教育思想被赋予了所谓的“爱国主义”色彩，成为明治时代日本国民道德教育的指针。

与福泽谕吉、元田永孚的立场不同，作为明六社成员之一的西村茂树则是在 1886 年发表了《日本道德论》一书。站在折中主义的立场，该书强调指出，“儒教”是“本邦哲学的根干”，是“维护万世一系的天皇之位、正君臣之名分、美国民之风俗”的“基本药剂”，② 从而提倡以儒教为根本，援引西方哲学以入儒，创造出所谓“混合儒教”或者“道德立国”的近代日本道德体系。不仅如此，西村茂树进而提出，这样的道德教育应该由日本的皇室来加以统括，并希望建立起指导道德教育的责任机构。西村茂树的这一思想尽管区别于元田永孚的以孔子之教为基础而建立国教，由此来确立国民道德教育的思想，但是却将这一思想的根本更为直接地、更为适应性地落实到了日本的天皇制，故而也成为 1890 年颁布的《教育敕语》的支撑思想之一。

综上，突出西方文明一元论的西学，复兴作为东方文化传统的儒学，进而落实到以日本的天皇为核心的国民道德论，构成了 19 世纪 80 年代日本的时代语境，也成为井上哲次郎试图编撰“东方哲学史”的时代背景。不言而喻，自 19 世纪 80 年代开始，以继承与发扬传统为目的的“日本主义”思潮逐渐成为明治时代后期统括政治、经济、思想、文化等各个领域的主流，并构成了日本近代文化的基调之一。不过，这一时期的“日本主义”思潮并不是站在与“欧化主义”完全对立的立场，而是强调在审视与批评日本的“欧化主义”的过激言行的同时也大力提倡日本乃至

---

① 渡辺幾治郎：《明治天皇上卷》，東京：宗高書房，1967 年，第 315 頁。

② 山崎正一：《近代日本思想通史》，東京：青木書店，1980 年，第 91—92 頁。

东方文化的身份地位，认为东方文化也具有构筑起世界文化因子的重要价值。

那么，井上哲次郎为什么会在这一时期关注到“日本儒学史”？依照井上哲次郎自己的描述，自1884年到1890年留学德国期间，他得以与欧洲哲学大家进行学术交流，既受到了来自外部的学术性的刺激，折服于西方哲学的逻辑性与系统性，同时也认识到欧洲学者对于东方哲学的“无知”或者“偏见”，故而萌生了通过自身努力来建构东方哲学，以与西方哲学相媲美的想法。[①]也就是自德国留学回来之后，井上哲次郎树立起了新的人生目标。

1890年，井上哲次郎结束了六年的德国留学生涯，回到日本，随即以《东洋史学的价值》为题做了一场意味深长的演讲。在这次演讲中，井上哲次郎提出：“东洋人自己要深入研究来告诉西洋人，从而获取学术社会的普遍利益。这是日本人的义务。……要想展示日本发达进步的程度，就要研究史学，向欧罗巴展示日本的历史，让彼国知道。这是日本人的当务之急。”[②] 正如井上哲次郎所指出的，为了区别于中国，为了展示起日本的发达与进步，日本需要研究历史学，需要树立起自身的学问——东洋史学，更需要树立起“日本儒学”，这就是日本的当务之急。

我们也不可忽视以上井上哲次郎演讲中的这两句话：“东洋人自己要深入研究来告诉西洋人，从而获取学术社会的普遍利益。这是日本人的义务。”其中最为关键的两点，一个是“学术社会的普遍利益”；一个是“日本人的义务”。所谓“学术社会的

---

① 井上哲次郎：《懐中雑記》，《東京大学史紀要》，東京大学史資料室，1994年。转引自杉山亮：《明治期における儒教言説の考察について》，《都法》第58卷1号，2017年，第137—165頁。

② 井上哲次郎：《東洋史学の価値》，《史学会雑誌》（第24号），1891年。

普遍利益”，就是要将东洋人的研究、东洋人的学问置于一个普遍利益的立场来加以把握，从而找到这样的研究、学问之中可以与西方相一致、相媲美的共通利益之所在。所谓“日本人的义务”，也就是他认为这样的工作只有日本人才可以完成，这也许就是日本的“使命”。就这样，不管是时代语境还是当下考虑，井上哲次郎皆将“日本儒学”的编撰视为一个为日本而声明、向西方来展示的使命式的工作。

二、作为国民道德的“日本儒学”的建构

井上哲次郎对“日本儒学”的撰写，落实到“儒学三部曲”的创作之中。不过，他最初撰写的却不是“日本朱子学派”的研究，而是“日本阳明学派”。井上哲次郎撰写《日本阳明学派之哲学》一书的直接原因，在于 1897 年他赴法国参加万国东洋学会之际受到的巨大刺激。如今，我们无法追索这次学会的基调或者氛围究竟如何，但是可以想象的是日本或者东方的哲学思想绝对备受冷落。正如井上哲次郎在《日本阳明学派之哲学》中尤为激愤地指出的，“归国以来，越发感受到日本哲学的历史研究之必要性”[①]。这样的一个语调，应该说与他自德国留学归来之际提到的所谓“东洋史学的价值”的探究基本上如出一辙。

井上哲次郎倍感历史研究的“必要性”，实则出自两大考量。一方面，他认为，需要追究日本的“德教之渊源”。这样一个渊源，与其说是来自日本的神话，不如说更应该关注当下。这一点也突显了井上哲次郎与所谓的神道学者、国学者之间的迥异。由此，井上哲次郎找到了自己数十年来收集到的、可独立地自成体

① 井上哲次郎：《日本陽明学派之哲学》，序言第 1 頁。

系的“阳明学派之哲学”，将之视为日本“德教之渊源”的所在。另一方面，井上哲次郎也提到要将之公布于世，以为“医治如今社会之病根之资”。也就是通过阐述陶冶国民之心性的德教的精神，谋求国民之道德心的进步。① 换言之，这一时期的日本在井上哲次郎的心中业已是“病态”的存在，且不少人（包括他自己）已认识到了“病根”的所在，这也就是“国民心性”的问题。需要将日本人拉入道德的层次，驱使日本人的道德心走向进步，也就是要具备一个“国民”的自我觉悟。

那么，井上哲次郎究竟是如何树立日本的德教，并就日本的阳明学派展开叙述的？不可否认，井上哲次郎一直尤为注重日本阳明学之祖——中江藤树的思想与地位，甚至在多年后的《重订日本阳明学派之哲学序》（1936 年）一书中仍然高度评价他为“古今稀缺之崇高人格者”，并强调“本书要努力尝试探究中江藤树的思想学说对当时之日本如何形成影响，产生什么样的结果”②。中江藤树一开始从事朱子学的教学，曾仿照朱熹《白鹿洞学规》而作《藤树规》，而后对朱子学产生怀疑，并通过王阳明的弟子王龙溪的著作而接触到阳明学，而后作为阳明学者创立了日本阳明学派，被誉为“近江圣人”，著述了《翁问答》《大学考》《大学解》《中庸解》等一批著作。

回归《日本阳明学派之哲学》一书，就该书的叙述框架而言，井上哲次郎延续了传统传记的叙述方式，即按照“事迹、善行与德化、著书、文藻、学说、批判、藤树门人、藤树关系书籍、藤树学派”的顺序进行了解释，并突出强调了中江藤树的学说，即“叙论、宇宙论、神灵论、人类论、心理论、伦理论（理

① 井上哲次郎：《日本陽明学派之哲学》，序言第 2 頁。
② 井上哲次郎：《日本陽明学派之哲学》，序言第 1 頁。

论的方面与实践的方面)、政治论、学问论、教育论、异端论"[①]。换言之，井上哲次郎在此通过树立这样的框架结构，将阳明学或者说中江藤树的阳明学进行了一个“西方哲学”式的整理与重塑，希冀以西方哲学的框架来重新把握阳明学派的思想脉络。

不言而喻，井上哲次郎的诠释活动体现在“体系”的尝试上，尤其是借助西方哲学体系来重塑东方思想。历史上，在井上哲次郎的这部著作出版之前，针对中江藤树的研究，出现得较多的概念乃是“伦理思想”或者“宗教思想”一类的独立性话语。不过，井上哲次郎采取了“论”的方式对中江藤树的学说进行了统括，而且还回避了“宗教思想”，沿用了“神灵论”一语，显而易见是为了尝试创造出一个“解释学”的框架。在此，我们姑且不论这一结构较之之前的日本学术思想的结构是否合理，或者说较之日本哲学者西周树立的哲学体系是否更为完善，[②] 至少这一结构本身在《日本阳明学派之哲学》一书之中并没有完全贯穿下去。在这之后，尽管井上哲次郎列举了不少日本江户时代的阳明学者，但皆止步于提纲挈领式的介绍。即便是对于历史上最具影响力的大盐中斋，他也不过是罗列了“总论、归太虚之说、致良知之说、理气合一说、气质变化说、死生之说、去虚伪之说、学问目的之说”之目。这一结构具有一种完整性，可谓概述了大盐中斋的思想脉络。但是，若是与中江藤树的“哲学的系统的”划分比较而言，则完全是一种大盐中斋式的“儒学式”的学术框架。由此可见，即便是试图树立起新的学术体系，井上哲次郎自身也没有做到持续地阐述下来。这样一来，他谋划的“儒教”与“哲学”之间的“嫁接”活动也就只留下一个言犹未尽的遗憾。

---

① 井上哲次郎：《日本陽明学派之哲学》，目次第1—2頁。

② 陈晓隽、吴光辉：《“Philosophy”翻译的学际诠释与境位反思》，《学术月刊》，2016年第3期，第21—29页。

如果难以自阳明学的“内部”来构筑起阳明学的“哲学框架”，那么是否可以通过井上哲次郎自身创造的哲学思想来加以把握？对此，应该说井上哲次郎也进行了尝试。正如一部分学者所指出的，井上哲次郎经历了六年的德国留学，树立起了“现象即实在论”① 的哲学理念。《日本阳明学派之哲学》一书也是遵循了这一哲学立场而确立起来的。不可否认，在论述中江藤树的“宇宙论”之际，井上哲次郎提到中江藤树将“死生有无同等对待，如同老佛诸说一样，超越了现象，达到了无差别的平等的实在”② 之境界，这一立场也正是源于“现象即实在论”的哲学思维。但是，这一哲学立场本身也只是体现于此，井上哲次郎也没有进一步深入诠释。不仅如此，就这部著作整体而言，应该说这一哲学立场也并没有贯穿始终。倒不如说，井上哲次郎尝试建立起一种体系框架，却遭遇到哲学与儒教的基本概念难以融通、不可调和的“藩篱”，最后也不得不回归儒学或者阳明学本身的概念体系之中来加以阐述。

这样一来，井上哲次郎展开“日本儒学”的阐述，也就不再是为了建立起一种东方思想独有的且超越西方哲学的“逻辑”或者“方法”。可以说，这样一条道路在井上哲次郎的“哲学路径”上呈现一种“断裂”。由此，我们也就可以想象，井上哲次郎走向或者回归“国民道德论”的实践场所的必然性。以1891年著述的《教育敕语衍义》为标志，井上哲次郎宣扬该书的主旨就是“修孝悌忠信之德行，固国家之基础，培养共同爱国之义心，以被不虞之变”③。修孝悌忠信之德行，来自传统的儒学思想；培养

---

① 井上哲次郎：《明治哲学界の回顧》，東京：岩波書店，1932年，第73—77頁。

② 井上哲次郎：《日本陽明学派之哲学》，第46頁。

③ 橋川文三：《近代日本思想大系・教育の体系》，東京：岩波書店，1990年，第412頁。

共同爱国之义心，出自欧洲国家集权主义学说。在此，井上哲次郎将之结合在一起，以所谓的“共同爱国”的理念来包容、改造儒学思想。到了1912年著述的《国民道德概论》，井上哲次郎更是指出，所谓“万世一系”的皇统就是日本的国体。正是“个别家族制度”与“综合家族制度”的“相即融合”，才构成了“忠孝一本”的国民道德。

概而言之，井上哲次郎尝试将阳明学、朱子学“体系化”，不等同于他认为这些学说自身具备了西方意义下的“体系”意义。此外，井上哲次郎之所以梳理阳明学和朱子学的脉络，是为了对抗西方。就此而言，正如日本思想史学者高坂史朗的“恶评”所示，虽然井上哲次郎尝试重新解读传统思想，建立以宇宙论为起点的哲学思想体系，但是“这只不过是将儒学史改头换面地解读为哲学史而已”[①]。不过，井上哲次郎站在历史视角针对“东亚”儒学史的整理活动却收获了一个仿佛带有必然性的结果。即与其说井上哲次郎梳理、树立起了阳明学、朱子学的“学派”或者“谱系”，倒不如说在“日本朱子学”“日本阳明学”的范畴之中，更为注重“日本的”的价值。换言之，日本朱子学、日本阳明学、日本的国民道德论，井上哲次郎从中认识到的是共通的“日本的”这一范畴，也就是最大公约数。这样一来，井上哲次郎的选择就具有了一种另类的“合理性”。

三、作为文明调和的“日本儒学”的架构

承前所述，井上哲次郎撰写“儒学三部曲”的目的在于面对西方来重塑日本或者以日本为代表的东方传统，构建“日本儒

---

① 高坂史朗：《東洋と西洋の統合一明治哲学者たちの求めたもの》，《日本の哲学》，2007年第8号，第8—24頁。

学”的指针在于树立起国体性的“国民道德”，那么，“日本儒学”的架构究竟呈现为什么样式？换言之，井上哲次郎撰写了“儒学三部曲”，尝试构建“日本儒学”，是否真正地实现了最初的目标，也就是“东西文明的调和”？对此也必须加以阐述。

首先，审读井上哲次郎的儒学表述，尽管本文指出井上哲次郎尝试构筑的“方法论”或者“逻辑体系”难以贯穿到底，出现了巨大的“断裂”，故而不得不回归儒学本来的概念范畴之中，但是，作为一种尝试，他始终在孜孜不倦地借助西方哲学概念去阐述儒学思想，更为之付出了持续的努力。以中江藤树“学说”的开篇——《宇宙论》为例，井上哲次郎直接指出“藤树的宇宙论是“一元的世界观”，而且带有了“唯心的”倾向，达到高尚之哲理的境界”；[①] 在《神灵论》中，中江藤树使用的概念“上帝”，被解释为带有“人格”性的存在；[②] 在《伦理论》中，井上哲次郎提示了德国哲学家叔本华的伦理学观点和中江藤树的良知论相似。[③] 不仅如此，德国哲学家康德、叔本华等西方哲学人物及其哲学观点也出现在解释的文字之中。[④] 顺便提一下，井上哲次郎认为：康德和叔本华的先天自由和中江藤树的“当下自在”即“当下不昧的良知”一致，皆有“自由自在之意”。就此而言，井上哲次郎一直在努力地“嫁接”着东西方之间的哲学思想，谋划着建立一道相互理解、彼此诠释的桥梁。

但是，我们也不得不指出，井上哲次郎也不可避免地遭遇概念诠释的问题，尤其是核心概念如何加以解读、区分的问题。以王阳明提倡的“良知”一语为例，近代日本伦理学者、京都大学

---

① 井上哲次郎：《日本陽明学派之哲学》，第42頁。
② 井上哲次郎：《日本陽明学派之哲学》，第49頁。
③ 井上哲次郎：《日本陽明学派之哲学》，第87頁。
④ 井上哲次郎：《日本陽明学派之哲学》，第92頁。

教授大西祝将之解释为“良心”，站在西方哲学的立场进行了一种全新的诠释。但是，井上哲次郎通过自身的理解与研究，指出中江藤树所谓的“良知”与大西祝所谓的“良心”截然不同。井上哲次郎认为，所谓“良心”可分为先天性的与经验性的，近代的伦理学者阐述的是经验性的，中江藤树的“良知”则是兼顾了二者。[①] 换言之，井上哲次郎在借助西方哲学概念来进行诠释的同时，也区别于同一时期的日本哲学者，关注到了东方思想概念的重新诠释的问题。

其次，依照井上哲次郎的划分逻辑，正如学者邓红所指出的，井上哲次郎为江户的阳明学派设计了一个对立面——朱子学派。然后根据正反合原则，把中立于阳明学和朱子学之间的学者划归为“古学派”，企图折中二者矛盾的学者归纳为“折中学派”。最后把都不沾边的学者统统划归为“独立学派”。[②] 这样一来，井上哲次郎的“日本儒学”建构既出现了所谓的“正统”，亦出现了所谓的“异端”，还根据时代的需要与自身的取舍进行了价值判断。就此而言，较之长期处在“官学”地位的朱子学，井上哲次郎更为注重实践阳明学派的哲学思想。令人意外的是，井上哲次郎发现了朱子学在近代日本所具有的重要价值。

在《日本朱子学派之哲学》的序言中，井上哲次郎强调指出：“朱子学派的道德主义，虽在所谓自我实现学说的形式方面存在着不同，但在精神实质这一方面，由康德、黑格尔诸氏而兴起的道德主义却是如此自然地暗合。”[③] 从而证明了朱子学具有的“普遍主义”的价值。不仅如此，井上还进一步指出：“此道德主

---

① 井上哲次郎：《日本陽明学派之哲学》，第 74 頁。

② 邓红：《何谓“日本阳明学”》，《华东师范大学学报（哲学社会科学版）》，2015 年第 4 期，第 153—166 页。

③ 井上哲次郎：《日本朱子学派之哲学》，序言第 3 頁。

义可以通古今、贯东西，东西洋道德的长处合二为一，则可以实现古今未曾有之伟大道德。”[①] 归根结底，井上哲次郎试图主张的根本，不在于阳明学或者朱子学，而在于东方与西方的“道德主义”的融合，由此来树立起以道德主义为核心的东方哲学，更为注重东西方的日本式的融合统一。这样的融合统一，也就是“日本儒学”的创造。

最后，嫁接东西方哲学思想，融汇阳明学与朱子学，关键在于落实“日本儒学”，对此，井上哲次郎认为，作为“日本文艺复兴之新学”的日本古学派之哲学“气运一转”，推动了“文艺复兴”，[②] 使日本出现了不同于朱子学和阳明学的“新学”。在他的眼中，“古学派不管是山鹿素行，还是伊藤仁斋，抑或是荻生徂徕，均主张活动主义，以反抗宋儒的寂静主义”[③]。不仅如此，井上哲次郎还想象指出：“如果日本的古学持续研究下去，必会超越儒学之范畴，开启思想独立之先端，建构日本的国民哲学。”[④] 事实上，围绕古学派的探究，井上哲次郎始终注重于“道德论”“宇宙论”“国体论”的范畴内容，换言之，在这样的范畴设定之中，井上哲次郎就预设了以古学派哲学为根基的“日本儒学”来针对朱子学、阳明学，也就是中国儒学的批判性格，更是预设了以明治时代的“国民道德论”为归结点的“根本前提”，从而确立了通过批判朱子学的伦理观念来论证、梳理日本古学的合理性的“根本途径”。

但是在此我们也不得不提出一个问题，即井上哲次郎困囿于“批判”的逻辑思维，梳理了日本阳明学的思想轨迹，批判了朱

---

① 井上哲次郎：《日本朱子学派之哲学》，序言第 3 頁。
② 井上哲次郎：《日本古学派之哲学》，叙論第 1 頁。
③ 井上哲次郎：《日本古学派之哲学》，第 4 頁。
④ 井上哲次郎：《日本古学派之哲学》，第 707 頁。

子学的寂静主义，确立了古学派的批判精神，是否就超越了“中国儒学”的范畴，成功地树立起“日本儒学”的框架。对此，我们或许需要深入井上哲次郎的所谓“日本儒学”的本体之中来加以解读。井上哲次郎将其落实到“武士道”的诠释中。针对古学派的学者山鹿素行，井上哲次郎进一步指出：“山鹿素行本身就是武士道的化身，即武士道的权化……素行不仅有学识，还以武士道为胚胎，通晓并深入研究儒、佛、道三教，作为兵家亦具有了一流的见识。”[①] 也就是说，井上哲次郎将山鹿素行标榜为“武士道”的权威和祖师。针对伊藤仁斋，井上哲次郎指出伊藤仁斋主张的道德论与山鹿素行的武士道论实质上不谋而合，皆反映了日本民族的特有精神，即“作为日本民族的特质而显现出来的武士道”。[②] 针对荻生徂徕，井上哲次郎则是采取批判的态度，指出荻生徂徕崇拜中国的行为“滑稽之至且毫无价值”，不过是一个“浮躁之徒”。[③] 由此可见，井上哲次郎将“日本儒学”的建构落实在了对古学派的批评之中，而且这样的批评亦呈现为针对中国崇拜的批判、针对日本道德——武士道的重塑。换言之，在井上哲次郎的“日本儒学”的建构中，存在着宣扬武士道、贬低中国儒学的根本趋向。

一言以蔽之，井上哲次郎的“日本儒学”的架构，呈现了重塑日本阳明学、日本朱子学、日本古学派的“宏大叙事”，但是与其纠结这样的学派是否存在，这样的叙事是否成功，不如究心他究竟是为了什么而展开诠释与建构，究竟树立起了什么样的架构。就此而言，井上哲次郎不过是利用儒学的概念来装扮和宣扬所谓的日本的精神或道德，并赋予这样的“日本儒学”更具优越

---

① 井上哲次郎：《日本古学派之哲学》，第 88 頁。
② 井上哲次郎：《日本古学派之哲学》，第 293 頁。
③ 井上哲次郎：《日本古学派之哲学》，第 523 頁。

性、更具未来性的地位。在这样的过程中，无论是来自中国的儒学，还是来自西方的哲学，皆不过是“日本儒学”的注释而已。

四、审视与评价

本章站在“东亚儒学”以及日本“近代化”的宏大视野下来把握明治时代“作为话语批评”的井上哲次郎的“日本儒学史”研究。所谓“话语批评”，实质上是尝试怀疑或者否定井上哲次郎构筑的所谓“日本儒学史”范畴，并将这样的“学派观念”或者“国民道德”解构为一种“话语批评”，在还原历史真相、探究学理根基的前提下来重新考察井上哲次郎是如何看待自身树立起来的所谓“日本儒学”，由此揭开井上哲次郎构建“日本儒学”的“真实目的”。

在这一过程中，重新审视井上哲次郎撰写“儒学三部曲”的根本动机、核心目标、落实之处，或许我们可以认识到这样的“日本儒学”建构的一种“虚妄性”。

首先，井上哲次郎的“日本儒学”的撰写在一开始就缺乏“哲学”的根本性，是以所谓的“时代使命”为出发点来进行书写，故而也就流于时代精神的自我展现，而缺失了哲学式的逻辑起点。这一点恰如井上哲次郎的弟子西田几多郎的哲学历程所示，其正是将“纯粹经验”这一范畴始终不变地作为逻辑起点，且将之确立为“唯一的实在”，[①] 故而才得以树立起真正的“日本哲学”。

其次，井上哲次郎的“日本儒学”的建构遭遇了框架的问题、体系的问题、概念的问题、逻辑的问题，也就是面对西方的哲学而陷入了无数的“困境”之中，但是他始终秉持一点，就是要将这样的一

① 西田幾多郎：《西田幾多郎全集》第 1 卷，東京：岩波書店，1978 年，序言第 4 頁。

系列问题转换为日本独特的“国民道德论”。不管是迥异于西方的哲学，还是遭遇巨大的对抗，井上哲次郎始终坚持了这一点：“即将它们转化为以‘日本国民’为对象的国民道德论。这一点也正是明治日本的根本需要。”[①] 换言之，井上哲次郎所进行的一系列关于“日本儒学”的操作，皆是为了这一目的。

最后，就是井上哲次郎树立起来的架构是否成功，最后落实到了哪里这一问题。不言而喻，近代日本究竟要以一种什么样的面目屹立于世界之林，或许单纯地依靠被日本改正了的“阳明学”或者“朱子学”，实在难以摆脱与中国交织在一起的“命运”[②]，因此，借助中国的儒学，构筑起“日本儒学”，再假托这样的名义来就历史上的学问加以辩驳批判，这就是井上哲次郎重塑传统的目的与价值之所在。在这一过程中，所谓“日本儒学”之名实则难以为继，由此也就落入了时代的沉滓之中，最后更是被转向为所谓的“日本精神”。

概言之，井上哲次郎所谓的“日本儒学”的撰写、建构与落实，构成了明治时代的新传统，凸显了针对西方文化的冲击而产生的来自东方文化的自我觉悟。但是，究其根本而言，这样的撰写、建构与落实不过是井上哲次郎基于概括东方传统、对抗西方哲学，且将这样的活动“装饰”为东西两洋“打成一丸”，从而谋求树立所谓“日本精神”的一种比附性的自我诠释而已。这样的以自我诠释为目的的活动，实则既是一个“建构”的表象性的活动，同时也始终不曾摆脱一个所谓“日本儒学”的“虚构”的根本性的事实。

---

① 陈晓隽：《概念史视域下“日本哲学”的诠释与误读》，《日语学习与研究》，2021年第1期，第68—76页。

② 石田雄编：《近代日本思想大系・福沢諭吉集》，第512頁。

跋

学术之艰辛，学术之困难，莫过于重大课题的构思、酝酿、提出、撰写、完成、审阅这一整个过程。继 2018 年在厦门大学举行的“日本朱子学的承传与创新学术研讨会”之后，而后再回访日本京都，赴日本桂岛宣弘教授的所在——京都立命馆大学举行以朱子学为主题的国际学术会议，而后则是持续三载的新冠疫情，一切学术活动戛然而止。步入 2023 年之后，随着疫情终结，始广泛邀约、密集筹划，故而得以编辑本著。一路走来，筚路蓝缕，而砥砺前行。溯思过往，峰回路转，而上下求索。人生莫过于此。

本书是继本人与王青教授编辑了《日本朱子学的承传与创新》（知识产权出版社，2020 年）之后，尝试聚集学术界的学者同仁、后学精英一道编辑整理而成的一部论著。本书采取既专注“朱子学”在日本的传承，亦关注“反朱子学”在日本的兴起，更关注到作为“表象”的朱子学在日本的在地化问题，由此也就形成了“日本朱子学的理论承传、日本朱子学的思想转变、日本朱子学的话语批评”的基本结构。在此，“日本朱子学”成为一个不言自明、基本前提的范畴。

简言之，本书的出发点不再局限于所谓“中国朱子学”“日本朱子学”“朝鲜朱子学”一类的论争——这一类的论争落实到以民族国家为核心的“终极关怀”，而忘却了最终的立场，也就是人类的立场、作为性命之学的根本——直接深入文本，探究日本朱子学究竟是如何摄取中国文化、构筑在地化的学术思想，推动以“朱子学”为核心的文化传承、思想转型、话语批评。不可否认，这样的认识与其说是知识性的建构，倒不如说是一种理念性的创新；与其说是一种根植于学问的推导，倒不如说是基于时代诉求的诠释。因此，如何落实到人类命运的立场，如何为东亚儒学研究开拓出新的路径，依旧是一个任重道远的重大课题。

本书分工如下：

绪论：史少博；第一章：张品端；第二章：高伟；第三章：刘莹；第四章：孙传玲；第五章：孙传玲；第六章：吴光辉；第七章：张晓明；第八章：昝贵军；第九章：张士杰；第十章：陈毅立；第十一章：吴光辉；第十二章：田世民；第十三章：高薇；第十四章：陈晓隽。

最后，作为编者，在此要感谢本论著的编辑策划者、华中科技大学朱人求教授。正是朱人求教授的坚持与支持，本论著才得以编辑出版。与此同时，也要感谢以西安电子科技大学史少博教授为代表的合作者，没有各位学术同仁的大力支持，实在难以快速实现编辑整理的任务。不仅如此，还需要衷心感谢福建人民出版社郑翠云编辑，大力支持，难以忘怀。

值此出版之际，在此也聊以旧诗一首，以之缅怀长期从事日本研究的艰难岁月。

回眸百载慰余生，问道东瀛恨未平。
几度负笈求学识，而今拾贝论精英。
前人后辈同商量，老凤幼雏共舞鸣。
莫道人间知己少，还将残念寄山樱。

吴光辉执笔于湖滨北路寓宅

2024 年 4 月 8 日夜

执笔者一览

（按照论著收录顺序）

史少博，山东大学易学与古代哲学研究中心博士毕业，中国哲学博士，现任西安电子科技大学教授、博士生导师，研究方向为日本儒学。出版著作《日本重要哲学家著作编译和研究》（合著，中国社会科学出版社 2015 年）、《中国近代国学与东学关系探究》（人民日报出版社 2019 年）、《日本近代公德的流变研究》（中国社会科学出版社 2023 年）。

张品端：研究员，现任武夷学院朱子学研究中心主任，兼任福建社科院·中国社科院哲学所宋明理学研究中心秘书长，福建省社会科学研究基地朱子学研究中心首席专家，研究方向为宋明理学研究，出版著作《朱子学在海外的传播与影响》（中国社会科学出版社 2019 年）、《朱熹思想论稿》（厦门大学出版社 2022 年）、《大教育家朱熹：朱熹的教育历程与思想研究》（合著，中国社会科学出版社 2010 年）

高伟：北京大学文学博士，现任深圳大学东亚研究中心副教授，外国语学院日语系硕士生导师，研究领域为日本思想史。出版专著《日本近世国学者的华夷论与自他认识》（社会科学文献出版社 2018 年）。

刘莹：北京大学哲学系、东京大学人文社会系研究科联合培养博士，北京大学博雅博士后，现任中国人民大学哲学院讲师，中国人民大学孔子研究院办公室主任。研究方向为日本思想史，韩国儒学史、东亚思想文化。出版专著《儒学的日本化：近世日本京学派思想研究》（社会科学文献出版社 2023 年）、《气象与风俗：荻生徂徕儒学思想研究》（中国社会科学出版社 2020 年）、整理古籍《白云观志 附东岳庙志》（北京联合出版有限公司 2019 年）。

孙传玲：日本名古屋大学文学博士，现任南京信息工程大学文学院副教授、硕士生导师，研究方向为日本思想史，中日儒学比较，出版专著《神儒习合：近世日本儒者“自我”的确立》（社会科学文献出版社 2021 年），在《东疆学刊》《日本研究》（日本）等国内外期刊公开发表学术论文 20 余篇。

吴光辉：日本京都大学日本哲学史博士课程修了，厦门大学高教所教育学博士，现任厦门大学外文学院教授、博士生导师，浙江工商大学特聘教授，研究方向为日本思想史、比较文化学，出版专著《日本的中国形象》（人民出版社 2010 年）、《他者之眼与文化交涉》（厦门大学出版社 2013 年），编著《哲学视域下的东亚》（厦门大学出版社 2018 年）

张晓明：北京外国语大学北京日本学研究中心文学博士，现任北京第二外国语学院日语学院副教授、硕士生导师，国际日本文化研究中心、日本学术振兴会外国人研究员，研究方向为日本思想史、日本江户儒学史，出版合作译著《伊藤博文》（江苏人民出版社 2021 年），曾在《东疆学刊》《日本学研究》《日语学习与研究》等刊物发表 20 余篇学术论文。

昝贵军：广东外语外贸大学日语语言文化学院博士，现任江西农业大学外国语学院助理教授，研究方向为日本思想文化，在国内外期刊或学术会议发表《“内面”与“外面”的交融——试析荻生徂徕之“德”》《荻生徂徕思想中“圣人”与“天”的内在逻辑》《日本儒学家荻生徂徕的“孔子观”》等多篇学术论文。

张士杰：现任大连外国语大学日本语学院教授，硕士生导师，研究方向为日本汉学、日本文学。出版专著《学术思潮与日本近代论语学》（北京语言大学出版社 2015 年）、译著《钥匙》（上海译文出版社 2022 年）。

陈毅立：现任同济大学日本学研究所所长、副教授、博导资格，东京大学东洋文化研究所访问学者、九州大学人间环境学府客座研究员，研究方向为东亚思想文化，出版专著《近世东亚儒教的光芒——黄宗羲、朴趾源、横井小楠比较研究》（上海交通大学出版社 2015 年）、《近代日本佛教变革的原理、路径与影响》（东京书房出版 2022 年）等。

田世民：日本京都大学教育学博士，现任台湾大学日本语文学系教授，京都大学访问学者，研究方向为日本思想史、东亚比较思想史，出版专著《近世日本儒礼实践的研究：以儒家知识人对〈朱子家礼〉的思想实践为中心》（台湾大学出版中心 2012 年）、译著《德川时代日本儒学史论集》（华东师范大学出版社 2008 年）《日本德川时代的教育思想与媒体》（台湾大学出版中心 2005 年）

高薇：广东外语外贸大学文学博士，现任闽江学院外国语学院副教授，研究方向为日本思想史、中日文化交流史，出版专著《〈六谕衍义〉在日本的传播与接受研究》（厦门大学出版社 2021 年）。

陈晓隽：厦门大学文学博士，现为福州大学外国语学院副教授，硕士生导师，从事比较文化学、日本思想史研究，出版专著《概念史视域下近代“日本哲学”的诠释与建构》（商务印书馆 2023 年），共编《简明近现代日本哲学史》（卞崇道遗著，吴光辉、陈晓隽续编，厦门大学出版社 2022 年）。